講座 現代の教育経営 **3**

教育経営学の
研究動向

日本教育経営学会〈編〉
The Japanese Association for
the Study of Educational Administration

学文社

刊行にあたって

　日本教育経営学会創立 60 周年を記念して「講座 現代の教育経営」（全 5 巻）を，ここに上梓する。戦後教育改革で刷新された公教育の理念や制度がさまざまな点で重要な転機にあった 1958（昭和 33）年に，本学会は設立された。以後，国内外の政治・経済状況の大きな変動を幾度も経験し，日本の教育はいままさに重大な岐路に立っている。そのような時期に学会として全 5 巻の講座を上梓できることを素直に喜びたい。もちろん，読者の方々からどのような評価を受けるのか，少なからぬ不安もある。しかし，これからの教育経営学ひいては教育学の発展のため，忌憚のないご意見をいただきたい。

　これまで，本学会は学術書籍を学会名で 2 度刊行してきた。1986 ～ 87（昭和 61 ～ 62）年の「講座 日本の教育経営」（創立 25 周年，全 10 巻）と 2000（平成 12）年の「シリーズ 教育の経営」（創立 40 周年，全 6 巻）である。創立 40 周年の時期からの約 20 年間は，戦後教育システムの重大な転換期であり，その政策形成や実践過程に寄与した会員も少なくない。その間，学会として学術的議論の成果を刊行しようという提案は幾度かあったが，実現できなかった。創立 60 周年を機に実現した本講座の刊行は，約 20 年の間に教育経営学がどのような学術的発展をなしえたのか，さらに教育経営実践にいかなる貢献をなしえたのかを振り返り，今後の道筋を考えるうえで重要な意義をもつだろう。

　2018 年 4 月 1 日現在，本学会の会員数は 620 余名に至っている。大学等に勤務する研究者だけでなく，学校や教育委員会等で教育や教育行政などにたずさわる者，さらに現職教員の大学院生も増加傾向にある。教育実践から乖離した研究をよしとしていたかつての雰囲気とは対照的に，研究者が自ら実践に関与する機運も高まっている。そう考えると，学会の未来は明るいと映るかもしれない。しかし，その背景に大学改革と教師教育改革をはじめとするドラスティックな教育政策の展開があると考えると，事態はちがって見える。60 年前の激動期，異なる領域の教育研究者が「教育経営」という冠のもとに集まっ

たことに込められた思いは何だったのだろうか。本講座の編集過程で，その問いが幾度も脳裏をよぎった。学術団体である学会に所属する一員として，「外」から打ち寄せる波に呑み込まれるのではなく，常にそれらを相対化する姿勢を保ちつつ研究と実践に取り組みたいと自戒する。

　編集にあたり，次のメンバーで編集委員会を組織した（○印は各巻代表）。

第1巻　○浜田博文・勝野正章・山下晃一

第2巻　○天笠　茂・玉井康之・南部初世

第3巻　○林　　孝・水本徳明・貞広斎子

第4巻　○牛渡　淳・佐古秀一・曽余田浩史

第5巻　○北神正行・元兼正浩・本図愛実

　講座の全体構成は5名の代表編集委員で協議し，各巻の具体的な編集は各3名の委員を中心に進めた。執筆依頼や原稿整理などは，幹事である照屋翔大会員と朝倉雅史会員が的確かつ円滑に進めてくれた。両会員の献身的な仕事ぶりに感謝する。

　本講座の刊行がこれからの教育経営の研究と実践の発展に貢献できることを願っている。

　最後に，出版情勢の厳しいなかで刊行を引き受けてくださった学文社の田中千津子社長と，編集・校正等の作業を迅速に進めてくださった二村和樹氏にはこの場を借りて心から感謝する。

　　2018年4月

　　　　　　　　　　　　　　　　　　日本教育経営学会会長
　　　　　　　　　　　　　　　　　　創立60周年記念出版編集委員長

　　　　　　　　　　　　　　　　　　　　浜 田 博 文

第 3 巻緒言

　21 世紀を迎える数年前から今日まで，わが国の教育システムをとりまく状況は劇的な転換を遂げてきた。教育経営学の研究は，この重大な転換期にあって，教育政策の形成やその実践に密接に関係して進展してきた。本巻は，この間の教育経営学の研究動向について，学術的発展の成果や教育経営実践への貢献について整理するとともに，今後の課題や方向性を展望しようとしたものである。

　これまで教育経営学の研究動向をめぐっては，学会名で 2 度刊行した学術書籍において，その成果を整理し，課題と展望を明らかにしてきた。まず，「講座 日本の教育経営」（1987 年，全 10 巻）では，「全体の基本的な課題や方向を示す序章的，総論」である第 1 巻，各論的にそれを展開する第 2 〜 8 巻を受けて，第 9 巻『教育経営研究の軌跡と展望』において「戦後教育経営研究の軌跡と課題」「戦後教育経営論争の展開」「教育経営における科学性追求の方法と体系」「教育経営の領域別研究方法の分析視角」「教育経営研究方法論の意義と課題」を明らかにした。ついで，「シリーズ 教育の経営」（2000 年，全 6 巻）の第 5 巻『教育経営研究の理論と軌跡』では，「教育経営研究の現状と課題」「教育経営研究の軌跡」「教育経営研究の方法」の 3 部構成で，学校教育，社会教育，生涯学習についての経営研究の現状と課題，教育経営学の研究方法の分析視角から今日の研究課題，さらに教育経営研究の方法論に焦点を当て検討した。

　これらの 2 つの講座の刊行を経て，その後の約 20 年間には，どのような教育経営学研究の発展があり，それはまた教育経営実践にどのように貢献してきたのか。そのため，1990 年代後半以降の教育経営学の諸研究をめぐって，これまでの動向を整理して今後を展望するとともに，教育経営学のパラダイムを描くことをめざした。研究動向の整理にあたっては，教育経営の対象となる事象をトピックとして取り上げ，次のような 3 部構成とした。

　第 1 部では，「学校の組織と経営」をテーマに，学校経営における「組織マ

iii

ネジメント研究」「リーダーシップ研究」「カリキュラム・マネジメント研究」「教職員の人事と職能成長研究」「組織文化研究」および「学校財務研究」をトピックとして取り上げ，これまでの研究の進展を明らかにするとともに今後の課題について展望した。第2部では，「社会と教育経営」をテーマに，トピックには「地方教育行政における教育改革」「学校経営参加」「地域コミュニティと学校」「ソーシャル・キャピタル」「少子化社会」を取り上げ，それらにかかる教育経営学における研究動向を整理するとともに今後の方向性を検討した。第3部では，「教育経営学のパラダイム」として，教育経営学がこれまでどのような視座に立って研究を進展させ今後はどのような方向に向かうか，教育経営実践への視線，教育経営学における時間的・空間的視座や，人間に向けられた視線をトピックとして取り上げ検討するとともに，今後においても持続可能な発展を可能とする教育経営学研究の組織と経営のあり方を展望した。

　なお，巻末資料（『日本教育経営学会紀要』にみる研究動向）の作成には，当時筑波大学大学院生で日本教育経営学会事務局の幹事を務めた張信愛会員と吉田尚史会員および筑波大学大学院生の髙野貴大会員の助力を得た。この巻末資料を含めた本巻の構成やその意図を含め，本巻の各論稿が，これまでの教育経営学の学術的発展の成果や教育経営実践への貢献を詳らかにし，今後の方向性をさし示すことができているか，読者の方々の忌憚のないご批判をお願いしたい。

　2018年4月

編集委員　林　　　　　孝
　　　　　水　本　徳　明
　　　　　貞　広　斎　子

目　次

「講座　現代の教育経営」刊行にあたって　　i

第3巻『教育経営学の研究動向』緒言　　iii

第1部　学校の組織と経営　　1

第 1 章　学校組織マネジメント研究の進展と今後の課題　　2

第 2 章　リーダーシップ研究の進展と今後の課題　　14

第 3 章　カリキュラム・マネジメント研究の進展と今後の課題　　24

第 4 章　教職員の人事と職能成長研究の進展と今後の課題　　36

第 5 章　学校組織開発研究の進展と今後の課題　　48

第 6 章　組織文化研究の進展と今後の課題　　60

第 7 章　学校財務研究の進展と今後の課題　　72

第2部　社会と教育経営　　83

第 8 章　地方教育行政における教育改革にかかる研究動向と今後の方向性　　84

第 9 章　学校経営参加にかかる研究動向と今後の方向性　　95

第10章　地域コミュニティと学校にかかる研究動向と今後の方向性　　107

第11章　ソーシャル・キャピタルにかかる研究動向と今後の方向性　　119

第12章　少子化社会にかかる研究動向と今後の方向性　　131

第3部　教育経営学のパラダイム　　141

第13章　教育経営学における教育経営実践への視線　　142

第14章　教育経営学における時間的，空間的視座　　154

第15章　教育経営学における人間への視線　　165

第16章　教育経営学研究の組織と経営　　177

巻末資料　―『日本教育経営学会紀要』にみる研究動向　　189

索　引　　212

第1部
学校の組織と経営

第1章　学校組織マネジメント研究の進展と今後の課題

1. 学校組織マネジメント研究の系譜

(1) 学校組織マネジメント研究の動向

　本章の課題は，およそ 1990 年代以降における学校の組織と経営に関する議論や理念を整理し，近時の学校組織マネジメント研究から導き出された知見をふまえて新たな論点を示すことにある。ここでは学校組織マネジメント研究に加えて学校評価研究の動向も論じることとする。

　「学校組織マネジメント」に係る研究には，1990 年代まではおよそ「学校の組織・運営」の範疇での学校経営計画や校務分掌，職員会議，校内各種委員会など，または学年・学級の組織・運営などを考察の素材とした事例研究（報告を含む）が数多く見受けられる。すなわち，一定の教育条件のもと，学校管理規則などの法的基準に則り，あるいはそれらの解釈変更や修正を含みながらのよりよい学校経営理論の構築を図ることを目的とするものであった。すでに 1960 年代の大きな教育改革においても「学校の組織編成や運営方法が，組織環境の急激な変化や教育革新のインパクトにもかかわらず，変化しにくいものであること」（大脇，1987）が指摘され，それは今日の大小問わず国策としても地域固有の政策としても継続して押し寄せる改革の波に洗われながらも，立地する地域性や保守的な学校風土などを理由として，学校の組織が劇的に変容することがほとんどみられないことには変わりがない。

　また，臨時教育審議会（以下，臨教審）答申に代表される 1980 年代を通しての教育改革の議論のなかにみられた，主として教育委員会の活性化を目論みながら「学校の組織・運営」に照射する研究や指導主事等の教育的専門職員の職務役割に再検討を加えようとする新たな研究課題への取り組みの必要も示唆されるようになる。さらには地域教育経営という拡大された文脈のなかで，教育委員や教育委員会事務局スタッフの役割機能の再検討，保護者や地域住民の「参加」をめぐる先駆的事例の分析も興隆し，一方で日本へのシステム援用をも射程に入れた，外国における「学校の組織・運営」研究も「学校改善」をキーワードとして今日に至るまで活発に継続されている。[1]

　「学校の組織・運営」に係る研究が本章の題目にある「学校組織マネジメン

ト」研究に徐々にシフトしていったのは 1990 年代に入ってのことであり，臨教審で「特色ある学校づくり」の必要性が高らかにうたわれたあと，それが実質的に意義をもち始めたのは，校長の裁量権の拡大に伴う学校経営のアカウンタビリティの重要性を唱道した 1998 年の中央教育審議会（以下，中教審）答申「今後の地方教育行政の在り方について」において，学校経営へのマネジメント的手法の導入が促されたことを契機とする。同答申では「自主的・自律的に特色のある学校教育活動を展開できるようにするために」，リーダーシップや組織的・機動的な学校運営を行うことができる人材を確保することの重要性が指摘された。引き続いて政策として法改正を経て，必置ではないものの学校評議員制度として外部の意見を学校経営に反映させようとする仕組みが導入される（2000 年）。当時は政策の進展と前後しつつ事例報告・研究が多彩に展開された時期にあたる。さらに学校選択制度に係る議論や学校評価制度，保護者・地域住民が学校運営に参加するシステムの構想などをカラーとして打ち出した 2000 年の「教育改革国民会議報告―教育を変える 17 の提案―」から学校経営に「組織マネジメント」の発想を取り入れるべきという議論が一気に加速した。

　実務ベースでいえば，2002 年 6 月に文部科学省（以下，文科省）初等中等教育局教職員課が担当課となった「マネジメント研修カリキュラム等開発会議」によって学校の組織・運営への「組織マネジメント」の導入が打ち出され，その成果として開発された「学校組織マネジメント研修カリキュラム」が各地で注目を集めることになる。以下に，同会議設置要綱の趣旨を示しておこう。

　　「これからの教員は，総合的なマネジメント能力を身に付ける必要があり，また，学校運営の改善のため，学校に組織マネジメントの発想を導入し，校長が独自性とリーダーシップを発揮することが期待されている。そこで，国がモデルとなるカリキュラム等を開発し，都道府県教育委員会等に提供することにより，マネジメント研修への取組を促進し，学校における管理職としての人材を育成する。」

　この視座に立って「具体的な研修カリキュラムの開発」「マネジメント研修の実施についての支援方策」「研修実施後の評価方法」を主要 3 内容として協

議が重ねられた。そして「学校組織マネジメント研修プログラム」が策定され，教育政策実現のツールとして現在も全国各地で活用されてきている。同会議には日本教育経営学会（以下，本学会）の会長（当時）やこの領域を専門とする本学会員が複数名参加しており，文字どおり今日に至るまで「学校組織マネジメント」の理論構築および実践を牽引する役割を担ってきたといえよう。以降，今日まで学校組織マネジメント研究は実践に基づいた現場からの発信と併せて隆盛を誇ることになる。

　本学会員がかかわってきたこうした動向のほかにも，研究色を抑えた文科省職員が法令解説の立場から学校現場向けにわかりやすい対処方法を記した著作[2]も注目を集めている。この著作では「学校における資源，ヒト・モノ・時間などを最大限効果的・効率的に活用することにより，子ども達に良質な教育を提供し，教育効果を上げること」が「学校マネジメント」の狙いであるとし（高橋・栗山，2011），学校管理職が日常的に直面する事案に対して法令上の対応が解説され，学校マネジメントハンドブック的な性格が与えられている。アクターがきわめて多様化・多質化している今日，法令解釈と適切かつ迅速な適用が求められるマネジメント領域において文科省の若手官僚が事例的にさし示すことが広く受容されていることに鑑みれば，教育経営学において学校組織マネジメント研究は実践との往還が活発になされる主要な領域となったと評することができよう。

　さらに2011年の東日本大震災以降，教育経営をめぐる環境や条件，配慮事項等が激変するなかで，本学会でも特別企画がただちに起案され，大震災関連の研究成果がとりまとめられた[3]。震災に限らず，リスクマネジメント，クライシスマネジメントとして学校の組織的対応のあり方に関する調査研究も大きな関心を集めており，今後もこの視点から掘り下げる研究は学校組織マネジメント研究の大きな柱となりうる領域である。

(2) 学校組織マネジメントにかかわる研究と研修の還流

　このような学校組織マネジメント研究の進展と併せて，各地の教員研修センターにおいて，学校管理職およびミドルリーダー層を対象とした「学校組織マ

ネジメント研修」は悉皆・選択問わず頻繁に開催されている。上述のマネジメント研修カリキュラム等開発会議のミッションの1つであった「学校マネジメント研修プログラム」の策定以後，各地での実践と課題解決，事例報告と分析などの作業によって，校長・教頭と一般の教職員，事務職員向けなどの職能段階に応じたカリキュラム・テキストも開発され，今日では「マネ研」としてほぼ定着しており，研究知と実践知の往還がきわめて頻繁になされる領域を形成している[4]。本学会員も講師として関連する講座を担当するなど，実践に深くコミットしている現場教員と研究者の結節点を確固たらしめるものとなっている。そしてかかる「マネ研」の受講経験をもつ学校教員が，次第に整備されつつある教職大学院に実務家教員として数多く転出するなど，人事面においても研究と研修の還流を見いだしうる。すなわち，学校管理職経験を具備した教育実践者が教職大学院での実務家教員に転身し，研究者が提供してきた研究知を整理しながら各地域の実情にあった組織マネジメントのあり方を再構築しようとする動きも強まるなど，教育実践と親和性の高い点は教科教育学と並んで教育学の領域として稀有な特徴をもつ。

　もっとも，従来型の学校運営・組織研究の文脈においても，学校構成員の特長に鑑みた校務分掌や校内の研究部会の構成などの検討は継続的に取り組まれてきたことであり，ことさら「これからの学校には，校長のリーダーシップの下で教職員が協働しながら個々の得意分野を生かして学校経営に参画するなど組織として力を発揮することが求められている[5]」と指摘せずとも，学校経営の組織化過程に焦点を当てた研究（「現代化論やシステム論＝最適化論の発想を規定に置いた研究[6]」）が多く産出された時期（中教審四六答申以降）においても意識されていたことであった。ただ，当時と根本的に異なることは，国策として研修が策定されたこと，そして各地の教員センターでほぼ必修扱いとなっているように，経験年数に応じた研修や職能段階に報じた研修の機会が用意されていることである。上述の開発会議ではさらに協議を重ねてすべての教職員を対象としたカリキュラムの開発も手掛けている。具体的には，「校長，教頭，主任クラスを対象とした組織マネジメント研修のカリキュラム開発」に関するモデル・

カリキュラム案の検討を経て，2003年にはそのカリキュラムに沿った研修が試行された。同年5月にはモデル・カリキュラムを都道府県等教育委員会に配付，同年9月に「マネジメント研修企画・実施担当者および講師向け説明会」を実施，翌2004年10月には研修の実施状況の調査をふまえて「学校組織マネジメント研修―これからの校長・教頭等のために―（完成版）DVD」を各都道府県教育委員会などに送付している。このように文科省主導で矢継ぎ早の展開がみられるが，研修カリキュラム策定に際して研究と実践の間にどのような往還がみられるのかについて，著作物も併せて示しておきたい（表1.1）。クロノロジカルには，研究者による視点論点の提示と研究から得られた知見の実務上の規程やテキストへの落とし込み，文科省が主導する上記マネジメント研修教材の開発ならびに地方での援用，そしてその取り組みと並走する研究者によるさらなる知見の提示といった動向が看取される。

　ところで周知のように，2015年12月21日付中教審答申「チームとしての学校の在り方と今後の改善方策について」にみられる理念の普及と相まって，「組織マネジメント」は日常的に登場するワードとして定着し，学校現場には「チーム学校」の構築に向けてベクトルをそろえようとする動きが活発化している。教職員個人が組織の一員として機能する必要性をめぐっての課題状況も随所で指摘され，各学校の実情に応じた望ましい組織を構築する指向性がとくに高まってきた。そうした内発的な指向性と並行した学校組織マネジメントのもう一方の必要性は，日本を含む国際社会においていっそう高度情報化が進み，経済構造も大きく変化しつつあることも背景にある。粘り強く真面目な態度で確実に仕事を仕上げることに価値がおかれてきたいわゆる「日本型成功モデル」が過去のものになりつつあること，そして多くの知識を獲得すること以上に，これまでなかったような新しい知識を創造することが，「主体的・対話的で深い学び」（アクティブ・ラーニング）を通して求められるようになってきていることとも無縁ではない。2017年学習指導要領でも基礎的・基本的な知識・技能の習得のみならず，それを活用し，思考・判断・表現する力の育成が重視されているという方向性が示されていることに加えて，児童生徒への特別な支援，

表 1.1　学校組織マネジメント研究と開発された主な教材

1988	天笠茂『スクールリーダーとしての主任』東洋館出版社
1999	中留武昭『学校経営の改革戦略』玉川大学出版部
2003	木岡一明『チェックポイント・学校評価（1～6）』教育開発研究所
2003	木岡一明『新しい学校評価と組織マネジメント』第一法規
2003	高階玲治『学校の自己点検・自己評価の進め方』教育開発研究所
2003	小島弘道編『校長の資格・養成と大学院の役割』東信堂
2004	木岡一明『学校の研修ガイドブック No4（教職研修総合特集「学校組織マネジメント」研修）』教育開発研究所
2004	木岡一明『学校評価の「問題」を読み解く』教育出版
2004	窪田真二・木岡一明『学校評価のしくみをどう創るか』学陽書房
2004	学校組織マネジメント研修～これからの校長・教頭等のために～（モデルカリキュラム）文部科学省
2004	学校組織マネジメント研修～すべての教職員のために～（モデルカリキュラム）文部科学省
2005	高階玲治『シリーズ・学校力第1巻（学校を変える「組織マネジメント」力）』ぎょうせい
2005	学校組織マネジメント研修～すべての事務職員のために～（モデルカリキュラム）文部科学省
2006	産業能率大学「学校組織マネジメントの概要」
2006	天笠茂『学校経営の戦略と手法』ぎょうせい
2006	木岡一明『学校の"組織マネジメント能力"の向上』教育開発研究所
2006	鳥取県教育センター学校教育支援室「学校組織開発テキスト WithDVD2006」
2007	浅野良一「学校組織マネジメント」（H19年度教職員等中央研修〈校長・教頭研修〉）
2007	浅野良一「教職員評価制度による人材育成と組織活性化」（H19年度京都府教育委員会教職員評価制度評価者研修）
2007	天笠茂・佐藤晴雄『管理職のための学校経営チェックポイント』第一法規
2007	木岡一明『ステップ・アップ学校組織マネジメント学校・教職員がもっと元気になる開発プログラム』第一法規
2007	木岡一明・浅野良一「平成19年度学校組織マネジメント指導者養成研修講師資料」（独）教員研修センター
2007	北神正行『学校組織マネジメントとスクールリーダー』学文社
2009	栃木県総合教育センター「学校組織マネジメントによる元気な学校づくり－学校組織マネジメント実践事例集－」
2010	熊本県立教育センター「児童の生きる力をはぐくむ学校づくりをサポートする効果的な学校組織マネジメントの在り方について」
2010	小島弘道監修，北神正行『学校改善と校内研修の設計　講座・現代学校教育の高度化24』学文社
2010	栃木県総合教育センター「組織力の向上を図る校内研修の充実」
2011	天笠茂『「つながり」で創る学校経営　学校管理職の経営課題　これからのリーダーシップとマネジメント4』ぎょうせい
2012	茨城県教育研修センター「学校教育目標達成のための経営戦略～今こそ学校組織マネジメントを～」
2012	篠原清昭『学校改善マネジメント―課題解決への実践的アプローチ』ミネルヴァ書房
2012	浜田博文『学校を変える新しい力』小学館
2012	露口健司『学校組織の信頼』大学教育出版
2015	妹尾昌俊『変わる学校，変わらない学校―学校マネジメントの成功と失敗の分かれ道』学事出版
2015	露口健司『学力向上と信頼構築 相互関係から探る学校経営方策』ぎょうせい

依然として頻出している問題行動などの拡散と深刻化への対応など，喫緊に策を講じなければならない課題も依然として多い。現在進行中の組織マネジメントの研究からは，それらの諸課題への処方的な論及や包括的に成果を論じる論考が多く産出されている傾向にあることを指摘しうる。

(3) 学校評価研究の動向

　上述の学校組織マネジメント研究の進展に沿うように，政策上の位置づけを得て，学校評価研究は 21 世紀に入って急速な展開をみせてきた。「あるべき学校評価」研究から実践的意義をもちうる「プロセスを重視した自律的な学校評価」研究への進展である。教育経営学と教育法規は互いを抜きにして論じることはできないが，学校組織マネジメント研究のなかでもとりわけ学校評価については，すぐれて教育政策と教育法規にその手続きを規定される性格を有する。自己評価の実施と結果公表および，それに基づいた学校運営の改善をめざした 2002 年の文部科学事務次官通知「小学校設置基準及び中学校設置基準の制定等について」に引き続き，2007 年に学校教育法が改正され，周知のように第 42 条で学校評価に関する根拠となる規定，第 43 条において学校の積極的な情報提供についての規定が設けられた。同様に学校教育法施行規則において自己評価の実施・公表（第 66 条），保護者など学校関係者による評価の実施・公表（第 67 条），それらの評価結果の設置者への報告（第 68 条）が法定されたことにより，国内外を問わず多数の研究が進められ，理論研究，実践事例分析，学校側の当事者による報告，国レベル，地方都市レベルにおいて学校評価事業にかかわった研究者による知見の整理など，豊かな研究知と実践知が蓄積されている[7]。

　このような多様な学校評価研究の整理は，「先行研究における整理・総括を受け，特に近年のレビューを中心とする」（加藤，2013）論考において丁寧になされており，所収の学校評価関連文献リスト（同）と併せて現在でも有用性が高い。この論考でも言及されているが，上記「マネジメント研修カリキュラム等開発会議」メンバーの一員でもあった木岡によれば「（学校評価は）学校の在り方に反省や元気づけの効果を発揮し，それによって学校が新たな動きを示す

ならば，学校組織開発のための方略になりうる」（木岡，2003）とされ，学校組織マネジメントにおける重要なツールとしての位置づけが与えられている。引き続いて検討，公刊された学校評価ガイドラインでも，貴重な資源を投入した取り組みを徒労に終わらせてはならないという過去の反省をふまえた記述に配慮がにじんでいる[8]。

　今日，学校経営へ組織マネジメントの発想を取り入れようとする動きもしくはその必要性は頻繁に言及され，学校構成員の心構えに類する説得的記述はもとより実践に基づいての成果・好事例の報告もこれまでも多数産出されている[9]。とくに校長は，学校の教育目標と経営ビジョンを掲げ，それらを包摂した年次の学校経営方針（学校経営計画）を策定し，それにそった教育活動を推進することで当該学校全体の教育の質を維持・向上せしめる責務を負っていることが強調されている。そのプロセスにおいて PDCA サイクル〔plan（立案・計画）－ do（実施）－ check（検証・評価）－ action（改善）〕を意識した学校づくりの理念や方法は，2002 年度から法定された学校評価のあり様をめぐって頻繁に参照された考え方であり，今日ではほぼすべての学校がこの考え方を基本として学校評価を実施している。2 学期制あるいは 3 学期制を問わず「PDCA サイクルを回す」という思考はいまや学校の常識となり，とりわけ C（検証・評価）の結果を教育委員会に報告するフォーマットも多くの自治体で用意されている。研究者の知見を借りてのアンケート結果の集約や本年度の評価報告書に記載された課題が，次年度の学校経営計画に直接反映されるといったデータ処理上の工夫などもあって，実務担当者の労力も著しく軽減されるなど，法定以来十数年間を経た今日に至って，学校評価がシステムとして定着していることの証左が随所にみられるようになった。

　学校評価導入の機運が教育委員会主導で醸成されたとはいえ，このように学校評価の進展とシステムとして一応の定着をみている今日，国内外にわたっての研究も絶え間なく継続されている。上述の加藤論考による 2013 年までの先行研究の整理から数年が経過している現在，研究助成を受けた直近の学校評価関連研究にはいかなるものがあるかについてみてみよう（表 1.2）。

第 1 章　学校組織マネジメント研究の進展と今後の課題　9

表 1.2　学校評価に関する主な科学研究費助成事業テーマ（2013年度以降）

佐々木 (水口) 織恵	ＯＥＣＤ諸国における学校評価制度とその効果に関する比較分析
照屋　翔大	教委と学校のコラボレーションを核にした学校評価システムの構築に関する日米比較研究
服部　憲児	学校改善に向けた「往還型」質的測定手法の開発的研究
坂野　慎二	新しい能力観と学校教育の質保証に関する研究
福本　みちよ	学校評価に連動した戦略的学校支援システムに関する実証的研究
藤井 佐知子	教育の質保証に向けた地方教育行政と学校の新たな関係構築に関する日仏比較研究
日永　龍彦	米軍統治下の琉球における学校・大学のガバナンスに関する実証研究
一之瀬　敦幾	自律的学校構築・自律的教師育成のための学校評価・教員評価の統合的運用方法の開発
入部　勝治	学校評価に基づいた学校設置者の学校支援システムから見る教員研修に関する実証的研究
一之瀬　敦幾	教員の資質・能力向上のための学校評価，教員評価制度の効果的運用方法の開発
高妻 紳二郎	教育の質保証に資する学校支援の組織・構造に関する日英比較研究
曽余田　浩史	学校経営における目標概念群の構成と機能に関する組織論的研究
加藤　崇英	学校経営組織における評価フィードバック機能に関する理論研究
勝野　正章	諸外国における教員評価の「有望モデル」に関する横断的研究
福嶋　尚子	戦後日本における学校評価制度理論の展開
入部　勝治	学校・学校関係者・学校設置者の三者が連携した効果的な学校評価システムの実証的研究
木岡　一明	教職における「新しい職」の確立過程に関する実証的研究
坂野　慎二	日欧教育の質保証と効率性に関する研究
藤井 佐知子	質保証のための学校運営とガバナンス改革に関する日仏比較研究
奥村　好美	オランダにおける教育の自由と質保証に関する研究　−学校評価に着目して−
入部　勝治	学校評価を学校経営改善に生かすための効果的システム構築に関する開発的研究
豊福　晋平	学校評価・教育品質保障におけるＤＤＤＭ概念の導入・普及研究
福本　みちよ	学校評価に連動した学校支援システムの開発に関する研究
佐古　秀一	論拠と実践的有効性の明確な学校組織マネジメント教育プログラムの開発
山下　晃一	米国における分権改革下の「学校のミクロ・ポリティクス」に関する研究
安藤　知子	＜学校力＞向上を規定する組織の内的メカニズムに関する基礎的研究
吉田　重和	オランダの教育監査制度に関する質的研究-教育監査局の分析を中心に

　研究テーマを通覧すると，システムとして学校評価を検証する視座から近時の教育経営改革にアプローチを試みる研究，評価測定手法開発や理論研究，諸外国における教育の質保証を学校評価制度から切り込んでいる研究など，研究者には引き続いて大きな関心を集める課題であることが看取される。2次もしくは3次にわたっての継続研究が多く，2013年以前と引き続いて本学会はもとより各自の所属学会における成果発表も多い領域である。

2.　学校組織マネジメント研究・学校評価研究に残された課題

　本節では，学校組織マネジメント研究と学校評価研究の今後に残された解明すべき課題を論じたい。

　上述のようにシステム開発や事例検証に係る研究は数多い。これらの政策ブー

10　第1部　学校の組織と経営

ムから新たなフェーズを見通して，学校組織マネジメントや学校評価が教師の職能成長にいかなる影響を与えうるのか，管理職のマネジメント能力の向上に資する研究にとどまらず，学校事情や教職員の実態に合わせての応用可能性を射程に入れた研究も一部進められている。[10] この分野の好事例もすでに数多く蓄積されており，それらを体系化することも今後不可欠な作業となろう。

このほか教育経営学研究の一環として，「スクールクラスターの構築に向けた特別支援学校の学校間マネジメントに関する研究」（小澤至賢，2014-17年度）や「学校コミュニティでの心理職活用を促進する学校マネジメントシステムの開発」（山口豊一，2014-17年度），「効果的な学校運営のための学校財務の実証的研究」（末冨芳，2013-15年度）などが研究助成を受けた研究のなかでも注目される。前者2つは，義務教育を中心とした学校経営学に包摂された研究が隆盛を誇るなか，教育経営実践上きわめて大きな対応課題の1つとして看過しえない特別な支援を必要とする児童生徒の観点からの組織マネジメントへのアプローチ，「チーム学校」の進展プロセスにおいて生徒指導に係る組織マネジメント上のキーパーソンとも成り得るスクールカウンセラーに代表される心理職を巻き込んだ新しい学校経営研究の視点である。また，末冨の研究は学校予算・財務研究から学校マネジメントに照射し，学校管理職と事務職員を対象としたヒアリング調査に基づいた効果的な予算活用の条件や諸外国の事例を検証し，その成果が『予算・財務で学校マネジメントが変わる』（学事出版，2016）として刊行されている。かかる視点は今後の学校組織マネジメント研究にも不可欠な論点として位置づけられる。

かつて木岡は，学校評価研究に係る課題として「『学校評価』概念を実践の現状から帰納的に設定し発展段階的に構造化すること」「『学校評価』の事実を捉えうる実践的研究法を開発すること」「『学校評価』機能の拡がりに対応して研究を体系化すること」の3点を当面の課題として提起した。[11] 四半世紀を経た現在では法制度的な環境を得て，上述のように学校改善に直結した学校評価や「評価と支援の一体化」の旗印の下での学校評価が推進され，一定程度の構造化，体系化の段階には到達したものと思われる。いわゆる「プラン物」と通称

される一時的な他施策とは一線を画し，研究上の知見が実践者にも共有され学校マネジメントに重要なツールとしての理解が深まっている。また最近の国立教育政策研究所のプロジェクト研究では，「チーム学校」が機能するための各[12]マネジメント機能の強化動向に焦点を当て管理職の資質・能力に係るアンケート調査のほか，学校の役割・教職員等指導体制の海外比較研究も実施している。今なお海外の事例から得られる積極的・消極的示唆は多く，かかる研究も引き続き必要性が高い領域である。以上の国内外の研究知見は，本学会の共有資産としていっそう「活用される」ことが期待される。　　　　（髙妻紳二郎）

注
1) 吉本二郎「臨教審答申と学校経営」『日本教育経営学会紀要』第 30 号，第一法規，1988 年，2-10 頁。また最近では「学校改善の支援に関する国際比較研究」（日本教育経営学会国際交流委員会編，2015 年）があげられる。本報告書では，学校改善支援の主体（州，学区，教育行政機関，研究者，財団や協会，評価機関，外部コンサルタント，企業など）や学校改善支援の方法を実態調査に基づき，米，英，NZ と日本の動向がつぶさにまとめられている。

2) 髙橋洋平・栗山和大『現代的学校マネジメントの法的論点 厳選 10 講』第一法規，2011 年。

3) 天笠茂・牛渡淳・北神正行・小松郁夫『東日本大震災と学校—その時どうしたか次にどう備えるか』学事出版，2013 年。そのほかにも，本学会員を含めた 13 名の研究者による共同研究の成果物として，村松岐夫・恒川惠市監修／青木栄一編著『復旧・復興に向かう地域と学校』（大震災に学ぶ社会科学 第 6 巻，東洋経済新報社，2015 年）が特筆される。

4) 文部科学省「学校組織マネジメント研修～これからの校長・教頭等のために～（モデル・カリキュラム）」マネジメント研修カリキュラム等開発会議，2004 年。文部科学省「学校組織マネジメント研修～すべての教職員のために～（モデル・カリキュラム）」マネジメント研修カリキュラム等開発会議，2005 年。文部科学省「学校組織マネジメント研修—すべての事務職員のために—（モデル・カリキュラム）」マネジメント研修カリキュラム等開発会議，2005 年。2016 年秋には学校運営の改善・強化の取組を一層推進することを目的とした「第 1 回学校マネジメントフォーラム」が開催されている。

5) 中央教育審議会「チームとしての学校の在り方と今後の改善方策について（答申）」2015 年 12 月 21 日より。

6) 中留武昭「学校経営研究」日本教育経営学会編『教育経営研究の軌跡と展望』（講座日本の教育経営 9）ぎょうせい，1987 年，34 頁。

7) 加藤崇英「日本における学校評価論のレビュー—これまでの学校評価研究の成果と今後

の課題を中心に」福本みちよ編著『学校評価システムの展開に関する実証的研究』玉川
大学出版部，2015 年，37-53 頁。
8) 文部科学省「義務教育諸学校における学校評価ガイドライン」2006 年。以降の改訂版
を含む。
9) 野村総合研究所・文部科学省「学校の第三者評価の評価手法等に関する調査研究—学校
評価 好事例集」2010 年など。
10) たとえば，浅野良一「学校組織の流動化・多様化に対応した学校マネジメント手法の
創出と教育・研修の開発」科研費基盤研究（C）など。
11) 木岡一明「学校評価論の現状と課題—教育経営研究の学術性と実践性を検討する手掛
かりとして」『日本教育経営学会紀要』第 34 号，第一法規，1992 年，115 頁。
12) 平成 28 年度プロジェクト研究（児童生徒の資質・能力を育成する教員等の養成，配置，
研修に関する総合的研究）報告書「学校組織全体の総合力を高める教職員配置とマネジ
メントに関する調査研究報告書」（研究代表者大杉昭英）2017 年 3 月。

文献・参考資料

天笠茂・牛渡淳・北神正行・小松郁夫『東日本大震災と学校—その時どうしたか次にどう
備えるか』学事出版，2013 年
大脇康弘「学校の組織・運営と経営計画」日本教育経営学会編『教育経営と学校の組織・
運営』（講座日本の教育経営 3）ぎょうせい，1987 年，78-90 頁
加藤崇英「日本における学校評価論のレビュー——これまでの学校評価研究の成果と今後の
課題を中心に」福本みちよ編著『学校評価システムの展開に関する実証的研究』玉川大
学出版部，2015 年，37-53 頁
木岡一明『新しい学校評価と組織マネジメント　共・創・考・開を指向する学校経営』第
一法規，2003 年
———「学校評価論の現状と課題—教育経営研究の学術性と実践性を検討する手掛かりとし
て」『日本教育経営学会紀要』第 34 号，第一法規，1992 年，114-116 頁
高橋洋平・栗山和大『現代的学校マネジメントの法的論点　厳選 10 講』第一法規，2011 年
中留武昭「学校経営研究」日本教育経営学会編『教育経営研究の軌跡と展望』（講座日本の
教育経営 9）ぎょうせい，1987 年，9-35 頁
文部科学省「義務教育諸学校における学校評価ガイドライン」2006 年
———「学校評価ガイドライン〔改訂〕」2008 年
———「学校評価ガイドライン〔平成 22 年改訂〕」2010 年
———「学校評価ガイドライン〔平成 28 年改訂〕」2016 年
吉本二郎「臨教審答申と学校経営」『日本教育経営学会紀要』第 30 号，第一法規，1988
年，2-10 頁

第2章　　リーダーシップ研究の進展と今後の課題

本章では，学校組織のリーダーシップ研究の最新動向（過去10年程度の調査研究）を整理・検討し，本分野における今後の課題と展望を提示する。レビュー対象は査読付き全国学会誌および米国の主要ジャーナルを原則とする。なお，1980年代〜2010年ごろまでの研究動向は，露口（2008・2010）においてまとめられている。リーダーシップ研究の整理・検討の視点としては，露口（2010）と同様，「分散」「変革」「エンパワーメント」の3点を用いる。

1．分散型リーダーシップ・アプローチ

(1) 分散型リーダーシップ・アプローチの発展・拡充

この10年間は，分散型リーダーシップ（distributed leadership）・アプローチの発展・拡充が顕著であった。分散型リーダーシップ・アプローチでは，階層組織を基盤とした校長などのトップリーダー個人の態度・行動に焦点化した「集中型モデル」ではなく，リーダーシップを組織現象として捉えたうえで，組織の多様な状況において多様なリーダーが対話や人工物の活用などを通して対人影響力を行使しているとする「分散型モデル」に立脚する。後述するように，米国ではスピラーン（Spillane, J.P.）らの研究（Spillane, 2006；Spillane, Halverson & Diamond, 2004）を契機として，今やリーダーシップ研究の定番となっている。校長などのトップリーダーに加えて，いわゆるミドルリーダーをリーダーシップ研究の主体に据えることを可能にした点が，急激な研究蓄積の背景にあるといえる。

分散型リーダーシップ・アプローチのなかでも，とくに教員リーダーシップ（teacher leadership）論の発展が著しい。学力向上のためには，テスト問題の分析，教師の授業力向上，専門家の学習共同体の構築，放課後の学習指導，就学前教育の促進，少人数教育，家庭・地域との連携，説明責任の圧力強化などが米国では有効であるとされてきた。しかし，ここ数年，学力向上の文脈において，教員リーダーシップが重要なインパクトをもつことが，複数の調査研究において報告されるようになった。

14　第1部　学校の組織と経営

(2) 教員リーダーシップ

教員リーダーシップは，分散型リーダーシップの概念を基盤としている（Harris, 2013）。教員リーダーとは，一般的には，部門長，カリキュラムリーダー，メンターなどの役割をもった教員，学校文化を創造するフォーマル／インフォーマルな教育改善リーダーをさす。教員リーダーシップの焦点は，教育実践の改善である。校長のビジョンを受けた学校改善計画を具現化するために，同僚教師に対して教育実践についての助言と支援を提供することが教員リーダーの主たる役割である（York-Barr & Duke, 2004）。日本における「ミドルリーダー」とほぼ同義の概念である。近年の研究では，教員リーダーシップが校長のストレスを軽減させる効果を有することも判明している（Wells & Klocko, 2015）。

教員リーダーシップの機能は，質的調査データの分析をふまえると，目標関与機能（committed）と支援的機能（supportive）にカテゴリー化することができる（Jacobs, Gordon & Solis, 2016）。目標達成に向けての同僚支援が，教員リーダーシップの中核機能とされている。

(3) 教員リーダーによる分散型教育的リーダーシップ

学校改善および授業−学習過程において，誰の教育的リーダーシップが，どのような状況でどのようなツール・タスク・ルーティンによって影響を及ぼしているのか。こうした組織現象の記述に有益なアプローチが，分散型教育的リーダーシップ（distributed instructional leadership）である（Halverson & Clifford, 2013；Portin, Russell, Samuelson & Knapp, 2013）。

学力向上の文脈においては，教員リーダーによる分散型教育的リーダーシップの行使，すなわち，専門的知識（学習内容および指導方法・戦略についての専門的知識）を生かし，関係的信頼（同僚間での関係的信頼の構築）を築き，系統的結合（管理職，学区のカリキュラム改革，システムデータの統合化）の実現によって，生徒の学力向上に寄与できることが記述されている（Portin *et al.*, 2013）。学力向上文脈における人工物としてのデータへの着目は，たいへん興味深い。この点については，学力向上に成功している学校では，データを活用した教育

システム（data-driven instructional systems）を積極的に活用しているという知見が示されている（Halverson, Grigg, Prichett & Thomas, 2015）。子どもの学力および関連事項についてのデータを生成し，意思決定において適宜それらのデータを参照する。また，教育プログラム内容の選択やプログラムデザインもデータをふまえて実行し，実践の結果として生み出されるデータを教師に適宜フィードバックし，次のテストに備えることの効果が記述されている。

　また，分散型リーダーシップ・アプローチには，人工物であるカリキュラムに着目した教員リーダーシップ，すなわち，カリキュラム・リーダーシップも含まれる（Ylimaki, 2012）。教員だけでなく，情報技術スペシャリストや用務員（custodian）を対象とした分散型リーダーシップの事例研究（Dexter, Louis, & Anderson, 2009；Maxwell, Scheurich & Skrla, 2009）なども報告されている。

(4) 教員リーダーシップの儚さ

　ただし，教員リーダーシップが常にうまくいくとは限らない。たとえば，教員リーダーシップの儚さ（transience of leadership）として，職務内容・範囲についての合意が同僚との間に形成されていないため，新人の教員リーダーの職務範囲の境界がなくなり，調整や決定に時間がかかり，同僚との関係が悪化するなどの失敗事例が報告されている（Margolis & Huggins, 2012）。同じく，教員リーダーは，「調整」ポジションにおいて機能できていない実態を記述し，対立葛藤への構えができていないこと，変革過程の本質について十分に理解していないことなどを，教員リーダーが直面している課題として指摘する研究もある（Mckenzie & Locke, 2014）。日本では，リーダーシップの失敗事例が報告されることはほとんどないため，これらはきわめて貴重な報告である。教員リーダーの研修や教員リーダーを支援する校長のリーダーシップの重要性が示唆される。

(5) リーダーシップの分散・共有・統合

　教員リーダーにリーダーシップを「分散」するという視点とともに，校長と教員リーダーがリーダーシップを「共有（shared leadership）」（Bredeson, 2013）する，あるいは「統合（integrated leadership）」（Printy, Marks & Bowers, 2009）するという視点も重要である。

教員リーダーが機能するためには，校長および教員リーダーが教育的リーダーシップチームとして，リーダーシップを共有する必要がある（Bredeson, 2013）。実際に，高い成果をあげている小学校において，校長と教員リーダーのリーダーシップの共有化が進展している（DeMatthews, 2015）。リーダーシップの共有化のためには，教員リーダーにとって，教育的リーダーシップの発揮における対話と相談のための十分な時間があること。必要に応じて，生徒の学習を支援するための資源と条件が与えられること。生徒の学習にかかわるとともに，同僚相互の専門的職能成長を支援することなど9条件が求められている（Bredeson, 2013）。

　一方，校長と教師集団のリーダーシップを統合させる，統合型リーダーシップ（integrated leadership）の重要性を指摘する研究もある（Printy *et al.*, 2009）。校長の変革的リーダーシップと教師集団の共有型教育的リーダーシップがともに高く「統合化」が進展した学校では，自己効力感の高い教師が多く，自発的協働化の習慣があり，専門家としての敬意をもち，信頼関係が組織に醸成されているという共通点が認められている。

2．変革的リーダーシップ・アプローチ

（1）変革的リーダーシップ・アプローチの新展開

　変革的リーダーシップ・アプローチの焦点は，組織環境に対応するための組織的問題解決能力の向上，組織の価値観や習慣の変革，組織的凝集性の向上，業績の大幅な改善を目標としたリーダー行動におかれてきた。

　管理職の変革的リーダーシップの行使に伴い，組織変革の過程における教職員の精神的・身体的負担の発生が予期される。しかし，最近の調査研究（Gong, Zimmerli & Hoffer, 2013）では，これと逆の結果が報告されている。すなわち，管理職の変革的リーダーシップは，天職観（sense of calling）を媒介して，教師の情緒的消耗と脱人格化を抑止し，達成感を高める。変革的リーダーシップに含まれるビジョンや仕事の意義についての語りが，教師の使命感や仕事の意義への気づきを促し，バーンアウト予防に効果を発揮しているのである。変革的

第2章　リーダーシップ研究の進展と今後の課題　**17**

リーダーシップを欠く校長の学校で，教職員は消耗するのである。

　また，変革的リーダーシップを発揮する校長は，学校組織内のネットワークの中心に位置づく傾向があり，それが，学校組織に変革風土を生み出す主要因となっていることが明らかにされている（Moolenaar, Daly & Sleegers, 2010）。変革的リーダーシップを発揮する校長は，独善的で排他的側面を有しているわけではなく，組織の中心にあって組織変革を遂行している実態が示されている。

　変革的リーダーシップ・アプローチにも，共有型／統合型モデルの影響は浸透しており，たとえば，露口（2009）では，校長・教頭・教務主任が共有する変革的チームリーダーシップが，学校組織の集団的効力感の醸成を媒介して，個々の教師の自己効力感を高めることを明らかにしている。

(2) ソーシャル・キャピタルの視点

　近年のソーシャル・キャピタル（Social Capital：社会関係資本）研究の進展を受け，校長のリーダーシップの焦点を，学校組織内外におけるソーシャル・キャピタルの変革におく研究が報告されている（Fullan, 2014）。国内においても，校長のリーダーシップが学校組織内のソーシャル・キャピタルを高め，学校改善を導くことが検証されている（吉村・木村・中原，2014）。校長のリーダーシップの焦点を，「連携」「協働」「信頼」などの人々の結びつきにおくモデルは従来から指摘されてきたが，それらの結びつきをさまざまな活動や問題解決に活用するためにストックできる「資本」として捉える視点は斬新である。

　近年では，校区にソーシャル・キャピタルを醸成・蓄積するコミュニティ・リーダーシップ（community leadership）論も登場している。コミュニティ・リーダーとしての校長は，地域で見える存在となり，地域を擁護し，学校と地域との信頼関係を醸成する。学校・教師に対する地域の態度が変わり，子どもへの接し方も変わる。結果として学力向上にもつながることが事例研究において記述されている（Khalifa, 2012）。

(3) 社会正義リーダーシップ

　組織的能力や業績の改善を志向する変革的リーダーシップに対し，社会的不平等の（再）生産問題を調査し，解決策を提示する社会正義リーダーシップ

(social justice leadership/transformative leadership) が，10年前ごろから報告されるようになった (Dantley & Tillman, 2010)。これまでのリーダーシップ・アプローチは，生徒の学力向上などの組織的成果に過度の関心をもち，授業改善による学力格差抑制とテストスコアの底上げを社会正義と主張し，学区と学校のプライオリティを高めるために親の参加を促すことに関心を示してきた。一方，社会正義リーダーシップ論では，子どもたちにとって学習のための条件が整備され，安全・安心で，幸福感を享受できる環境を創造することが重要であると仮定する。校長は社会正義と公正性の実現の視点から，困難な家庭と生徒を包摂し，オーナーシップを醸成する。家庭のニーズとは，教育への関与を阻むヘルスケア・住居・生活費問題の早期解決である。校長は，学校と家庭が相互に敬意をもち，参加を促し，家庭がソーシャル・キャピタルを醸成するための支援を行う (DeMattews, Edwards Jr. & Rincones, 2016)。Furman (2012) は，社会正義リーダーシップの特性として，抑圧・排除・周辺化の変革，不撓不屈の精神，包括型民主主義，思いやりの精神，省察習慣，社会正義の価値を志向するカリキュラムの実現を指摘している。

社会正義リーダーシップ論にも，校長だけでなく，教員リーダーを対象とした分散型モデルがある (Palmer, Rangel, Gonzales & Morales, 2014)。従来の教員リーダーの定義では，クラスや学校における社会正義や不平等が視野に含まれていない点を問題視する。そして，教員リーダーは，学校コミュニティにおける機会の平等のような道徳的・倫理的価値の促進に責任をもつべきであることを指摘している。

3. エンパワーメント・アプローチ

エンパワーメント・アプローチでは，教師（集団）効力感・自律性・影響力などを高めることを目標としたリーダー行動に焦点があてられている。職務遂行の中心を教職員と設定し，教職員を支援すること，または教職員の実践や成長に貢献することがリーダーの使命とされる。

サーバントリーダーシップ論では，理論をベースとして事例研究 (Terosky

& Reitano, 2016）が報告されており，サーバントリーダーの役割はビジョン，職能成長，協働的・参加的文化の創造にカテゴリー化されている。ビジョンは，概念と見通し，奉仕貢献，説得から構成される。職能成長は，癒やしと共感，成長への関与から構成される。そして，協働的・参加的文化の創造は，コミュニティの創造，傾聴配慮から構成される。一方，露口（2013）では，専門家の学習共同体の醸成が教師個々の授業改善に結びつくかどうかは，校長のサーバントリーダーシップによるところが大きいことを検証している。

サーバントリーダーシップの発展系として，信頼リーダーシップ（responsible leadership）がある（Stone-Johnson, 2013）。これは，対人関係を中核におくリーダーシップ理論であり，次の4つの価値を基盤とした役割をもっている。すなわち，針路と見通しの提示，重要な価値の擁護，関係者への奉仕貢献，コミュニティへの溶け込みである。

さらに，ケアリングリーダーシップ（caring leadership）という，医療分野からの新たなアプローチを援用した理論も報告されている（Louis, Murphy & Smylie, 2016）。校長が，配慮性，動機付け転移（共感反応に基づく動機付け），状況依存性，熟達性，信頼性から構成されるリーダーシップを発揮することで，学校組織内に教師集団による思いやりのコミュニティが醸成され，教師による生徒の学力サポートや学力向上を促進するという効果が明らかにされている。

4. 今後の課題と展望

以上のレビューを通して，日本における学校組織のリーダーシップ研究における課題と展望を示す。

第一は，分散型リーダーシップ・アプローチを採用した，管理職以外のリーダーシップ研究の蓄積である。このアプローチによると養護教諭や事務職員もリーダーシップを発揮している。これが校長のリーダーシップとどのような共有／統合関係にあるのかを明らかにしたい。このアプローチを活用した研究は，日本ではわずかである（荊木・杉本・淵上・安藤，2015；菅原，2016；露口，2012）が，今後まちがいなく発展するであろう。

第二は，リーダーシップの失敗事例の研究である。目標達成のための対人影響過程において，リーダーが組織やフォロワーにネガティブな影響を及ぼすこともある。成功事例だけでなく，失敗事例に対しても真摯に向き合うことが，実践・学術研究の両レベルにおいて必要である。

　第三は，変革的リーダーシップ・アプローチにおける，「地域社会の変革」を取り入れた研究の蓄積である。「地域とともにある学校」「学校を核とした地域づくり」が教育政策言説として指摘される今日，社会正義リーダーシップ論に示されたように，校長には地域社会の変革が求められる。このことを視野に入れた研究についても蓄積がまたれるところである。

　第四は，ケアリングリーダーシップなど，女性リーダーを前提としたリーダーシップ論の展開である。リーダーシップ論は，主として男性リーダーをモデルに展開されてきたという批判がある。女性管理職がこれだけ増加してきた今日，女性管理職のリーダーシップのあり方を再考してみる価値は十分にある。

　第五は，リーダーシップの持論生成過程の探究である。学校管理職は，どのようなライフヒストリーのなかでリーダーとしての持論を生成してきたのであろうか。リーダーとしての職能成長やキャリア形成の研究は，とくに，管理職養成に対する示唆が大きく，今後の蓄積することの社会的意義は大きい。

（露口健司）

文献・参考図書

荊木まき子・杉本伸一・淵上克義・安藤美華代「小学校教務主任のリーダーシップによる協働的職場風土構築に関する研究— SCAT 法による質的分析—」『教育実践学論集』第16号，2015年，23-35頁

菅原至「分散型リーダーシップ実践に着目した学校改善に関する研究」『学校教育研究』31巻，2016年，74-87頁

露口健司『学校組織のリーダーシップ』大学教育出版，2008年

——「学校組織におけるチームリーダーシップと教師効力感の影響関係」『日本教育経営学会紀要』第51号，第一法規，2009年，73-87頁

——「スクールリーダーのリーダーシップ・アプローチ—変革・エンパワーメント・分散」小島弘道・淵上克義・露口健司『スクールリーダーシップ』学文社，2010年，137-163頁

——『学校組織の信頼』大学教育出版，2012年

———「専門的な学習共同体（PLC）が教師の授業力に及ぼす影響のマルチレベル分析」『日本教育経営学会紀要』第 55 号，2013 年，66-81 頁

吉村春美・木村充・中原淳「校長のリーダーシップが自律的学校経営に与える影響過程—ソーシャル・キャピタルの媒介効果に着目して」『日本教育経営学会紀要』第 56 号，2014 年，52-67 頁

Bredeson, P.V., Distributed instructional leadership in urban high schools: Transforming the work of principals and department chairs through professional development. *Journal of School Leadership*, 23 (2013) 362-388

Dexter, S., Louis, K.S. & Anderson, R.E., The roles and practices of specialists in teamed instructional leadership. *Journal of School Leadership*, 19 (2009) 445-465

DeMatthews, D.E., Cleating a path for inclusion: Distributing leadership in a high performing elementary school. *Journal of School Leadership*, 25 (2015) 1000-1038

DeMattews,D.E., Edwards Jr. & Rincones,R., Social justice leadership and family engagement: A successful case form ciudad Juarez, Mexico. *Educational Administration Quarterly*, 52 (5) (2016) 754-792

Fullan, M., *The principal: Three keys to maximizing impact.* John Wiley & Sons, Inc., NY (2014)（塩崎勉訳『The principal —校長のリーダーシップとは』東洋館出版，2016 年）

Furman, G., Social justice leadership as praxis: Developing capacities through preparation programs. *Educational Administration Quarterly*, 48 (2) (2012) 191-229

Gong, T., Zimmerli, L. & Hoffer, H.E., The effects of transformational leadership and the sense of calling on job burnout among special education teachers. *Journal of School Leadership*, 23 (2013) 969-993

Halverson, R. & Clifford,M., Distributed instructional leadership in high schools. *Journal of School Leadership*, 23 (2013) 389-419

Halverson, R., Grigg, J., Prichett, R. & Thomas, C., The new instructional leadership: Creating data-driven instructional systems in schools (2007). *Journal of School Leadership*, 25 (2015) 447-481

Harris, A., Distributed leadership: Friend or foe? *Educational Management Administration and Leadership*, 41 (2013) 545-554

Jacobs, J., Gordon, S.P. & Solis, R., Critical issues in teacher leadership. *Journal of School Leadership*, 26 (2016) 374-406

Khalifa, M.A., re-New-ed paradigm in successful urban school leadership: Principal as community leader. *Educational Administration Quarterly*, 48 (3), (2012) 424-467

Louis, K.S., Murphy, J. & Smylie, M., Caring leadership in schools: Findings from exploratory analyses. *Educational Administration Quarterly*, 52 (2) (2016) 310-348

Margolis, J. & Huggins, K. S., Distributed but undefined: New teacher leader roles to change schools. *Journal of School Leadership*, 22 (2012) 953-981

Maxwell, G., Scheurich, J. & Skrla, L., Distributed leadership includes staff: One rural custodian as a case. *Journal of School Leadership*, 19（2009）466-496

Mckenzie, K.B. & Locke, L.A., Distributed leadership: A good theory but what if leaders won't don't know how, or can't lead ? *Journal of School Leadership*, 24（2014）164-187

Moolenaar, N.M., Daly, A.J. & Sleegers, P.J.C., Occupying the principal position: Examining relationships between transformational leadership, social network position, and schools' innovative climate. *Educational Administration Quarterly*, 46（5）（2010）623-670

Palmer, D., Rangel, V.S., Gonzales, R.M. & Morales, V., Activist teacher leadership: A case study of a programa CRIAR bilingual teacher cohort. *Journal of School Leadership*, 24,（2014）949-978

Portin, B.S., Russell, F.A., Samuelson, C. & Knapp, M.S., Leading learning- focused teacher leadership in urban high schools. *Journal of School Leadership*, 23（2013）220-252

Printy, S.M., Marks, H.M. & Bowers, A.J., Integrated leadership: How principals and teachers share transformational and instructional influence. *Journal of School Leadership*, 19（2009）504-532

Spillane, J.P., *Distributed leadership*. Jossey-Bass: CA.（2006）

Spillane, J.P., Halverson, R. & Diamond, J.B., Towards a theory of leadership practice: A distributed perspective. *Journal of Curriculum Studies*, 36（1），（2004）3-34

Stone-Johnson, C., Responsible leadership. *Educational Administration Quarterly*, 50（4），（2013）645-674

Terosky, A.L. & Reitano, M.C., Putting followers first: The role of servant leadership in cases of urban, public school principals. *Journal of School Leadership*, 26（2016）192-222

Wells, C.M. & Klocko, B.A., Can teacher leadership reduce principal stress? *Journal of School Leadership*, 25（2015）313-344

Ylimaki, R.M., Curriculum leadership in a conservative Era. *Educational Administration Quarterly*, 48（2），（2012）304-346

York-Barr, J. & Duke, K., What do we know about teacher leadership? Findings from two decades of scholarship. *Review of Educational Research*, 74（3），（2004）255-316

第3章　カリキュラム・マネジメント研究の進展と今後の課題

〉〉〉〉〉〉〉 1. カリキュラム・マネジメント論の特徴と研究の背景 〉〉〉〉〉〉〉

(1) 概念定義とカリキュラム・マネジメント論の特徴

カリキュラム・マネジメント[1] (Curriculum Management；以下，文脈に応じて CM) 研究は，学校におけるカリキュラムの開発と実践のマネジメントを対象領域とした研究である[2]。教育方法学領域のカリキュラム開発論と教育経営学領域の経営過程論と条件整備論を融合する理論であり，学校改善論の中核に位置づけられる[3]。CM とは，各学校が教育目標を実現化するために，学校内外の諸条件・諸資源を開発・活用しながら，評価を核としたマネジメントサイクルによって，カリキュラム開発と実践を組織的に動態化させる，戦略的かつ課題解決的な組織的営為である[4]。

CM 論の特徴は，カリキュラムに能動性や課題解決性を見いだし，その開発とマネジメントを学校の経営戦略の中核に位置づける点にある (中留，2002；天笠，2006)。CM 論は，教育内容の配列および修正と再編成を作業として行う教育課程「編成」観の克服を意図している。教育課程基準の裁量を生かし，各学校が自校の児童生徒の教育課題解決に向けて設定した教育目標をよりよく達成するために，哲学的・理論的検討も含め，教育内容・方法とその条件整備を能動的に開発するカリキュラム開発観に立つ[5]。個業に陥りがちな教育実践を，カリキュラムを媒介として学校の組織的営為に位置づける理論でもある。

学校の存在意義は，児童生徒に可能なかぎり最適で有効な学習経験を提供し，知的・人間的成長を促すことにある。CM 研究では，この教育効果向上という目的のため，カリキュラム開発におけるマネジメントの側面に光を当て，教育活動と経営活動を相即的に動態化させる経営過程や，組織内外の条件整備システムの構築，実態把握，具体的な方法論の開発などを解明課題とする。

なお，「教育課程」は curriculum の訳語であり，一般的には両者は同義だが，カリキュラム研究においては，「教育課程」は制度的枠組みのなかで学校が公的に組織する教育計画として理解され，「カリキュラム」はより広義に，教育計画・実施・その結果としての「子どもの学びの総体」という理解が広く共有されている[6]。「教育課程」は顕在的カリキュラムを意味し，「カリキュラム」は

24　第1部　学校の組織と経営

潜在的カリキュラムへの気づきを促すため意図的に使用される。

(2) 研究の背景①—わが国のカリキュラム開発の研究と実践の発展

　カリキュラム開発（Curriculum Development）は 1920 ～ 30 年代の米国のカリキュラム改訂運動の過程で形成された概念である。わが国のカリキュラム開発と実践については，カリキュラムと授業の二元性の問題が指摘された（佐藤学，1996 など）。文部省も，1970 年代の一般的な認識について，「教育課程とは指導要領」「カリキュラムを上から与えられたもので，教師たちが自らつくってゆくものとはみない」と把握していた。この状況に一石を投じたのが，1970 年代の OECD と文部省の「カリキュラム開発に関する国際セミナー」である。そこで，スキルベック（Skilbeck）により「学校に基礎を置くカリキュラム開発（School Based Curriculum Development：以下，SBCD）」が紹介された（文部省，1975）。その後，研究開発学校制度（1976），教育特区（2002），教育課程特例校制度（2008），SSH と SEL-Hi（2002），SGH（2014）など，いわば「日本版 SBCD」が制度化され，その成果として新教科・領域も開発された。そして，総合的な学習の時間（以下，「総合」）の創設（1998）は，一般の小中高等学校にも，広く SBCD を求めることになった。近年は，学校段階間を接続するカリキュラムの開発も推進されている。この間，日本カリキュラム学会が創立され（1990）カリキュラム研究の学術的発展もみられた。ただし，欧米の SBCD 論における経営的側面の議論は副次的で不十分であり，学校経営学の知見から，これを補強する CM 研究が要請された（倉本，2006・2008）。

(3) 研究の背景②—教育課程基準の大綱化・弾力化とアカウンタビリティ政策

　わが国の静態的な「教育課程編成・展開」観の主要因は，55 年体制以降の中央集権型の教育課程行政，法的拘束力をもつ学習指導要領に求められてきた。天笠（1999）は，より深層的に，明治時代の学制期から蓄積された中央集権的な体質を指摘した。しかし，自律的学校経営の方向における政策転換のなかで，教育課程基準の大綱化・弾力化（以下，大綱化）が推進されてきた。法的には，1976 年学力調査最高裁での教育課程基準の大綱化合憲判決が，大綱化へ道を開く一助となった。学習指導要領においては，「ゆとりと充実（1977 改

訂)」，生活科新設（1989改訂），「総合」の新設を核とした教育課程全体の領域・教科の構成の再検討の求め（1998/99改訂），最低基準性の明確化（2003一部改正）など，大綱化が進められた。また，中央教育審議会（以下，中教審）答申「今後の地方教育行政の在り方について（1998）」において，行政から学校への権限委譲が勧告された。この「教育課程基準の大綱化・弾力化」と「学校の自主性・自律性」を「ワンセット」の改革と捉え，これらの学校裁量がCMの実体化の前提とされた（中留，2005）。しかし，学校の裁量権の拡大や指導行政の変化は直線的にカリキュラム開発を実体化するものではなく（露口，2008），裁量権を活用したマネジメントの開発の必要性が生じ，CM論の再構築が始まった。

　その後，学習指導要領における新たな基準化の動向がある。後期近代社会への移行に伴う急速かつ激しい社会変化への認識に基づき，コンテンツ（内容）からコンピテンシー（資質・能力）への基準の拡大，学習過程・指導方法への言及の深化である。前者は，「自己教育力」（1989改訂），「生きる力」（1998/99改訂），「学力の三要素」の明文化（2007学校教育法）と「思考力・判断力・表現力」の強調（2008改訂），「育成すべき資質・能力」の3本柱による全教科・領域の目標の再整理（2017改訂）などである。後者は，「総合」の「学び方」（1998/99改訂），習得・活用・探究の学習過程と言語活動の充実化（2008改訂），「主体的・対話的で深い学び」（2017改訂）の提示である。コンピテンシーの強調は，計画段階の内容配列（教育課程編成）だけでなく，目標設定段階と評価段階のマネジメントを，学習過程・指導方法の強調は実施段階（教室の授業）のマネジメントを一層要求する。

　また，規制緩和と同時に，教育活動・経営活動の両面で，入り口管理から結果責任を問う制度改革が進行した。40年ぶりの悉皆調査である全国学力・学習状況調査（2007開始）は政策モニタリングと改善だけでなく，各学校，各学級の指導改善や児童生徒一人ひとりの学習改善を，重要な目的の1つとして掲げる。学校評価の法制化（2007）も，単位学校に，目標設定と結果責任を求める。同時期，校長の権限強化や階層的組織構造化といった制度改革も進行した。教育課程の新たな基準化とアカウンタビリティ政策，学校内部統制の進行

過程において CM 研究は進展した。子どもに学びと知的・人間的成長を保障するために，上述の政策・制度をも CM 開発の契機やツールとする，能動的，課題解決的，開発的なマネジメント観が，わが国の CM 研究の基底にある。

2. カリキュラム・マネジメント研究の進展

(1) カリキュラム・マネジメント研究の進展の概要

CM 研究は教育方法学と教育経営学の結節点に位置づく。また，実践的性格が強い。本章では CM 研究をカリキュラムの開発と実践にかかわる経営過程に関する研究と広く解釈しており，本節ではその進展を今後を含めて 3 期に整理する。第 1 期は，SBCD がわが国に紹介された 1970 〜 90 年代である。この時期，教育課程経営研究による理論的基盤が形成された。第 2 期は，1998/99 年学習指導要領改訂前後から始まり，学習指導要領「総則」に明文化される 2017 年前後までである。「カリキュラムマネジメント」概念の提唱を伴う理論の発展，定量調査による理論検証や実態把握，事例研究などの実践的研究の進展をみた発展期である。この時期，CM 研究は，教育課程行政にも影響を及ぼした。第 2 期は，理論的・実証的研究の側面と実践的・開発的研究の側面に項を分けて論じる。第 3 期は，教育課程行政により，CM の本格導入が推進される 2017 年前後からを，拡大・多様化期とし，今後の研究課題を中心に論じる。

(2) 第 1 期—教育課程経営研究による理論的基盤形成期

教育課程経営研究は，1958 年の改訂に伴う教育行政による法的管理・拘束力の強化による各学校の教育課程経営の自由・幅の制限の進行を契機として「自覚的に展開」された（小泉，2000）が，初期の研究は行政主導の教育課程行政論や教育課程管理論と批判された。1970 年ごろより，各学校を主体とする教育課程「経営」への転換と科学化が提起された。高野（1989）によれば，科学化とは，①教育課程内容・授業内容とその条件づくりとの識別，②システム的思考，③個別学校に最適な実践モデル形成，④教育課程経営における条件を実証的手法で構造的・分析的に捉える「条件の科学的吟味」などである。小泉（2000）の整理によれば，教育課程経営研究の課題は，①教育課程経営主体の法

的性格の吟味，②メカニズムと過程（組織構造と組織過程）の解明，③教育課程経営技術の提示，④教育課程・授業の条件（内容と条件の対応関係）の解明とされた。教育課程経営論の特徴（中留，1984；高野，1989）は次のように整理される。①学校の教育目標の具現化を目的とする，②単位学校を主体とした組織的な取り組みである，③教育課程を PDS サイクルによって動態化する，④教育活動と条件整備（経営）活動とを対応関係として捉える，⑤教師を授業経営者およびカリキュラム・メーカーと位置づける。しかし，理論化の一方，この時期は，少数の研究開発学校を除いてはカリキュラム開発が活性化される条件にはなく，研究は理論枠組みにとどまり実践は形式化したと評され，「理論と実践の統合」が課題とされた（中留，1999）。[9]

(3) 第 2 期：発展期①── CM 概念の提唱，理論的研究・実証的研究の進展の側面

1998/99 年学習指導要領改訂は，現代的な教育課題への対応，「総合」を中核とした教科相互の関連づけ，児童生徒の学びにおける「知の総合化」の実現など，教育課程全体に及ぶ改革であった。すべての学校に，カリキュラム開発を通した特色ある学校づくりが求められるようになった。これを受け，日本教育経営学会では「新しい教育課程と学校経営の改革課題」と題した特集が組まれ，教育課程基準の大綱化・弾力化の歴史的意味（天笠，1999），教授学習組織改革の課題（高階，1999；山﨑，1999）などが論じられた。この改訂前後より，「カリキュラムマネジメント」というカタカナ用語が登場し，CM 研究は新たな段階へと移行した。この時期，「総合」を対象領域の中核に据えて積極的に理論化・実証化を試みた中留武昭や，自ら学校コンサルテーションに参与しCM の開発や政策化を先導した天笠茂の研究が注目される。

中留は，教育内容・方法面の「連関性」と条件整備活動における学校組織内外との「協働性」を，CM の不可分の 2 つの「基軸」と唱え，理論化と実証化を図った（中留，2001・2002・2005 など）。これは，カリキュラム構成原理と対応した組織原理を解明したものと評価される。「連関性」は目標とカリキュラムの間，カリキュラムの横軸（教科横断）と縦軸（系統性や学校段階間の接続），そして学校内外（学校知と生活経験の総合化）にも適用された。「協働性」は「連

関性」に相即する組織運営上の原理である。これは単に諸資源や組織体制だけの問題ではなく，教員の意識と行動の転換を迫るものである。そこで「組織文化」がCMの重要な規定要因・媒介要因に位置づけられた。

　組織文化の観点からは，同僚性，協働性，自律性，創造性，受容性，革新性，学習者中心性といった因子や，プロフェッショナル文化などが調査研究を通して明らかにされた。子ども観，指導観，カリキュラム観など直接的に教授・学習にかかわる側面にとくに注目した「カリキュラム文化」研究や，組織文化に吸収されない個人的価値観のCMへの影響を取り上げた研究へと発展した（中留，1998・2001・2005など；中留・田村，2004；露口，2008；倉本，2006など）。

　学校内のシステム論に，外部要因を加えオープンシステム論が展開されたのもこの時期の発展である（中留，2001）[10]。倉本（2006・2008）は，米国のサービス・ラーニング（Service-Learning）をテーマに，コミュニティエージェンシーと学校組織の間の外部的協働性が，学校組織の内部的協働性と相互補完しながら学校改善に寄与することを実証し，CMの協働性論を補強した[11]。

　また，この時期には，新たなマネジメントサイクルが提唱された。教育活動と条件整備と対応させたマネジメントサイクルについて，教育課程経営研究では，時間的な流れによるPDSサイクルが提唱されたが，近年は活動行為の手順や質によって分類するPDCAサイクルが中心になっている[12]。また，サイクル論の重点は，第1期は実施段階（授業経営；高野，1989）にあったが，この時期はSPD（中留，1998・2001など），CA-PDCA（田中，2006など）など評価段階へと移行した。カリキュラム開発は，学習経験の観察と現行のカリキュラムの点検に基づく改善の試行錯誤の積み重ねにより達成される（田中，2006）とみるからである。しかし，実践的には評価段階の不活性（中留，2005）や，評価から改善・計画へとつなげる困難さが実証され（中留，2010など），教育目標再検討や評価計画をカリキュラム計画と統合するスキルが提唱された。

　校長や主任等の役割や力量，カリキュラム・リーダーシップ研究（中留，1998；末松，2006；田村，2007；倉本，2008；露口，2008；木原・矢野・森・廣瀬，2013）や，CMの各構成要素とその間の関係性を図に表現する理論モデル

図により，CM の全体構造を可視化する研究もある（田村，2005・2011）。

　なかでも，「教育現場の『つながり』現象をソーシャル・キャピタルの視点から分析」し，学力や学習意欲などの教育成果と学習指導やカリキュラム，学校の組織的活動，校長のリーダーシップなどの関係や，評価活動が教育効果を高める要件などを解明した露口ら（2016）の研究は，CM 研究においても，初等中等教育を対象とした実証的研究の 1 つの到達点に位置づけられよう。

　2010 年ごろより，高等教育へも研究対象を拡大している。中留（2012）は「連関性」「協働性」の基軸は大学の CM にも適合すると論じた。倉本は教職大学院のカリキュラム構成原理，指導方法，組織システム，条件整備，組織文化，外部協働性の解明に取り組んだ（Kuramoto *et al.*，2014）。

(4) 第 2 期：発展期②——実践的研究・開発的研究の進展と実践の普及化の側面

　CM 研究では，実践的研究方法が多く採用され，理論と実践の往還による研究が進展した。初期からの主要な論者である中留と天笠はともに，実践性の高い臨床的学校経営学やアクションリサーチ（Action Research，以下 AR）を主張し，1980 年代より事例研究を展開し，理論により事例を説明するベクトルと，事例から実践知を析出・集積し理論を生成していくベクトルを往還的に融合し，研究開発学校などにおいて，CM の開発を推進した（天笠，2007・2013；中留2001・2002・2005 など；中留・田村，2004 など）。教職大学院の創設・拡大により，研究者の関与のもと，現職大学院生による AR も増大している。

　教育課題別の CM 研究（山﨑，2005；辰巳，2013 など）や教科横断カリキュラムなどの CM の具体的な方法論の事例研究・開発的研究も進んだ（田村，2006・2012；Kuramoto *et al.*，2014，田村・村川・吉冨・西岡，2016 など）。田村（2006）は，ワークショップ型校内研修の，教員の自律性と協働性への促進効果を検証した。また，理論モデル図を応用し，実践者による CM 理論の理解促進と CM 実践の分析・評価の手法しての利用可能性を開いた（田村・本間，2014；田村・本間・根津・村川，2017）。同モデル図は，教職大学院や教員研修などで利用され，小学校外国語活動の CM に応用した開発的研究もみられる（村川・池田，2010）。この間，中教審答申「初等中等教育における当面の教育課程及び指導

の充実・改善方策について」(2003) 以降，教育行政においても CM の必要性が
しばしば指摘され，独立行政法人教員研修センター「カリキュラム・マネジメ
ント指導者養成研修」開始 (2004)，学習指導要領解説 (総合的な学習の時間編，
2008) や指導資料 (言語活動の充実化など) に全面的に導入され，CM 研究者の関
与を得ながら，CM を国が推進するに至った。さらに，横浜市や上越市など自
治体レベルや単位学校レベルでの CM 実践開発も進んだ。CM を普及促進する
教員研修も開発的研究の対象となった (臼井・末松，2011；田村，2012；田村・
村川・吉冨・西岡，2016)。

(5) 第 3 期：拡大・多様化期―教育政策による推進，研究対象や研究主体の拡大

2017 年 3 月，学習指導要領「総則」に初めて，「カリキュラム・マネジメン
ト」の定義と必要性が明記された。「教育課程を軸」にした学校経営は，教育
課程行政により全面的に推進される対象となった。「総則」における定義 (注 4
参照) には，「連関性」や「教育活動と条件整備活動の対応」「マネジメントサ
イクル」など，これまでの CM 研究の知見が反映されたと判断される。今後，
CM 実践は普及・一般化の段階に入り，研究も新たなステージを迎える。

政策による CM の推進により，研究と実践は拡大・多様化し，多角的・学
際的なアプローチの展開，知見の精緻化と蓄積への期待が高まる。一方，実践
的には，CM が政策的に推進されるがゆえに，義務的・他律的な受け止めや，
児童生徒の課題解決性という中核が看過された CM の部分的機能や手法の自
己目的化の懸念が生じる。各研究領域における細分化・緻密化・技術化・深化
の一方，カリキュラムとマネジメントの結節という焦点が薄れる可能性もある。

3. 今後の研究課題

今後は多様な関係諸領域からの参入を得て，より精緻な研究の進展が予測さ
れる。まず，カリキュラム領域の課題を述べる。2017 年学習指導要領改訂に
おいては，教育課程全体で育成する資質・能力だけでなく，改めて教科の本質・
固有性が論じられた。それらを明らかにしたうえでの「連関性」の内実が一層
問われる。「総合」を媒介とした知見には，一定の研究蓄積があるが，教科間

の直接的な連関とはどのようなものか。カリキュラム構成原理と成果（学習者のなかでの知の構造化の解明），学習評価などの課題は多い。カリキュラム開発対象となる教科・領域，教育課題（市民性教育や郷土教育など），学習過程（アクティブ・ラーニングなど）は拡大している。「へき地小規模校」など地域性を活かしたカリキュラム開発も課題となる。「連関性」を担保するための支援策として，教科書や教材，ICT ツールの開発も課題となる。カリキュラム研究，教育目標・評価研究，教育方法学，教科教育学，学習心理学，教育工学といった関係諸領域の知見を統合する学際的な研究が求められる。

　学校経営学領域においても，教員の多忙化や学校の小規模化，教育課題の多様化といった問題状況が進行するなか，新たな学校・地域のあり方の構築をめざす「次世代の学校・地域」創生プラン推進などの環境下での，新たな CM 開発が必要である。「チームとしての学校」を掲げる学校組織改革において，学校管理職や教員のみならず，事務職員や専門スタッフ，地域の関係者などの CM への主体的関与の可能性などが研究課題となる。CM に関する教師教育（教員養成，ミドルリーダー養成，学校管理職養成）研究や，国や地方自治体による学校の CM 支援施策なども研究対象となろう。

　マクロな実証的研究では，文部科学省委託研究以外への全国学力・学習状況調査の個票データ貸与が開始（2017）された。ビッグデータを活用して，学力や非認知能力などの成果要因と授業実践，組織的な CM などのメカニズムの一層の解明や縦断的な分析が可能となる。ミクロには，個々の学習者のパフォーマンス評価などの質的な学習評価が発展している。学習とカリキュラムの関係性の緻密な記述が可能になる。そして，本格的な国際比較研究である。学力政策，社会関係資本，授業研究や PLC などを関連づけながら，他国との共通性や固有性を析出し，わが国の研究成果を国際的に発信することも必要だろう。[13]さらに，学校の最も中心的な構成員である学習者による，CM への関与についての研究はほぼ未着手である。児童生徒組織と教員組織の関係，とりわけ学習共同体としての学校における学習者の位置づけや，学習活動やカリキュラム評価における学習者へのリーダーシップの分散などテーマは広がる。（田村知子）

32　第 1 部　学校の組織と経営

注

1) 学術書には，筆者を含めカリキュラムとマネジメントをつなぐことに積極的意義を見いだし「・」のない表記を用いることが多いが，近年は行政文書の「カリキュラム・マネジメント」の表記が一般化してきている。

2)「カリキュラム開発」概念には本来，実践と検証，更新が含まれるが，開発自体の目的化，すなわち一部の教員による開発とほかの教員の他律的・形式的な実践，研究開発期間終了や校長交代に伴う開発断絶などがしばしば指摘されるため，「開発と実践」とした。

3) 中留は，学校経営の中心に学校改善を，学校改善研究・実践の中心に CM を位置づける三重円構造で捉えている（中留，2010）。

4) 定義は論者や研究の進展によりバリエーションがある。2017 年学習指導要領「総則」は，「各学校においては，生徒や学校，地域の実態を適切に把握し，教育の目的や目標の実現に必要な教育の内容等を教科横断的な視点で組み立てていくこと，教育課程の実施状況を評価してその改善を図っていくこと，教育課程の実施に必要な人的又は物的な体制を確保するとともにその改善を図っていくことなどを通して，教育課程に基づき組織的かつ計画的に学校の教育活動の質の向上を図っていくこと」と定義した。中留・田村（2004）は，「学校裁量の拡大」を前提に，「学校の教育目標を実現するために，教育活動（カリキュラム）の内容，方法上の連関性とそれを支える条件整備活動（マネジメント）としての協働性とを結ぶ対応関係を，組織体制と組織文化を媒介としながら，PDCA サイクルを通して，組織的，戦略的に動態化させる営み」という定義を共有している。

5)「編成」「構成」「開発」の整理は安彦（2002）による。

6)『学習指導要領解説 総則編』(2008) は，指導計画として「教育課程」を定義している。1951 年の『学習指導要領一般編』(1951) が「学習経験の総体」として定義したのとは対照的である。

7) 1960 年代の米国を中心とした「教育内容の現代化」時代の科学者と国家によるカリキュラム開発と学校への普及モデル（Research Development & Diffusion（研究，開発，普及）モデル =RDD モデル）は，わが国でも同様の傾向であった。

8) 植田（2009）は，「教育課程」の「基準性」や「法的拘束力」の是非に論点がおかれた教育法学・教育行政学における議論を批判している。

9) 小泉（2000）は，「従来の教育課程経営研究」の問題点として，「条件づくりの活動についての研究」「教育課程経営という対象自体の分析と特質究明」「全体像を浮き彫りにする点」の不十分さや脆弱さを指摘している。

10) 中留（1991）は，「教育的エコロジー」のアナロジーにより，学校を「環境に対してダイナミックに対応」する「オープンシステム」とする視点を提示した。

11) 倉本（2006）は，わが国の経営論からの CM の発想を援用し米国の CM 論構築を試みた。

12) 露口（2004・2008）は，まず PDS モデルを機能化したうえで，イノベーションモデルをも機能化させる必要を指摘した。教育課程の編成−実施−評価の前に「カリキュラム開発」段階を位置づけ，これを起点とするサイクル（山﨑，2006）なども提唱された。

13) わが国の CM 論の国際発信が始まっている（Kuramoto *et al.*, 2014）。

第 3 章　カリキュラム・マネジメント研究の進展と今後の課題　**33**

文献・参考資料

安彦忠彦『教育課程編成論』放送大学教育振興会，2002 年，39-45 頁

天笠茂「教育課程基準の大綱化・弾力化の歴史的意味」『日本教育経営学会紀要』第 41
　号，第一法規，1999 年，2-11 頁

──『学校経営の戦略と手法』ぎょうせい，2006 年

──「『関わる』立場から─学校の現場に実際に入り，コンサルテーションをして」『日本
　教育経営学会紀要』第 49 号，第一法規，2007 年，164-169 頁

──『カリキュラムを基盤とした学校経営』ぎょうせい，2013 年

植田健男「教育課程経営論の到達点と教育経営学の研究課題」『日本教育経営学会紀要』
　第 51 号，第一法規，2009 年，34-44 頁

臼井智美・末松裕基「カリキュラムマネジメントに関する教員研修プログラムの開発的研
　究」『大阪教育大学紀要第Ⅳ部門』第 60 巻，2011 年，33-48 頁

木原俊行・矢野裕俊・森久佳・廣瀬真琴「『学校を基盤とするカリキュラム開発』を推進
　するリーダー教師のためのハンドブックの開発」『カリキュラム研究』第 22 号，2013 年，
　1-14 頁

倉本哲男「米国のサービス・ラーニングに関するカリキュラムマネジメントの一考察」『日
　本教育経営学会紀要』第 48 号，第一法規，2006 年，52-67 頁

──『アメリカにおけるカリキュラムマネジメントの研究』ふくろう出版，2008 年

Kuramoto Tetsuo and associates, *Lesson Study and Curriculum Management in Japan*,
　ふくろう出版，2014 年

小泉祥一「教育課程経営論」日本教育経営学会編『教育経営研究の理論と軌跡』玉川大学
　出版部，2000 年，76-90 頁

佐藤学『カリキュラムの批評』世織書房，1996 年

末松裕基「イギリス中等学校における教科主任の役割期待─カリキュラムマネジメントの
　視点から」『日本教育経営学会紀要』第 48 号，第一法規，2006 年，68-83 頁

高階玲治「教授学習組織改革の課題 (1)─『総合』の視点から」『日本教育経営学会紀要』
　第 41 号，第一法規，1999 年，12-21 頁

高野桂一編著『教育課程経営の理論と実際』教育開発研究所，1989 年

辰巳哲子「キャリア教育の推進に影響を与えるカリキュラムマネジメント要素の検討」『キャ
　リア教育研究』第 31 巻第 2 号，2013 年，37-44 頁

田中統治「カリキュラム開発」篠原清昭編著『スクールマネジメント』ミネルヴァ書房，
　2006 年

田村知子「カリキュラムマネジメントのモデル開発」『日本教育工学会論文誌』29（Suppl.）
　2005 年，137-140 頁

──「カリキュラムマネジメントへの参画意識を促進する校内研修の事例研究」『カリキュ
　ラム研究』第 15 号，2006 年，57-70 頁

──「教務主任のカリキュラムマネジメントへの関与の状況」『九州教育経営学会紀要』
　第 13 号，2007 年，29-36 頁

——編著『実践・カリキュラムマネジメント』ぎょうせい，2011 年

——「カリキュラムマネジメントに関するミドルリーダー研修の開発と評価」『九州教育経営学会紀要』第 18 巻，2012 年，53-62 頁

田村知子・本間学「カリキュラムマネジメントの実践分析方法の開発と評価」『カリキュラム研究』第 23 号，2014 年，43-55 頁

田村知子・村川雅弘・吉冨芳正・西岡加名恵編著『カリキュラムマネジメント・ハンドブック』ぎょうせい，2016 年

田村知子・本間学・根津朋実・村川雅弘「カリキュラムマネジメントの評価手法の比較検討―評価システムの構築にむけて」『カリキュラム研究』第 26 号，2017 年，29-42 頁

露口健司「カリキュラム開発条件としてのマネジメントの転換」『日本教育経営学会紀要』第 46 号，第一法規，2004 年，25-35 頁

——『学校組織のリーダーシップ』大学教育出版，2008 年

——編著『「つながり」を深め子どもの成長を促す教育学』ミネルヴァ書房，2016 年

中留武昭『戦後学校経営の軌跡と課題』教育開発研究所，1984 年

——編著『学校文化を創る校長のリーダーシップ』エイデル研究所，1998 年

——『学校経営の改革戦略―日米の比較経営文化論』玉川大学出版部，1999 年

——『総合的な学習の時間―カリキュラムマネジメントの創造』日本教育綜合研究所，2001 年

——『学校と地域とを結ぶ総合的な学習―カリキュラムマネジメントのストラテジー』教育開発研究所，2002 年

——編『カリキュラムマネジメントの定着過程』教育開発研究所，2005 年

——『自律的な学校経営の形成と展開 3』教育開発研究所，2010 年

——『大学のカリキュラムマネジメント―理論と実際』東信堂，2012 年

中留武昭・田村知子『カリキュラムマネジメントが学校を変える』学事出版，2004 年

村川雅弘・池田勝久編著『小学校外国語活動のための校内研修パーフェクトガイド』教育開発研究所，2010 年

文部省編『カリキュラム開発の課題―カリキュラム開発に関する国際セミナー報告書』文部省大臣官房調査統計課，1975 年

山﨑保寿「教授学習組織改革の課題 (2)―選択履修幅の拡大とかかわって」『日本教育経営学会紀要』第 41 号，第一法規，1999 年，22-30 頁

——『機能的感性に関する教育課程経営研究』風間書房，2005 年

——「教育課程経営」篠原清昭編著『スクールマネジメント』ミネルヴァ書房，2006 年，176-193 頁

第 3 章　カリキュラム・マネジメント研究の進展と今後の課題　**35**

第4章　教職員の人事と職能成長研究の進展と今後の課題

1. 学校・教職員の「人的資源管理」

学校教育の質をいかに向上させるか（学校教育の質は何によって左右されるか）という問いを教育経営学が解明するうえで，教職員の資質能力はその有力な変数である。そのため学校経営・教育行政では，異なる資質能力をもつ教職員をどのように最適配置するのか，またどのようにして配置先の勤務を通じた資質能力の伸張・開発を図るのか，という点がそれぞれ追求される。

企業を含めた組織全般においては，人的資源管理と呼ばれる研究領域がこの関心に応えており，その内容は雇用管理制度（人員の募集・採用や部署への配置・移動，昇進の決定など），人材育成制度（新人教育，配置転換教育，昇格に伴う諸訓練，技術変化に伴う諸教育など），評価制度（人事考課制度），報酬制度，福利厚生制度，労使関係制度などにわたる（上林，2012）。学校教育においても同様の関心が成り立つと考えられるものの，教職員の資質能力の伸張・開発について，雇用管理や評価や報酬といった側面から体系的な検討が加えられてきたわけではなかった。

政策的な転機となったのは，「46答申」や「臨教審答申」で教員研修の体系化が提言され，都道府県レベルでの実践が進んだ。さらに1988（昭和63）年には教育公務員特例法が改正されて各都道府県単位で初任者研修が導入され，キャリアステージとの対応性を意識した教員研修の整備も進んだ。もともと教職員組合やさまざまな民間教育団体も教員の職能成長機会を提供してきてはいたが，キャリアステージと対応して成長・成熟する教員の資質能力観を必ずしも前提としておらず，体系性・系統性を備えたものではなかった。人的資源管理として計画的・体系的な人材開発を導入するには，いわゆる「カン」「コツ」として暗黙知的・職人芸的に捉えられる能力観や，「習うより慣れろ」「盗んで身につける」という達成観・成長観とは異なる前提が必要である。1つの制度の導入がただちに教員の能力観や成長観の変動をもたらすものではないが，上記のような経緯のなかで，学校・教職員における人的資源管理の展開が徐々に準備されてきたといえるだろう。

その後，学校の自主的・自律的経営が志向されるなかで，学校管理職につい

36　第1部　学校の組織と経営

てはマネジメント能力が強く求められるようになった。この変化は，学校管理職への昇進選抜や，選抜に前後する人材育成（研修など）といった人的資源管理のあり様が，学校経営の質を左右するようになったことも意味している。

　学校管理職の選抜方法は，1970年代中盤までの「推薦と面接の時代」が1980年代中盤には「推薦と論文・面接の時代」となり（佐藤・若井，1992），1990年代末にはほとんどの地域において（とくに小・中学校については）管理職選考試験が実施されるようになった（元兼，2001）。一方で教職関係者以外の外部労働市場から管理職適格者を確保する「民間人校長」の展開は頭打ちであり，[1] キャリアの連続性を前提に，内部労働市場を対象とする異動・研修・試験などによって適格者を育成・選抜する方策が現在も主流である。そうしたなかで，本学会が提示した「校長の専門職基準」（日本教育経営学会実践推進委員会，2015）は，学校管理職の育成・選抜という人的資源管理上の関心の高まりがもたらした1つの成果である。内部労働市場を重視する適格者確保の傾向において，この基準は人材育成の方向性を示しており，外部人材が参入する場合は，その認定基準としての機能を期待することができる。

　一方，管理職選抜以外の局面では，2000年代に入ってから「教師の意欲や努力が報われ評価される体制」（教育改革国民会議，2000）が志向され，2001（平成13）年の「公務員制度改革大綱」には「能力評価と業績評価からなる新たな評価制度」の導入が掲げられた。これに応じて各県は能力開発や人材育成を趣旨とする「（目標管理による）業績評価」と「能力評価」のシステムを導入し，評価制度と雇用管理・人材育成・報酬などの諸制度を連動させることが可能となった。すなわち，キャリア各段階に応じた人材育成や管理職の育成・選抜といった諸施策は，これまで各々局所的に展開されてきたが，適切な人材の評価が行われれば，それを人的資源管理の諸施策に生かし，効果の向上につなげられるほか，そうした評価の蓄積は諸施策を体系化し，連動性を高めることにもつながる。2014（平成26）年に実施された地方公務員法改正では，能力および実績に基づく人事管理の徹底が図られているが，これは上記のような評価を軸とする人的資源管理の連動的運用の実現を図るものといえる。また各都道府県

レベルでは「教員育成指標[2)]」と，これに対応した人材育成策の整備が求められているが，こうした状況にも同様の傾向が指摘できるだろう。

このように，学校・教職員における人的資源管理は，関連政策を通じて徐々に体系化が進んできた。しかしこれに対して，教育経営学研究が学校・教職員の人的資源管理を偏りなく扱ってきたとは言いがたい。先にあげた分類に従って概観すると，研究の厚みは人材育成（とくに研修関連）に偏っており，これに比べると雇用管理制度や評価制度の蓄積はそれほど厚くない。さらにいえば，それぞれを独立した政策・施策として研究対象とする傾向が強く，人的資源管理としての関心（各制度が教職員の「質」や学校組織の「機能」に何をもたらすか）は若干弱かったことも指摘できる。

教育行政の分権化や学校経営の自主性・自律性を志向する政策動向の下では，権限や財政上の独立性や自律性とあわせて，それを運用する人材の問題（適材の獲得と適所への配置，人材育成）が問われる。したがって学校・教職員に関する評価や人事考課，異動と昇進に関する研究は，それぞれが学校教育の質を高める施策として重要性を増しているのみならず，それらを人的資源管理として統合的に捉え，人材の質的向上につなげる必要も生じてきている。

そこで以下では，教職員の人事（異動・昇進）に関連する研究と，評価と職能成長に関する研究について動向を概観し，到達点とともに今後の展望を示す。その際，上記の研究上・実践上の関心に応えるべく，異動・昇進研究と評価・職能成長研究の接近や接続の可能性についても検討する。

2. 教職員の人事（異動・昇進）研究の展望

(1) 教員の「異動」研究のこれまで

学校教育がもっぱら労働集約的な要素を備えてきた以上，教職員の異動・配置や管理職への昇進管理は，マンパワーの「質」に政策的に関与する手段として重要であるが，研究蓄積において若干手薄な印象は拭えない。このうちとくに，日本の公立学校教員人事における広域採用と広域異動の仕組みは，教員の質の向上についてほかの制度下で考えられるよりも幅広い選択肢を有している

にもかかわらず，そうした特性が顧みられることもなかった。

　公立小・中学校の設置者・管理者は主に市町村教育委員会だが，県費負担教職員制度により高等学校・特別支援学校と同様の広域採用と広域異動が行われている。この仕組みは，関係者による意図的な異動・配置の余地を残しており，教員個々の能力開発や適性発揮のほか学校組織構成の最適化などを意図した関与（介入）が可能な点に特徴がある。これに対して，たとえば学校レベルでの採用が一般的で，学校間で給与を含めた処遇に差があるのを自明とするような制度下では，そうした意図的な配置転換の余地は残されておらず，スタッフの質向上は，もっぱら給与等の待遇改善を介した採用者・転入者の質向上や，事後的な研修などを通じた能力開発に期待するほかないことになる。

　このように，個々人の意向が教員の配置を強く規定する他制度に比べ，県費負担教職員制度などが可能にする広域的・定期的な異動は，人材育成や配置の最適化を意図的・計画的に進める余地があるという特徴を有している。そして，こうした制度的な特徴からは，教員の異動・配置の動態について，およそ二段階での調整（制度選択）が想定される。

　第一は，教員の異動や配置において雇用者（学校設置者もしくは人事権者）の意図的・計画的なかかわりがどの程度可能かである。教員の能力開発や学校組織の機能強化を図るうえで，異動や配置を意図的・計画的に進める余地があることについては先に指摘したが，このことは一方で政治的な意図や懲罰的意図，さらには嫌がらせのような悪意のもとでも，異動や配置が行えるということを意味しており，関係者間での抑制・均衡の程度がこの状況を規定する。したがって，異動や配置に関する意図性・計画性（・恣意性）の程度は，関係する機関・組織の活動量や関係性に依存することになる。

　そして第二は，雇用者的立場において，誰の意向や利害が教員の配置に強く反映されるのか，その過程ではどのような調整が行われるのか（誰がどの程度のイニシアチブを発揮するのか）である。たとえば各学校（長）は，それぞれの課題や経営計画に対応した配置を志向する一方で，学校の設置・管理者はより広域にわたる均衡や最適化を志向する。とくに義務教育段階では，学校の設置・

管理者として市町村が，県費負担教職員の人事権者として都道府県が，それぞれ人材配置に関心をもっている。誰の意向がどの程度反映されるかは，教員の異動する地理的範囲などのルールやその運用に影響するため，その出力としての教員の動態にも，一定のバリエーションが発生すると考えられる。

これまでも，異動の多様性についてはさまざまな傾向が経験的に指摘されてきた。上記のような人的資源管理的な観点からの整理や全体像の提示は，それほど十分ではなかったが，体系的な教員人事研究としては，佐藤全や若井彌一らによるものがあげられる（佐藤・若井，1992）。ここでは教員人事行政にかかる歴史的経緯の説明，人事の事務・調整の状況，関連する調査の結果に加えて先行研究の整理も行われており，1990年ごろまでの教員人事行政の状況を体系的に理解するうえで重要な研究である。

ただし，ほかの論考も含め，教員人事異動の多様性は個別の事実説明のレベルで知見が蓄積されてきたため，上記の2点の問いに対応するような網羅性や説明性には欠けていた。川上による一連の研究は，それらを明らかにするもので，異動の多様性を全体で俯瞰する（全国的にみて，どのように多様なのかを示す）研究や，その多様性を説明する要因（たとえば社会経済的環境や人口地理的環境，さらには政治行政的な要因など）の解明が試みられた（川上，2013）。これによって教員人事異動に関する全国的な状況が明らかになり，教員人事行政によって導き出される教員の異動・配置の状況（たとえば地理的・時間的な流動性がどの程度か，その際にどのレベルでの「最適配置」が志向されるか，など）が学校経営における一種の環境・条件として機能することが指摘された。

(2) 分権化と教職員人事のこれから

このようなかたちで，教員人事に関する事実関係の整理と理論的整理が進みつつあるものの，近年における地方分権の進展・定着は，こうした研究蓄積に対して新たな検討課題を示しつつある。

1990年代以降に進展した地方分権化を通じて，とくに義務教育政策においては，設置者管理主義の担い手である市町村（教委）レベルでの「教育改革」や「学校改革」がみられた。教員人事行政にも同様の傾向が反映され，2001（平

成13）年の地方教育行政の組織及び運営に関する法律（第38条）改正では，人事における校長の意見具申が規定され，校長の教育方針に基づく特色ある教育活動の展開を後押しした。また2007（平成19）年には再度同条が改正され，県費負担教職員の人事における市町村教委の意向を一層尊重する趣旨から，同一市町村内での転任については市町村教委の意向に基づくことが定められた。このような変化からは，教員の配置をめぐる「最適」の論理が，「全体最適」すなわち都道府県レベルの広域調整を重視した配置から，「部分最適」すなわち市町村レベル（もしくは学校レベル）での配置最適化志向に変化していることが指摘できる。

　加えて，地方分権化の一環として市町村合併が進んだ（平成の大合併）ことで，市町村の広域化と教育行政能力の集約が生じたほか，地方財政の悪化を契機とする都道府県レベルでの行財政改革では，出先機関（教育事務所など）の再編や廃止が進められた。このように地方行財政全般で生じた環境変動は，教員人事においては都道府県の広域調整機能を低下させる効果があったと考えられ，先にあげた設置者管理主義の強化とあわせて，人事異動を狭い領域にするよう影響したと考えられる。現に川上らは，2000～2010年代にかけて，教員人事異動の地理的範囲が狭くなっている（同一市町村内の異動が増え，広域異動が減っている）ことを指摘している（川上・小川・植竹・櫻井，2017）。

　このように教員人事が「部分最適」志向を強める一方で，現在進行中の少子化は，都市部と周辺部で不均一に進展している（山中，2013）。児童生徒数が急減する地域がある一方で，緩やかな減少地域や，現状維持・微増地域などもあり，状況が地域間で異なる。全体としての少子化は，教員数の「自然減」すなわち算定ルールに則った教員定数の減少をもたらすが，その一方で地域間では児童生徒数（＝配置を要する教員数）の増減傾向に凸凹があるため，むしろ広域異動による配置調整の必要性は高まっているともいえる。これは従来の「児童・生徒増」フェーズでは，当然のことながら必要とされてこなかった調整ニーズであり，さらにいえば「大量退職」フェーズにある地域も，退職者の代替として新採者を柔軟に配置する余地があるため，地域間で教員ニーズが不均衡を起

こしていても，これを吸収する余地がまだ理論上残されている。しかし，今後退職者数（≒新規採用者数）が落ち着けば，その余地も限られてくるため，地域間の均衡を図るうえでは，いよいよ広域異動の必要性が高まることになる。

このように，人口変動に起因する広域調整ニーズの高まりに対して，分権化が進めてきた「部分最適」志向の調整ルールは整合しておらず，今後の課題はそれほど単純ではない。教育行政レベルにおける制度選択の問題としても，またこうした状況を学校経営環境と捉えたときは，学校経営上の実践課題・研究課題としても，今後の検討を要するものといえるだろう。

(3) 教員の「昇進」をめぐる研究展望と課題

教員の昇進管理制度をまず概観すると，民間人校長などの登用が低調な現状からは，教員キャリアの延長線上に管理職人事が位置づけられていることが指摘できる。すなわち，外部労働市場から管理職適任者を採用するという仕組みが定着しておらず，もっぱら内部労働市場からの調達（すなわち昇進管理）による管理職登用が想定されているため，現場教員から管理職に至るキャリアについても，ある程度の連続性を前提として資質能力像や職務像が構築されてきたと言える。もちろん管理職選考（試験）も導入されているので，その点では管理職登用段階の能力審査としてキャリアに一種の断絶をもたらしているとも考えられるが，多くの人事権者は受験資格に一定の教職経験を課しており，依然として連続性の仮定が妥当する。このようなキャリアの連続性という特質を基礎に，学校管理職の選抜や，その質の議論が成立するため，異動などを含めた他の人的資源管理研究との接合関係は無視できない。

これまでの研究をみると，先にあげたように，1990年代における管理職の選考と登用の状況を全国的に整理し，力量形成にも言及しているもの（元兼，2001）のほか，教育委員会との人事交流などが「出世ルート」的に人材選抜機能をもつ事例や，その異動慣行が定着する過程の研究もある（川上，2013）。加えて，管理職の異動慣行が入試偏差値などによる学校間の序列・格差を前提に構成されていることを示したもの（元兼，1993）や，学校管理職人事が民主的手続きから離れている点を問題とし，効率的・効果的な行政・経営のための人材

選抜よりも，民主的手続きを経た人選を重要視する指摘（荒井，2007）もある。

　上記のような研究では，もっぱら管理職の選抜や異動に関心が集中しており，選抜やキャリアパターンを通じて学校管理職がどのような能力を備え，それがどのように学校運営に反映されるのかといった点については，十分な研究蓄積がなかった。そのため，望ましい学校運営を保障する学校管理職の能力がどのようなもので，どのような施策がそれを保証するかという現代的・実践的な問いへの応答性も決して高いものとはなっていなかった。

　なお，キャリアパターンを通じた人材育成では，研修や試験による選抜とはちがい，直接的・意図的な能力形成の想定は弱く，その成果もとくには測定されない。代わりに，特定の職場・職位の経験が，ある資質能力の育成を促進するだろうという（強い）推測を前提とするため，その成否にも一種の確率論が伴う。すなわち「出世ルートを辿ってきたはずなのに資質能力に欠ける管理職」といった事象の発生については，一定の確率（リスク）の下での想定が必要であり，試験を含む複線的・多段階的な選抜（選考）については，そうしたエラーを抑止するための制度設計として理解する必要もあるだろう。このように学校管理職の力量形成を総合的に捉える必要性が高まるなかで，学会として組織的な研究が進展した（牛渡・元兼，2016）インパクトは大きい。人的資源管理としての総合的な理解のもと，今後さらなる研究蓄積の進展を期待したい。

　学校の自主的・自律的運営や，教育行政での地方分権が進展するなかで，学校管理職や教育行政職員の資質が学校教育や教育政策の質を左右する余地は大きくなっており，管理職の質をどう保証するか，制度設計と運用の双方にかかる研究は，今後重要度を増すと考えられる。教員の異動や昇進管理の研究が，その手続きや権限関係の分析で完結するのでなく，人材育成の面でどのような機能をもっているか，さらにいえば望ましい人材育成を考えるうえで，適正な選抜プログラムはどうあるべきか，キャリアパターンを通じた人材育成への政策的関与はどの程度可能かなど，さまざまな検討の余地が指摘できる[3]。

　そこで最後に，教員の人事と職能成長の関連性に関する研究状況を概観するとともに，職能を直接的に測定し，成長に関与する機会である教員評価につい

て，それぞれの研究動向と今後の課題を指摘したい。

3. 教職員の職能成長と評価研究の展望

　先にあげたように，教職員の質に政策的関与を図る方法としては，採用（良質な人材の獲得），異動（「適材」を「適所」に／経験を通じた学習と資質向上），昇進（良質な人材を抜擢）といった雇用管理，研修による人材育成，評価制度（雇用管理との連動，人材育成との連動），報酬制度（高報酬による人材誘導，良質な人材や責任ある立場への高報酬付与）などが考えられる。

　このうち採用研究については，資料収集の困難さから研究蓄積も厚くなく，研究関心も「量（採用者数など）」に限定される傾向が強く，採用者の「質」や採用試験のあり方についての研究は多くない。また報酬についての研究も，2004（平成16）年までは公立学校教員給与の国立学校教員準拠制度がとられており，その後も県費負担教職員制度などにより給与水準に地域差が発生しにくい構造をしているため，教職への人材誘導を報酬の面から検討する研究は（とくに国内研究・地域間比較では）成り立ちにくい。

　したがって，現代日本の公教育において教職員の質に政策的な関与を図るには，「育成の論理」[4]に基づく異動や昇進の運用，評価制度の運用と人材育成や雇用管理システムへの連動，さらには評価制度と連動した報酬制度の運用といったものが考えられる。このうちのどの程度が実際には意識されてきたのか，回顧的に教員の職能成長プロセスの全体像を把握する研究（山﨑，2002・2012など）をみると，世代を問わず，職務を通じた経験やすぐれた人物との出会いが教育活動・力量形成上の転機とされている。一方で，現職研修などの政策的な「発達サポート機能」については，時代を追ってその整備が進む一方で本来的機能の形骸化が指摘されるなど，政策的関与については強く意識されてこなかった（もしくは十分な成果を挙げてこなかった）点が指摘される。

　とはいうものの，これは教員の「質」にかかる政策的な関与の無意味を指摘するものではない。山﨑（2012）も近年の若い教師の採用増（＝従来型の教職観を有していた教師層の退職）により，教師文化・教職意識についても入れ替えが

44　第1部　学校の組織と経営

進むことを指摘している。また，そうした「入れ替わり」が先導的に進んだ地域においてメンターチームによる組織的な教師育成を実践した研究も，その実践の前提に，多忙化や大幅な世代交代を背景とする新たな教師育成システムの構築の必要性を指摘している（町支・脇本，2015）。同様の関心は，これまで取り組まれてきたOff-JTによる「現職研修の体系化」に加え，OJTを活用した人材育成システムの構築を試みる例や，教育委員会レベルでの「教師塾」の萌芽的実践など，新たな制度的・政策的な教員の力量形成にも見てとれる。

このように，教員の職能成長に直結する施策として人材育成システムが注目され，萌芽的実践とともに知見の蓄積が進んでいる。しかし一方では，人材育成施策を実質化するうえで不可欠な，能力や適性にかかる評価制度の展開が不十分であり，期待された効果に及んでいないことも指摘しなくてはならない。教師塾やメンター制の萌芽的実践が，全般的な能力発達が求められる初任者・若年層対象のものに偏っていることは，急増する若手の育成が急務であることに加え，能力・適性の評価が十分発展していないことも一因といえよう。

適切な評価とフィードバックの運用は，異動・人材育成・雇用管理・報酬等の運用を効果的にすると考えられる。とくにキャリアに応じた能力・適性の個人差が生じる中堅期以降などを考えたとき，人材開発における個別の能力把握は不可欠である。人事評価とフィードバックが十分機能しない環境下では，個々の能力判断はもっぱら自己評価・自己判断にゆだねられるが，能力のメタ認知やいわゆる「相場観」の形成が促進できない環境下では，自己判断の精度や適切さも保証されない。「めぐり合わせ」や「運」に左右されにくい人材育成策を構想するうえでも，評価研究の進展が望まれるのである。

教員評価制度は2000年代以降に大きく展開し，従来の勤務評定制度に代わり人材育成の側面を強く打ち出した「新しい評価制度」が各県で採用された。また2014（平成26）年の地方公務員法改正では，能力本位の任用制度の確立とあわせ，人事評価制度によって把握される「発揮した能力」と「挙げた業績」を，任用，給与，分限などの人事管理の基礎とする方針が明示された。教育経営学研究では，この過程の初期において教員評価論が展開され（佐藤・坂本，

1996；勝野，2003），新制度導入の過程や政策導入当初のインパクトも分析された（苅谷・金子，2010）。一方，制度が徐々に定着するなかで，その運用が誰にどのような効果を与えるのか（与えそうなのか）についての研究は決して多くはなく，評価と連動した人材育成のニーズにどれだけ応えうるか，不安がある。

　これまでの教員評価研究では評価制度そのものの是非を問うような論考が目立ってきたが，今後，さまざまな人材育成につながる施策の効果を高め，逆効果を避けるためには，制度の是非に終始する関心を脱し，管理職による評価活動や，配置・研修などへのフィードバックの適切さを検討し，能力形成支援を論じることが求められる。評価結果のフィードバックを通じた，学校組織内の協働化やコミュニケーション活性化などを論じた研究（諏訪・髙谷，2013・2014）のような研究が今後蓄積されることを期待したい。

　また，先にあげた苅谷ら（2010）の研究では，新しい教員評価制度を前向きに受け取る教員層と，そうでない教員層の存在を示した。教員の年齢構成が全体的に変化し，教員養成段階でのスタンダードや，キャリアを通じた能力形成に関する育成指標など，能力像を具体化・可視化する政策動向がとられるなかで，教員評価制度への受容度がどう変化しているのかについては，改めての調査研究が期待される。また教員評価制度を前向きに受け止めない教員層に対する能力形成策などの研究も，進捗を期待したい。　　　　　　　　（川上泰彦）

注
1）「平成27年度公立学校教職員の人事行政状況調査」のうち「教員出身でない者の校長等の任用状況」をみると，2016年4時点で「教員出身でない者の校長数」は140名で過去2年との変動はほとんどなく，「教員出身でない者の副校長等数」は119名で過去2年との比較では増加傾向にある。ただし，いずれも目立った数とはいえない。
2）2015年12月の中教審答申「これからの学校教育を担う教員の資質能力の向上について」において，養成・採用・研修を通じたキャリアシステム構築のための「教員育成指標」の整備が提言された。その後，教育公務員特例法が改正され，国による「校長及び教員としての資質の向上に関する指標の策定に関する指針」の提示と，それを受けた任命権者による「校長及び教員としての資質に関する指標」の設定が規定された。
3）たとえば2017年3月告示の学習指導要領は，各学校でのカリキュラム・マネジメントの確立を強調し，教育課程への関与が管理職の職務として一層重視される方向性を示し

46　第1部　学校の組織と経営

た。これに対して，教育課程に必ずしも通じているとはいえない「外部」(民間人材，公務員，異校種の教員など)からの学校管理職登用がどうなるか(そうしたキャリアパターンが低調になるのか，配置や選抜に何らかの工夫をするのかなど)は，人的資源管理にかかる具体的な実践課題として指摘できよう。

4) 組織における人材配置は，従業員の適性発見や経験の幅の拡大による職能成長を重視する「育成の論理」と，組織のポストに応じた人材の配置を重視する「選抜の論理」のバランスのなかで進められるとされる(佐藤・藤村・八代, 1999)。

文献・参考資料

荒井文昭『教育管理職人事と教育政治』大月書店, 2007年

牛渡淳・元兼正浩編『専門職としての校長の力量形成』花書院, 2016年

勝野正章『教員評価の理念と政策』エイデル研究所, 2003年

苅谷剛彦・金子真理子『教員評価の社会学』岩波書店, 2010年

川上泰彦『公立学校の教員人事システム』学術出版会, 2013年

川上泰彦・小川正人・植竹丘・櫻井直輝「市町村合併による県費負担教職員人事行政の変容」『国立教育政策研究所紀要』第146集, 2017年, 125-138頁

上林憲雄「人的資源管理論(特集：この学問の生成と発展)」『日本労働研究雑誌』621号, 2012年, 38-41頁

教育改革国民会議『教育改革国民会議報告—教育を変える17の提案』2000年

佐藤博樹・藤村博之・八代充史『新しい人事労務管理』有斐閣, 1999年

佐藤全・若井彌一『教員の人事行政』ぎょうせい, 1992年

佐藤全・坂本孝徳『教員に求められる力量と評価　日本と諸外国』東洋館出版社, 1996年

諏訪英広・髙谷哲也「教員評価における目標管理のもつソーシャル・サポート機能に関する検討」『川崎医療福祉学会誌』第23巻1号, 2013年, 229-237頁

――「学校改善に活かす目標管理の運用方法に関する事例研究」広島大学大学院教育学研究科学習開発学講座『学習開発学研究』第7号, 2014年, 11-18頁

町支大祐・脇本健弘『教師の学びを科学する』北大路書房, 2015年

日本教育経営学会実践推進委員会編『次世代スクールリーダーのための「校長の専門職基準」』花書院, 2015年

元兼正浩「校長人事異動の実証的研究」『日本教育行政学会年報』第19号, 1993年, 149-160頁

――「校長・教頭任用制度の今日的状況と課題」『福岡教育大学紀要　第4分冊　教職科編』第50号, 2001年, 81-90頁

山﨑準二『教師のライフコース研究』創風社, 2002年

――『教師の発達と力量形成』創風社, 2012年

山中秀幸「合併市町村における児童の集積・分散施策に関する考察」『国立教育政策研究所紀要』第142集, 2013年, 131-145頁

第5章	学校組織開発研究の進展と今後の課題

>>>>>>>>>>>>>>>>>>> **1. 20世紀の学校組織研究** >>>>>>>>>>>>>>

「学校という組織は，どのようにしたらよりよいものにすることができるのか」。この問いに答えることが学校組織開発研究の課題であるとするならば，その営みは学校という制度とともに始まったはずだ。これは学校現場において関係者たちが常に心砕いてきた課題であり，教育経営学研究においても常に追求されてきた課題でもある。

だが，この問いは単純ではない。というのも，誰がどのように動くことで学校が「組織的」に活動するということになるか，何をもって学校が「よく」なったとするかは多様に定義できるからだ。そこで，今日の学校組織開発研究の到達点と課題を検討するためにも，教育経営学研究における学校組織に関する議論をごく簡単に敷衍しておこう。

1950年代後半から60年代前半にかけては，今日にまで至る学校経営学の基礎が確立された時期であるといわれる。1958年に日本教育経営学会が設立され，それ以降，吉本二郎『現代学校経営論』(1959) やそれに続く『学校経営学』(1965)，高野桂一『学校経営の科学—人間関係と組織の分析』(1961)，持田栄一『教育管理』(1961) と『学校づくり』(1963)，伊藤和衛『学校経営の近代化入門』(1963) などの著作が次々と世に問われることとなった。

これらの学校経営論のほとんどがアメリカの経営理論，とりわけテイラー (Taylor, F.W.) の提唱した「科学的管理法」(テイラー，1957) を1つの「たたき台」として成立していたことは，日本の学校組織論の成り立ちを考えるうえで指摘しておくべきことであろう。「科学的管理法」は，組織の活動プロセスを4つの基本要素によって分解したうえで，時間研究と動作研究を基礎としてこれらを最適化し，最も効率的な作業のあり方を検討するものであった。

この「科学的管理法」を正面から取り扱い，科学的管理法の学校への導入を主張したのは伊藤 (1963) であるが，ほかの論者においても伊藤もしくはテイラーリズムへの批判や，そこからの発展を念頭において議論が展開された。たとえば吉本の単位学校経営論 (吉本，1959) は，テイラーリズムの作業管理的性格を克服し，組織過程を意思決定の問題として再定義したバーナード (Barnard, C. I.)

48 第1部 学校の組織と経営

やサイモン（Simon, H. A.）らの議論を理論的支柱としている。高野（1961）の注目する「人間関係論」はテイラーリズムを批判的に発展させたグリフィス（Griffith, D.E.）のモデルを基礎において展開されている。持田の「学校づくり」論（1963）は科学的管理法の権力性を批判し，民主的な学校づくりを主張するものであった。

　こうした1960年代前半の日本の学校経営論の確立期においてテイラーリズムを下敷きに議論されたのは，民主主義社会における組織の構造的合理性であった。当時の組織論では，学校という組織における課業構造の特殊性やその動態の不確実性は意識されてはいたものの中心的な課題ではなかった。議論が焦点となってきたのは，学校においてこれを民主的かつ効率的に運用していくためには，どのような権力作用や意思決定方法が適切であるかといった，「学校のあるべき組織の構造」についてであった。

　しかし，「組織とはどうあるべきか」という規範的命題から一歩距離をおいて，学校組織なるものが実際に「どのように動いているか」に着目すると，組織の光景はちがって写る。1980年代になると，経営の合理性よりも，むしろ合理性の枠にはまらない組織の動きや組織成員の個別性や価値観などの側面が注目を集め，そこに積極的な意味を与えようとする動きが生まれてきた。

　その1つのきっかけは自己組織性に関する議論である。たとえば朴（1984）は，散逸な構造から「ゆらぎ」を通じて秩序が自己発生的に形成されることに注目する一般システムズ理論の視点を援用し，学校の組織現象に自己組織的な働きを導入することを試みている。

　また，ウェイク（Weick, 1982）らによって提唱されたルース・カップリング（loosely coupled systems；疎結合）理論の影響も大きい。ルース・カップリング理論では，学校という組織では教員間や管理職と教員間といった組織のメンバー間のつながり，あるいは学校教育目標とその手段，組織を構成するサブシステム間のつながりが相対的にゆるやかなものであることに注目し，それゆえ，外部環境に安定的により適切に対応できると主張するものであった。ルース・カップリング理論は佐古（1986）らに注目され，実証的にも研究されてきた。

2000 年に日本教育経営学会によって刊行された「シリーズ教育の経営」における「学校組織」のレビューにおいて，河野（2000）は戦前から戦後にかけての学校組織論を系譜的にまとめたうえで，主観主義に立つリーダーシップ論の観点から成員の価値観や解釈など組織成員の主観的な側面への着目とその諸作用に注目した研究の必要性を指摘している。

　これらの議論が示唆しているのは，学校という組織が動く過程には，さまざまな意図せざる要素や不確定性，組織内外の意思の不一致や不整合が複雑に介在していくということであった。そしてそうした，非合理的ともいえる学校組織の性質は，経営の未成熟を必ずしも意味するものではなく，むしろ組織の安定的な運営や発展に貢献する場合もある。そこでは「学校をよりよいものにする」という命題は組織が活動するなかで，いわば帰納的に定義されていくものと考えられる。

　20 世紀の日本の学校組織研究を，きわめておおくくりにして述べるならば，それは規範論から実態論への，合理的組織観から複雑性を意識した組織観への移行と呼ぶことができるだろう（武井，2011）。

2．学校組織研究の転機

　そして，世紀の変わり目前後を境として，学校組織論の大きな関心は組織マネジメント研修やスクールリーダー養成，学校のリーダーシップ開発やその支援など，学校内外の経営実践と連動する組織論へと傾斜していくことになる。そこには学校組織研究上の理論的進化とは別の要素が強く介在していたことはふまえておかなければならない。

　世紀の変わり目前後を境にして起こった教育界をとりまく環境の変動は，学校組織の研究活動の流れを転換させるだけ急激なものであった。公教育におけるアカウンタビリティ意識の高まり，2000 年の教育改革国民会議報告における「組織マネジメント」の発想と学校評価システム導入の提案，アメリカでの大学院におけるスクールリーダーの計画的養成の本格化，学校裁量権の拡大に伴う校長の資質力量観の変容，教育基本法の改定と教員振興基本計画の策定，

50　第 1 部　学校の組織と経営

国立大学の独立行政法人化に伴う大学の市場ニーズ対応の必要性拡大などの，教育界をとりまく諸状況の急激な変化が，学校組織研究のあり方に対する強い影響力として働いていたことは明らかであろう。

これらの変化が共通して要求していたのは，学校組織研究にアプローチすることのできる一部の学究的な志向性をもったスクールリーダーのための理論ではない。それは多くのスクールリーダーが無理なく活用し，目に見える成果を出すためのノウハウであり，またそうしたノウハウを駆使することのできるスクールリーダーの計画的な養成であった。この点については，織田 (2012) による学校組織論のレビューでも学校研究のよって立つ組織観と研究の実効性・効果性の関連が課題との指摘がなされている。

今世紀の学校組織研究は，以上のような経緯に立脚して発展してきたため，一方で「学校組織の複雑な動態をいかにして捉えるか」という認識論を念頭におきながらも，もう一方で「学校改善にどのように資するか」といった実践的要求に応えることを課題としており，こうした両義性を視野に入れつつ展開している。

以下では主に 2000 年以降に展開した学校組織開発研究のうち，近年とくに注目を浴びている 3 つのテーマに沿って研究の展開を検討したうえで，その課題を指摘することとする。

なお，リーダーシップ（およびその開発）研究，組織文化研究，「学校組織マネジメント研修」に関連する開発などは，学校の組織開発を考える際に欠くことのできない研究・実践分野であるものの，本書においては別章で扱われていることから，本章での言及は最小限にとどめることにしたい。

3. 各研究領域の動向

(1)「組織学習」論と「学習する組織」論

学校という組織を，それを構成している個々の要素の複雑な連関によって作動しているシステムと見なしたうえで，そこに一定の働きかけを加えることで学校の改善へとつなげようとする理論に「組織学習」(Organizational Learning)

第 5 章　学校組織開発研究の進展と今後の課題　**51**

論と「学習する組織」（Learning Organization）論とをあげることができる。

　両者とも人の場合と同様に，組織が経験を蓄積し，試行錯誤を繰り返すことによって学習し，成長していくことができるものと考えている点や，組織の構造を，組織の決まりや職階などの観察可能な表層部から，日常は意識に上らない暗黙の仮定といった深層部までを階層的に捉えたうえで，組織のより深層に働きかける必要性を主張しているといった点においては共通している。

　しかし，ときに混同されるこの２つの理論は，理論の成り立ちも，それを支える研究コミュニティも別物である。白石（2009）によれば，両者は「統合どころか相互に刺激や示唆を与え合うような関係もほとんどなく，積極的に議論されているもののその議論は個々別々に行われている」とされる。

　ショーンやアージリス（Schön,D.A. & Argyris,C., 1974）によって提唱され，発展させられてきた「組織学習」論では「技術的合理性モデル」へのアンチテーゼとして提唱された「省察的実践モデル」に依拠し，「行為の中の省察」を通してダブルループ学習を組織において促していくところに「組織学習」論による組織改善の中心的モチーフがある。

　「組織学習」論については，金川（2006），三品（2012），藤岡（2016）らが理論的な側面から検討を重ねてきており，また久我（2007）が「反省的実践家モデル」と「専門的知識重視モデル」とを対比させて調査分析を行っている。

　一方でセンゲが核となって発展させてきた「学習する組織」論（センゲ，1995；センゲら，2014）は，その理論的モチーフにおいてルーマン（Luhmann, N.）らが依拠するシステム論の影響が看取される。すなわち学校という組織を，複雑な因果関係の連鎖としてみる「システム思考」を用いて広範な影響関係として捉えたうえで，組織に存在する暗黙の仮説である「メンタルモデル」に対して働きかけ，レバレッジ（テコ）を働かせてこれを変革していくことに重点がおかれる。

　このように理論のよって立つスタンスが異なるために，結果的に学校の組織改善に対するアプローチも異なってくる。「組織学習」論に基づく実践では，福井大学らが中心となって推進してきた「実践研究ラウンドテーブル」（福井大

学大学院教育学研究科教職開発専攻，2015）に典型的にみられるように，共同的な省察の機会の設定や風土の醸成に力点がおかれるのに対して，「学習する組織」論については実践場面では「学校のどこにどう『テコ入れ』するか」といったリーダーやコンサルタントの働きかけの面に，力点がおかれる（曽余田，2011；曽余田ら，2009・2015；浜田，2012）。

　このように「組織の学びをどのように促していくか」という組織が学習していくプロセスに対するアプローチの角度という点からみると，両者のちがいは表裏を成す関係にあるものとみることもできるのではないか。今後の議論が期待されるところである。

(2) 目標管理を基軸とする学校組織開発研究

　「目標管理」（Management by Objectives）とは経営学者ドラッカー（Drucker, P.F.）が 1950 年代より用いてきた言葉であり，新しいものではないが，学校評価の導入や多くの組織マネジメント研修にこの考え方が強く反映されていることから，近年あらためて注目されるようになってきている。

　目標管理について，ときに学校の管理・統制面を強めると警戒する向きもあるが，組織論的に考えればこうした俗説は妥当ではない。学校が公教育という法的に基礎づけられた事業を担う以上，一定の管理的作用は不可避的に存在する。

　問題はその管理的機能をプロセスや手段の次元におくか，それとも目標や目的の次元におくかである。学校は子どもという予測困難な対象を扱うため組織末端の個々の教員による柔軟な対応が求められる。とすれば，目標次元に管理の力点をおくことで，手段においてはより流動性を維持しつつ組織の目的を達成することも可能となるとも考えることができる。

　こうした学校の目標管理については，諏訪や高谷らが継続的に検討を続けている（諏訪ら，2014・2016）。また，諏訪（2015）では，教員評価の目的で各年度に実施する「自己目標シート」などの教員の目標管理の効果性と学校組織改善との関係性をさまざまな学校段階において調査し，その比較検討も行っている。

　このほか，川野（2010）は，学校の目標管理について主に理論的側面から検

討を行い，また山田（2012）は目標を意識することによる組織課題の実践や修正のプロセスを事例的に明らかにしている。

　もっとも，教員と学校に関する目標管理の整合的な運用については検討すべき課題もある。学校の教育目標の体系は校長の経営方針と連動しており，校長の任期と切り離して考えることができない一方で，教員の側にも異動があり，教員は異動のつど，校長の方針や学校の目的体系に合致するよう「自己目標シート」を書き直しするのが通例だ。

　学校の目標構造の整備は校長の校務掌理の一環であり，その自律性は尊重されなければならない一方で，教員のキャリアビジョンは，異動によって途切れてよい性質のものではなく，長期的視野に立って継続的に運用される必要がある。

　とすれば，両者の関係は，潜在的に齟齬を内包していることになる。こうした理論的探究と同様，具体的課題についての検討も，今後の展開に期待されるところである。

(3) 学校改善プロセスの循環に注目する学校組織開発研究

　佐古（2006・2010・2011など）およびその研究グループ（佐古ら，2005・2011・2014など）によって推進された一連の研究は学校改善プロセスの循環に焦点を当てて学校組織を検討するものだ。すなわち，そこでは，学校組織が個業化されていくと，それが教師の指導困難や自己完結的な教職観に帰結すること，学校改善が機能するためには「地域の向学校態度」に支えられた協働が必要であるとの調査結果（佐古，2006）などをふまえ，教員個人内の改善と組織の改善とを一体的に推進させる「良循環サイクル」が展開される仕組みが「学校組織における協働の基本モデル」として仮説的に提示（佐古，2011）されている。

　同モデルは，教員個人内で生じる児童生徒の現状把握と整理（Research），教育活動の改善・工夫に関するプランニング（Plan），その実践（Do），子どもの変容による成果確認（See）によって構成されるRPDSサイクルを基本として，「学校の認識の実態・確認」「児童生徒と教員の課題の生成」「実践とその成果の確認」という3つの領域について組織内で協働化を図ることで，学校改善に

資するサイクルを稼働させることを提案するものである。

　同モデルについては，学校現場に職を有する実践者と研究者とがタッグを組んで推進される実践によって検証が重ねられているほか，近年では大学などの理論と実践の往還の観点から注目（大脇ら，2014）されたり，マネジメント研修プログラムやコンサルテーションへの援用も模索されたりするなど広範な発展が模索されている。

>>>>>>>>>>>>>>>>>> **4．学校組織開発研究の課題** >>>>>>>>>>>>>>>>>>

(1) 研究グループの分化と実践性に関する課題

　先述のように今世紀の学校組織研究は，学校現場のニーズの高まりや教育経営研究における実践性の強調と相まって，学校現場での実践と深く結びつくようになってきている。そして，その結果として研究者や研究者グループが当該理論に依拠する実践の核を形成し，これを学校に導入するなどして理論の進化発展が志向されるようになった。

　たとえば，「組織学習」論においては共同省察の機会が，「学習する組織」論においては組織にテコ入れする支点の発見が，「目標管理論」においては組織の目標設定とその組織的活用システムが，「学校改善プロセスの循環に注目する学校組織開発」では良循環サイクルの必要条件の確保とサイクルの稼働が，それぞれ学校組織開発の核として仮説的に設定されている。そして，事例校においてその効果性が確認されたうえで，その対象を広げることにより普遍化していく帰納的な方法論により，近年の学校組織開発研究は進展してきた。

　このこと自体は歓迎されるべき傾向であろう。具体的実践なくしては，実践的な研究も地に足の着いたものにはならないことは，この分野の研究者であれば誰でも知るところだ。しかしその結果として，それぞれの理論的背景に基づく実践ツールや研修プログラム，コンサルテーション手法などの実践アプローチの開発は，当該研究者らのグループ内で追求されるケースが増加する可能性が高くなった。上述の研究領域の進捗状況からは，その傾向を明瞭に見てとることができる。

そして，それぞれのアプローチが研究者（グループ）の固有名詞と結びつくとき，その理論の効果性と研究者（グループ）のパーソナリティやスキルとを弁別することは不可能になる。結果的に，各アプローチ間の対話や比較対照は，かつてに比べてむずかしくなってきているといえるのではないだろうか。そしてこのことを学校の側からみるならば，「どの地域に学校があるか」「どの研究者と個人的につながりがあるか」といった，偶然の相性によって学校の組織開発の成否が左右されることになる。

　教育経営学研究の研究者間で各アプローチの強みや弱点を，一定程度分かち合い，相互調整を図っていくためには，異なるアプローチに研究者間の実践的対話の手立ての模索とそれをはぐくむコミュニティの育成が必要であろう。こうしたさまざまな学校組織開発アプローチの架橋の方法論は，今後の学校組織開発研究にとっての実践的・理論的研究課題であるともいえるのではないか。

(2) 研究規範としての「エビデンス」に関する課題

　近年，教育研究におけるエビデンスがとみに強調されている。教育政策におけるエビデンスの重要性を強調する著作（中室，2015）がベストセラーとなり，その傾向は一層顕著になりつつある。だが，「エビデンスとは何か」「科学にはどのような種のエビデンスが必要なのか」といった問いに対する回答は決してエビデントではない。たとえば小林ら（2015）は，現象学の立場からエビデンスについて論じ，人間科学のエビデンスは「客観主義的パラダイム」に対置される「接面パラダイム」によって研究の明証性を高めることを主張している。

　こうした問いは教育経営学研究のみならず，社会科学一般に投げかけられうるものでもあるが，学校組織のように活動場面が多岐にわたり，かつ長期的な人間関係のダイナミズムによって稼働していく事象を対象として扱う研究にとっては，とりわけ基底的な課題として向き合うことが要求されるであろう。

　たとえば，学校の特定の組織活動と児童生徒の成績に相関があるという調査データが示されたとする。これが通常の場合，学校組織研究におけるエビデンスと呼ばれる1つのかたちだ。だが，このデータのみでは，そうした組織活動を取り入れることが学習成果の向上につながるとする根拠にはならない。デー

タが示すのはあくまでも変数間の相関であって因果ではないからだ。

それが行為者にとってのエビデンスたりうるためには，多数の学校において実践者に研修などを施して活動を導入し，なお十分な効果のあることが実験的に追証されなければならない。だが，こうした追証研究は不可能ではないにしても，研究の生産性の面からみれば「効率の悪い」研究であるといわざるをえない。

一方で大学の研究現場においては，研究者の能力と研究へのコミットメントを示すエビデンスとして，研究の「多産性」が要求されるようになってきており，生産効率の悪い研究は遂行しづらくなってきている。

「研究におけるエビデンスへの要求」と「研究者に対する多産性の要求」，これらそれぞれの研究規範の追求は，一定の根拠のある，またグローバルなトレンドでもある。だが，この両者がセットになって教育経営に関する研究活動の動向に，そして学校現場の実践に影響を及ぼしていくとき，学校組織のアウトプットに短期的・直接的に影響し，数値化されやすい変数が強調される一方で，長期的・潜在的に及ぼす変数は軽視される結果になる可能性は否定できない。

学校組織開発研究をどのような基準によって価値づけ，研究規範の影響によって生じる「ゆがみ」については，どのように対応していく必要があるのか，児童生徒の幸福と密接にかかわる研究領域であればこそ，真摯に問われるべきではないだろうか。

（武井敦史）

文献・参考資料

伊藤和衛『学校経営の近代化入門』明治図書，1963 年

大脇康弘・西川潔「学校組織開発の理論形成と実践的省察：佐古秀一氏の所論を中心に」『大阪教育大学紀要』第 62 巻第 2 号，2014 年，167-180 頁

織田泰幸「我が国の学校組織論研究のレビュー」『日本教育経営学会紀要』第 54 号，第一法規，2012 年，188-197 頁

金川舞貴子「校長養成・研修におけるショーンの反省的実践家論に関する一考察―M．エロウのショーン批判を手がかりに」『広島大学教育学研究科紀要』第 55 号，2006 年，133-142 頁

川野司「目標管理を取り入れた学校経営に関する考察」『九州教育経営学会研究紀要』第 16 号，2010 年，131-141 頁

久我直人「教師の専門性における『反省的実践家モデル』論に関する考察 (1) ―教師の知識研究の知見による考察を中心に」『鳴門教育大学学校教育研究紀要』第 22 号, 2007 年, 23-29 頁

河野和清「学校組織論」日本教育経営学会『教育経営研究の理論と軌跡』(シリーズ教育の経営 5) 玉川大学出版部, 2000 年, 171-188 頁

小林隆児・西研編著／竹田青嗣・山竹伸二・鯨岡峻『人間科学におけるエヴィデンスとは何か―現象学と実践をつなぐ』新曜社, 2015 年

佐古秀一「学校組織に関するルース・カップリング論についての一考察」『大阪大学人間科学部紀要』第 12 巻, 1986 年, 135-154 頁

――「学校組織の個業化が教育活動に及ぼす影響とその変革方略に関する実証的研究：個業化, 協働化, 統制化の比較を通して」『鳴門教育大学研究紀要』第 21 巻, 2006 年, 41-54 頁

――「学校の内発的改善力を支援する学校組織開発の基本モデルと方法論―学校組織の特性をふまえた組織開発の理論と実践」『鳴門教育大学研究紀要』第 25 巻, 2010 年, 130-140 頁

――「学校の組織性と学校づくりの組織論―学校の内発的改善力を高めるための学校組織開発の理論と実践」佐古秀一他『学校づくりの組織論』学文社, 2011 年, 117-184 頁

佐古秀一・中川桂子「教育課題の生成と共有を支援する学校組織開発プログラムの構築とその効果に関する研究―小規模小学校を対象として」『日本教育経営学会紀要』第 47 号, 第一法規, 2005 年, 96-111 頁

佐古秀一・竹崎有紀子「漸進的な学校組織開発の方法論の構築とその実践的有効性に関する事例研究」『日本教育経営学会紀要』第 53 号, 第一法規, 2011 年, 75-90 頁

佐古秀一・住田隆之「学校組織開発理論にもとづく教育活動の組織的改善に関する実践研究」『鳴門教育大学学校教育研究紀要』第 28 号, 2014 年, 145-154 頁

白石弘幸「組織学習と学習する組織」『金沢大学経済論集』第 29 巻第 2 号, 2009 年, 233-261 頁

諏訪英広「教員評価における目標管理の効果及びその影響要因に関する研究―学校段階間比較の視点から」『日本教育経営学会紀要』第 57 号, 第一法規, 2015 年, 94-109 頁

諏訪英広・髙谷哲也「学校改善に活かす目標管理の運用方法に関する事例研究―『共有』を核とした公立中学校の実践より」広島大学大学院教育学研究科学習開発学講座『学習開発学研究』第 7 号, 2014 年, 11-18 頁

――「小学校における目標管理の運用方法に関する事例研究」『兵庫教育大学研究紀要』第 49 号, 2016 年, 143-153 頁

センゲ, ピーター・M.／守部信之訳『最強組織の法則―新時代のチームワークとは何か』徳間書店, 1995 年

――他, ネルダ・キャンプロン＝マッケイブ, ティモシー・ルカス, ブライアン・スミス, ジャニス・ダットン, アート・クライナー／リヒテルズ直子訳『学習する学校：子ども・教員・親・地域で未来の学びを創造する』英治出版, 2014 年

曽余田浩史「学校がうまく機能するとはどういうことか―『学校の有効性』に関する組織論的考察」佐古秀一他『学校づくりの組織論』学文社，2011年，9-61頁

曽余田浩史・曽余田順子・織田泰幸他「『学習する組織』を創造する校長のリーダーシップに関する研究 (1)」中国四国教育学会編『教育学研究紀要』第55巻第1号，2009年，148-159頁

――「『学習する組織』を志向する学校経営の目標概念群の機能に関する一考察」中国四国教育学会『教育学研究紀要』第61巻第2号，2015年，464-475頁

高野桂一『学校経営の科学―人間関係と組織の分析』誠信書房，1961年

武井敦史「学校組織と『場』」佐古秀一他『学校づくりの組織論』学文社，2011年，63-116頁

テイラー・F.W. ／上野陽一編訳『科学的管理法』産能短期大学出版部，1957年

中室牧子『「学力」の経済学』ディスカヴァー・トゥエンティワン，2015年

朴聖雨『教育経営の理論』教育出版センター 1984年

浜田博文『学校を変える新しい力―教師のエンパワーメントとスクールリーダーシップ』小学館，2012年

福井大学大学院教育学研究科教職開発専攻『2014年度 教師教育改革コラボレーション報告書―ラウンドテーブルの広がりと深化』2015年

藤岡恭子「学校改善の『効果』をめぐる議論―J・カマー『学校開発プログラム』と『効果的な学校研究』の比較検討」愛知県立大学人間発達学研究科『人間発達学研究』第7号，2016年，99-112頁

三品陽平「反省的実践家養成のための省察的実習論の再検討―行為理論セミナーの必要性」『日本教師教育学会年報』第21号，2012年，83-93頁

持田栄一『教育管理』国土社，1961年

――『学校づくり』三一書房，1963年

山田寛邦「学校の組織開発において教員が課題実践に至る過程の探求」『日本教育工学会論文誌』第36巻第1号，2012年，45-57頁

吉本二郎『現代学校経営論』理想社，1959年

――『学校経営学』国土社，1965年

Argyris, C. & Schön, D.A., *Theory in Practice: Increasing Professional Effectiveness*, San Francisco: Jossey-Bass Publishers (1974).

Weick, K. E. Administrating Education in Loosely Coupled Schools, *Phi Delta Kappan*, Vol.63 (1982) p.673.

| 第6章 | 組織文化研究の進展と今後の課題 |

　「組織文化（organizational culture）」が，今や，教育経営研究および教育経営実践におけるキー概念であることは論をまたない。日本の教育経営学における組織文化概念への着目は，後述のように，1980年代末以降のこととされている。試みに，本学会が編纂した2度にわたる記念出版本を紐解いてみる。1986年刊行の「講座　日本の教育経営」では，制度・組織としての学校文化（組織的学校文化）が教師集団のつくり出す文化（教師文化），生徒集団のつくり出す文化（生徒文化）とともに，個々の学校文化をつくり出す一要素として取り上げられているのみ（前田，1986，132頁）であった。2000年刊行の「シリーズ教育の経営」においては，組織風土論（曽余田，2000b），自律的学校の組織化（佐古，2000a），さらにはリーダーシップ（佐古，2000b）といった教育経営研究あるいは教育経営実践における重要なテーマと関連づけられながら，活発な議論が展開された。同年の学会『紀要』第42号でも，「教育経営学における組織文化研究の到達点と今後の課題」をテーマにした課題研究の成果が収められている。以上を鑑みると，まさに1980年代末から90年代は，教育経営学における「文化の10年（cultural decade）」（北居，2014，ⅰ頁）と呼ぶべき時期だったといえよう。現在では，学校現場関係者にも書籍などを通じて，組織文化という概念が広く紹介されるようになっている（浜田，2012など）。

　本章では次の課題に取り組みながら，教育経営学における組織文化研究の進展を整理し，今後の課題について考察する。まず，上述の学会における先行する研究群の知見を糸口に，2000年までの組織文化研究の到達点とそこで言及されていた課題について整理する。つぎに，2000年以降の組織文化をテーマにした論文などの分析を通じて，組織文化研究がその後現在までにどのような特徴をもって進展してきたのかを確認する。最後に，これまでの動向をふまえつつ，今後の組織文化研究の課題について考察する。

1．組織と組織文化の関係に関する理論的系譜の整理

（1）組織文化への着目

　一般組織論における組織文化への着目は，1980年代以降に活性化したと広

60　第1部　学校の組織と経営

く理解されている。日本の教育経営学においては，1980 年代末から，欧米の教育経営あるいは企業経営に関する組織文化研究の知見を紹介しながら組織文化概念が導入され，その後 1990 年代半ばごろには定着したという（曽余田，2000a，147-148 頁）。組織文化概念あるいはそれに関連する研究が展開した背景には，現代社会が変化の激しく複雑性の高まった社会へと変容していくなかにあって，①それまで支配的であった合理的な組織観が有効性を失い，「組織風土・組織文化こそが，組織としての学校の成功を左右する」（曽余田 2000b，137 頁）という認識とともに，②学校に対する意味や価値が失われ，教員は自信を失い，保護者らは学校への信頼を維持することがむずかしくなる（曽余田 2010，9 頁）という，いわば学校をめぐる正統性のゆらぎがあったとされる。そのなかで，組織のハードな側面（組織要因）よりも，ソフトな側面（組織成員の認識や前提を規定する文化）の変革に関心が向けられ，「組織文化＝組織の活性化や変革のための重要なターゲット」として位置づけられるようになったのである（曽余田，2000b，137 頁；織田，2008，52 頁）。

(2) 組織変革と組織文化の関係性

　以上の背景から，組織変革における組織文化の重要性については一定の共通見解を得ることができる。しかし，組織文化をどのような概念として理解するのかについては，いまだ決着をみない。[1]古くは，組織文化を組織概念との関係において，「組織のもつもの」という捉え方と「組織そのもの」という捉え方があったとされる（岡東・福本，2000，21-23 頁）。このような峻別は，組織文化を組織におけるいかなるマネジメントの対象として位置づける（位置づけられる／位置づけられない）のかを整理するうえでも，非常に有意義である。その点から現状の教育経営学の研究知見を眺めてみると，そこには，組織文化を組織変革の直接的な対象とする捉え方と，間接的にのみコミットすることが可能であるとする捉え方という異なる 2 つの立場を確認することができる。

　まず前者は，エドガー・シャイン（Schein, E.H.）による組織文化論を理論的視座に据え，組織学習（organizational learning）を通じて組織文化を変革しようとする立場として説明できる。シャインの組織文化論，とりわけ，組織文化が

3つの階層レベルによって構成されるとする，組織文化の構造的把握（三層構造論）は，日本の教育経営学において最も参照されてきた組織文化概念の考え方といってよいだろう。三層構造論のユニークさは，組織文化を人工物，価値，基本的仮定の三層からなる階層的な構造をもつ概念であると規定することで，①容易に確認することのできる現象（人工物）が，簡単に認識することのできない価値や基本的仮定に支えられたものであるとした点，②たとえ顕在的な現象を変容させようとも，それを支える価値や基本的仮定を捉え直すことがなければ，いずれその現象は復元される（変容は持続しない）という，各階層が関連しあいながら組織文化が形成されていることを説明した点にある。シャイン自身は組織文化を「ある特定のグループが外部への適応や内的統合の問題に対処する際に学習した，グループ自身によって，創られ，発見され，または，発展させられた基本的仮定のパターン」（シャイン，1989，12頁）と定義している。この定義に表明されるように，彼は組織文化の最深層を形成する基本的仮定の変革が組織文化の変革を惹起し組織変革を生み出すと考えた。そのため，組織変革に向けた具体的なマネジメント課題として，個人はもとより組織としてのダブル・ループ学習をいかに生起させるかが設定されることになる（北居，2014，117頁）[2]。その一方で，学校という組織において，組織文化の自明性（基本的仮定）を問い直すダブル・ループ学習は制度的制約から困難である（佐古，1994，370頁）という指摘も存在することには留意する必要がある。

　つぎに，後者の立場である。水本（2007）は，組織を「個人（組織成員）」「装置（組織における公式の役割と責任の体系）」「相互行為（「装置」のもとで実際に取り交わされる「個人」間のコミュニケーションや直接的な協力）」の3点から成り立つ概念として説明し，経営資源に支えられながら展開する組織活動のなかに存在する「ルール」として組織文化を位置づけ，組織と組織文化の関係性を描いている（図6.1参照）。水本によるこの整理は，組織文化が組織を構成する諸要素の媒介として機能するとともに，それらの要素と組織文化とが双方向の影響関係にあるということを示唆している点において重要である。この図式によれば，組織文化を変える（組織文化が変わる）のは，あくまでも個人，装置，相

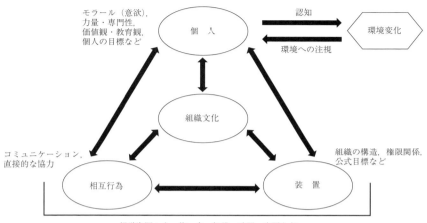

図6.1 学校組織における組織文化の位置
出所:水本(2007),34頁をもとに作成

互作用の相互影響関係においてであり,組織文化そのものを変革の対象として直接に位置づけることはできないということになるからである(水本,2007,35頁)[3]。

このように,組織文化の理解,とりわけ組織における位置づけとその変革方策については立場のちがいが存在する。そのため,組織文化研究においては,それがいかなる立場において,何を組織変革のストラテジーとして位置づけているのかが,そのマネジメントのあり様をめぐって重要になる。

2. 教育経営学における組織文化研究の進展

(1) 2000年までの組織文化研究のテーマと残された課題

まず,組織文化研究が扱ってきたテーマとその特徴について整理しよう。曽余田(2000b)は,それまでの日本における組織風土・文化論[4]をレビューするなかで,それらの研究群が,教師の力量形成,管理職のリーダーシップ,組織風土・文化の革新,教員文化,教育成果,スクールアイデンティティ戦略といっ

たテーマを扱っていることを明らかにした。佐古（2000a）も，組織文化が学校の組織化という文脈において，どのような要因として位置づけられてきたのかという観点から先行研究を整理するなかで，組織文化が組織成果の規定要因，学校組織の環境変動に対する対応の規定要因，教師の成長・発達への影響要因として用いられていることを明らかにした。加えて，それらの研究群の特徴を，学校における多様な組織現象を当該組織において形成・共有された行動様式・規範・価値・信念などに着目しながら説明・解釈しようとしていたということから，「説明・解釈要因としての組織文化」と位置づけている。ただし，そのような組織文化の捉え方は，組織文化を「あるもの」として捉え，そのことによって「その形成・更新の可能性や方略を問うことを困難」にするとして，今後の研究の方向性として「構築するものとしての組織文化」という視点を提示した。そこではリフレクションが鍵概念として設定され，その主体としての教師と学校内外の関係性におけるコミュニケーションの重要性が指摘されている。

つぎに，当時の研究がかかえていた課題・限界への言及に着目してみる。上述した組織文化を「説明・解釈要因」から「構築するもの」へと捉え直すべきとする佐古の議論は，まさに当時の組織文化研究がかかえていた限界点の指摘といえるが，そのほかにも，組織文化という概念そのものの曖昧さに起因した研究上の課題も指摘されている。

たとえば，曽余田（2000a）は，組織文化が「フォーマルな組織構造以外のすべての組織現象を含む概念のようになってしまった」（146 頁）とし，そのような曖昧さを生む原因に，研究関心（学術的関心，実践的関心），対象とするシステムレベル（社会システム，職業集団，個別学校），着目する文化レベル（人工物，価値，基本的仮定）が各論者によって多様であることを指摘した。[5] さらに，曽余田（2000b）では，組織文化の概念が理論研究においては神秘的な存在，実践的研究においては表層的な理念として位置づけざるをえなくなってしまったがゆえに，この概念が「研究上の新たなブラックボックス」となってしまったとする。この点については，佐古（2000a）も組織文化を説明・解釈要因として扱うことが，組織文化をそこに「あるもの」として「内容」を措定してしまうだ

けでなく，学校の特徴を非明示的なブラックボックスによって記述してしまうのではないかという危惧を提示している。

また西（2000）は，それまでの組織文化研究に共通する問題点として，①欧米の枠組みを単純に引き写し，わが国の組織現象にみられる人々の価値・信念や行動様式の特質についての考慮が乏しい，②組織文化の本質である組織成員（とくに教職員）の価値・信念の記述・説明における実証性が乏しく，妥当性の高い未来予想を提示するに至っていないの2点をあげている。

以上の指摘は，組織文化が不可視な概念であることによって，いわば恣意的に組織活動を説明・解釈できてしまう，つまり，組織文化という概念をもち出すことによって，うまく説明がつかないものを，あたかも説明できたかのように繕ってはないか（たとえそうだとしても，ブラックボックスであるがゆえに，直接的に反証することは困難）という危惧であると同時に，ジレンマとしても理解できるのである。

(2) 2000年以降の組織文化研究のテーマとアプローチ

以下では，2000年以降の組織文化研究をめぐるトレンドの検討を行う。分析に際して，本学会紀要に掲載された論文についてタイトルではなく文中で組織文化という語句が用いられていた論稿を抽出し，それらを中心にしつつも，国立情報学研究所による論文検索サービス（CiNii Articles）において「組織文化」を検索ワードに該当した論稿を分析対象として設定した。[6] 2000年までのテーマとのちがいに着目しながら把握を試みた結果，主な研究トレンドとして次のような変化がみられることを確認することができた。[7]

第一に，校長のリーダーシップまたはリーダー行動との関係性における新たな説明・解釈の提示である。たとえば，露口（2004）は，教員の職務態度に対する組織文化の影響について量的調査を通じて検討することで，校長のリーダーシップが組織文化を媒介にして教師の職務態度を変容させるという，それまでの教育経営研究が支持してきた「組織文化媒介モデル」が，実際には限定的な影響に留まることを明らかにした。また臼井（2001）は，K.E. Weickの意味形成論を参照しながら，価値の多様性を保持したままで教師の貢献意欲を引き出

す校長のリーダー行動として，意味の共有というレベルでの統合あるいは協働の有効性を指摘している。組織文化論と関連の強い文化的リーダーシップ論が価値の共有というレベルで組織的統合を図ろうとするものであったことをふまえると，従前のリーダーシップ論とは異なる視点を提供している。

　第二に，この間の学校をとりまく制度的環境変化（教育政策の変容）への対応を説明する文脈における着目である。具体的には，学校評価制度や学校と地域の連携の構築が制度的に進められるなかにあって，学校の自律化（自律的学校経営）に対して，組織文化がいかに貢献しうるかという観点からの研究・分析である。たとえば，林（2006）は，「評価を学校改善につなぐ前提条件」（23頁）として「学校には『学び』を重視する組織文化を確立し，教職員間に成長的・挑戦的な組織風土を醸成していくことが不可欠」（17頁）であることを指摘する。なかでも教員評価をめぐっては，「個々においても集団としても教員の指導力の向上と専門性の確保」（24頁）が学校経営の自律化における条件であるとする立場から，学校内に「教職員を育てる組織文化」（25頁）が確立されるべきであると，望ましい組織文化の内実についても言及している[8]。「学び」を重視する組織文化という考えは，学校と地域の連携を考察するなかにおいても言及されている（林，2012，44頁）[9]ことをふまえると，「学び」という概念が「学校組織の環境変動に対する対応の規定要因としての組織文化」（佐古，2000a，前掲）の要件として明確に位置づけられたと想定される[10]。

　第三に，学力や授業実践をはじめとする学校における教育活動およびその成果に関連づけた研究の展開である。たとえば，佐古・山沖（2009）は，学力向上に向けた教職員の協働性と自律性を高めるための開発的研究プロセスを描きながら，いかなるプロセスを経て内発的自発的な改善意欲・意識の形成という，いわば組織文化の再編が実現されたのかを明らかにしている。また，「総合的な学習の時間」という教育イノベーションが，学校の組織文化に及ぼした影響について量的調査を通じて明らかにした紅林・越智・川村（2010）もこのような関心に基づく研究として位置づけられよう。

3. 組織文化研究の課題

　以上，2000年以降の組織文化研究のトレンドについて検討した。ただ，筆者の実感としては，想像以上に「組織文化」を冠した文献が少ないということである。一般経営学においても，「文化の10年」と称されるほどに1980年代は盛況に組織文化研究が行われていたようであるが，1990年代以降は，徐々に関心が薄れ，「一時的な流行に終わった観さえある」(北居，2014，ⅰ頁)との指摘もある。では，教育経営学における組織文化研究についても同様であると受け入れてしまってよいのか。

　中留によると，組織文化はこの間，①学校改善論，②協働論，さらには③組織開発論といった3つの異なるアプローチによって，その内容把握が図られてきたという(中留，2010，39-46頁)。それをふまえると，組織文化研究そのものが上記それぞれの一研究領域として再編あるいは吸収されていったという印象はぬぐえない。たとえば，組織開発論が「組織文化の計画的変革を実現する方法論」として行動科学的な基盤によりながら発展してきたというという指摘(佐古，2002，182頁)はそれに通底するものである。

　しかしながら，実のところわれわれは，いまだ組織文化とは何であるのかを把握していないのではないか。理論の進展という点からも，研究が多岐に展開することを拒むものではないが，「組織文化とは何か」「学校の特徴を生み出している組織文化はいかに生み出されているのか」を探究することは，変化の激しい現代であるからこそ，慎重かつ丁寧に理論化していく必要があるようにも思われる。[11]前掲の図6.1を参照するならば，組織文化と相互影響関係にある3つの要素は，現時点において従前のそれとはまったくに異なる制度的環境あるいは内的環境にさらされている。あるいは，組織文化を共有された価値と考えるかそれとも認知と考えるのか，または当該組織に独自のものと考えるのかそれとも同型性をもつものなのかという異なる立論点をもちながら展開してきた他学問領域における組織文化研究の動向(山田，2017，125-127頁)をふまえるならば，組織文化概念そのものが“ゆらぎ”をもった概念であると理解されよう。そのことをふまえるならば，「組織文化還元主義」に陥らず，また組織文

化概念をブラックボックス化しないためにも，組織文化そのものの検討を正面に据えた理論的・実践的研究が求められていると考えるのである。

その点においても，「構築するものとしての組織文化」という理解・把握とそれに向けた研究の展開は今後も重要な課題になると考える。たとえば佐古（2011）は，「効果のある学校」研究の限界として，そこで強調される組織文化的諸要因が，「どのように『形成』されるのかが，明らかにされていない」（43頁）とし，「学校の学力形成機能に関連する主要な要因であると考えられる学校の組織文化に関する特徴についても，いかにして学校でそのような組織文化を形成・構築することが可能であるのか，その道筋を解明し，汎用可能な知見として整理していることが求められている」（同上）と研究課題を指摘している。これは，「構築するものとしての組織文化」という研究のトレンドとその成果がいまだ十分に成熟していないことへの批判というだけでなく，同時に，研究知見の実行可能性（実践的有用性）をめぐる課題として教育経営（学校経営）研究全般に対して向けられた批判としても受け止める必要がある。　　　（照屋翔大）

注

1) その1つの理由として，組織をどのように定義するかという問題もかかわっていると思われる。本章では，教育経営学において広く参照されてきた，バーナードによる「二人以上の人々の意識的に調整された活動や諸力の体系」として組織を理解し，それをふまえ，組織文化を「協働関係にある2人以上の人々に共有された，価値や規範，思考・行動の様式（パターン）」と一旦定義し，論を進める。

2) 一般経営学の分野においては，組織文化が個人学習ならびに組織学習を促進する機能として期待されていること，とりわけ，知識の交換や共有，継続的学習といった知識経営の文脈において，組織文化がこれらのプロセスの促進あるいは阻害要因となりうるとした先行研究知見は注目に値する。なぜならば，組織文化と学習は相互影響関係にあるのであって，組織動態を分析するうえで，どちらか一方を説明変数，もう一方を被説明変数として措定することは困難であるという指摘として理解できるからである。北居（2014，122-123頁）を参照。

3) 同様の知見は，佐古・山沖（2009）の事例研究においても指摘されている。それによると，「組織文化の形成・変容は，それにダイレクトにはたらきかけることよりも，その学校において組織的に展開されている教育活動に関するコミュニケーション・相互作用の質，形態を変容させることで促される」（90頁）という。

4) 組織風土（organizational climate）と組織文化とは，元来異なる概念である。曽余田

（2000b）は，組織風土論は人的資源アプローチ（個人のスキルや欲求に焦点を当てる），組織文化論はシンボリックアプローチ（組織における意味の問題に焦点を当てる）に属する概念であると理論的整理を行っているが，研究動向としては，それらの区別が曖昧なまま組織文化論へと吸収される傾向にあると指摘している。

5）この点について水本（2004）は，それは「組織文化」を組織秩序に還元する項として設定されているからであるとし，このような考えを「組織文化還元主義」（148頁）として批判している。.

6）CiNii Articles において「組織文化」を検索ワードに検索してみると，727件が該当する（2017年4月現在）。そのなかから2000年以降の教育機関（初等から高等まで）を対象にした文献のみに絞ると，該当するのは24件となる。そこには，『日本教育経営学会紀要』掲載の論稿がほとんど含まれていなかったため，当該紀要の論稿については，本文中で「組織文化」についての言及があるかどうかを確認し，検討対象に位置づけることにした。

7）論文検索で最も多く該当するのは，高等教育分野における研究群である。本節では，先行研究との関係から，それらの文献についての検討は割愛するが，同様の傾向をアメリカでの組織文化研究についても指摘することができる。アメリカにおける論文データベース（ERIC）で，organizational culture を検索すると，全部で6012件が該当する。そのうち，教育段階（educational level）という項目に着目すると，高等教育（Higher Education）が1484件，中等後教育（Post-Secondary Education）が854件となり，これは初等中等教育（Elementary Secondary Education）の458件を大きく上回る件数であることがわかる。また，アメリカ以外の国々の論稿も多く掲載されていることをふまえると，日本にこだわった事例研究の成果を今後海外に向けて積極的に発信していく意義があるように思われる。

8）評価制度と組織文化を関連づけた論稿には，浜田（2004）や天笠（2007）などもある。

9）林（2012）は，学校と地域との連携におけるプロセスを組織開発のプロセスに依拠し説明するなかで，「変革方略の形成」の段階で「『あるべき姿』としての学校に『学び』を重視する組織文化を確立」（44頁）することが重要であると指摘している。

10）曽余田（2010）は，教育経営学における組織論・経営思想の史的展開を跡づけるなかで，オープンシステム論から学習する論への展開上に，組織文化論が挿入された図式を描いている。そこからも，組織文化論が学習する組織論へと進展する過程において，「学び」を重要要件として内在していったと考えられる。

11）曽余田（2008）による，「組織の動態を形式的側面に還元したり，『ありうる』よりも『あるべき』として提示する傾向があった」（8頁）という指摘は，まさにその必要性を痛感させてくれる。

文献・参考資料

天笠茂「"学校全体で子どもを診る"組織文化の形成」『現代教育科学』50（12），明治図書出版，2007年，11-13頁

臼井智美「意味形成者としての校長のリーダー行動―K.E.Weick の意味形成論を手がかり

に―」『日本教育経営学会紀要』第 43 号，第一法規，2001 年，105-118 頁

岡東壽隆・福本昌之編著『学校の組織文化とリーダーシップ』多賀出版，2000 年

織田泰幸「学校の組織能力を構築するための知識経営論に関する考察― D.H. Hargreaves
　の知識創造学校論に着目して―」『日本教育経営学会紀要』第 50 号，第一法規，2008
　年，50-64 頁

北居明『学習を促す組織文化―マルチレベル・アプローチによる実証分析』有斐閣，2014 年

紅林伸幸・越智康詞・川村光「『総合的な学習の時間』が変えたもの（1）学校組織文化の
　ダイナミズム」『滋賀大学教育学部紀要Ⅰ教育科学』第 60 号，2010 年，93-109 頁

佐古秀一「学校の組織特性と自己評価能力」金子照基・中留武昭企画・編集代表『教育経
　営の改善研究事典』学校運営研究会，1994 年，368-370 頁

――「学校の組織文化とその創造―学校の自律的組織化に関する展望と学校組織研究」日
　本教育経営学会編『自律的学校経営と教育経営』（シリーズ教育の経営 2）玉川大学出版
　部，2000 年 a，182-204 頁

――「教育経営研究における文化指向型リーダーシップ論の位置と課題」日本教育経営学
　会編『教育経営研究の理論と軌跡』（シリーズ教育の経営 5）玉川大学出版部，2000 年 b，
　153-170 頁

――「現職教育における学校経営研究：開発的研究の視点から」『日本教育経営学会紀要』
　第 44 号，第一法規，2002 年，178-184 頁

――「学力と学校組織―『効果のある学校』研究の検討をふまえた学校経営研究の課題―」
　『日本教育経営学会紀要』第 53 号，第一法規，2011 年，36-45 頁

佐古秀一・山沖幸喜「学力向上の取り組みと学校組織開発―学校組織開発理論を活用した
　組織文化の変容を通じた学力向上の取り組みの事例」『鳴門教育大学研究紀要』第 24 巻，
　2009 年，75-93 頁

シャイン，E.H. ／清水紀彦・浜田幸雄訳『組織文化とリーダーシップ―リーダーは文化を
　どう変革するか』ダイヤモンド社，1989 年

曽余田浩史「我が国の学校組織文化研究のレビュー」『日本教育経営学会紀要』第 42 号，
　第一法規，2000 年 a，146-156 頁

――「組織風土・文化論」日本教育経営学会編『教育経営研究の理論と軌跡』（シリーズ
　教育の経営 5）玉川大学出版部，2000 年 b，136-152 頁

――「わが国における教育経営概念の成立と展開」『日本教育経営学会紀要』第 50 号，第
　一法規，2008 年，2-13 頁

――「学校の組織力とは何か―組織論・経営思想の展開を通して―」『日本教育経営学会
　紀要』第 52 号，第一法規，2010 年，2-14 頁

露口健司「校長のリーダーシップが教師の職務態度に及ぼす影響プロセス―教師の個人的
　価値観に着目したモデルの検証―」『日本教育経営学会紀要』第 46 号，第一法規，2004
　年，93-105 頁

中留武昭『自律的な学校経営の形成と展開―臨教審以降の学校経営の軌跡と課題　第 3 巻
　自律的経営の展開と展望』教育開発研究所，2010 年

西穣司「教育経営学における組織文化研究の動向と課題」『日本教育経営学会紀要』第 42
　号，第一法規，2000 年，89-90 頁
浜田博文「『組織文化』変革の『仕掛け』としての学校評価―『オリジナルの学校づくり』
　に向かって」『教育展望』50（2），教育調査研究所，2004 年，21-27 頁
――編著『学校を変える新しい力―教師のエンパワーメントとスクールリーダーシップ』
　小学館，2012 年
林孝「学校評価・教員評価による学校経営の自律化の可能性と限界」『日本教育経営学会
　紀要』第 48 号，第一法規，2006 年，16-27 頁
――「学校と地域との連携における校長のマネジメント」『日本教育経営学会紀要』第 54
　号，第一法規，2012 年，35-45 頁
前田耕司「学校文化（school culture）」日本教育経営学会編『教育経営ハンドブック』（講
　座日本の教育経営 10）ぎょうせい，1986 年，132-134 頁
水本徳明「学校経営の新しい考察枠組み」『日本教育経営学会紀要』第 46 号，第一法規，
　2004 年，146-150 頁
――「スクールマネジメントの理論」篠原清昭編著『スクールマネジメント―新しい学校
　経営の方法と実践』ミネルヴァ書房，2007 年，27-42 頁
山田真茂留『集団と組織の社会学―集団的アイデンティティのダイナミクス』世界思想社，
　2017 年

| 第7章 | 学校財務研究の進展と今後の課題 |

>>>>>>>>>>>> **1. 自律的学校経営論のなかでの学校財務研究** >>>>>>>>>>>>

(1) 自律的学校経営の実現手段としての学校予算・財務

　本章では，学校財務を，公費学校予算の要求，編成および執行に関する手続きやマネジメント，および私費学校徴収金に関する手続きやマネジメントとして位置づける立場を採用する。また本章は，義務教育段階の学校財務を対象とした論稿である。

　さて，日本の教育経営学における学校財務研究は，1990年代以降の国内外での教育改革において進展した自律的学校経営の動向と切り離して考えることはできない。具体的には，自律的学校運営（アメリカの School-Based Management，イギリスの Local Management of Schools など）の具体的手法として，人事，カリキュラムそして予算の権限を，政府から学校に委譲する動向が拡大し一般化してきた（末冨，2008；浜田，2007；佐藤，2009；末松，2012）。

　日本においては，1998年中央教育審議会（以下，中教審）答申「今後の地方教育行政の在り方について」および1999年の地方分権一括法を契機として，学校の自主性・自律性確立が重視され，とくに学校予算の編成と執行については，「教育委員会の関与を整理縮小し，学校の裁量権限を拡大する観点から」「校長の裁量で執行できる予算の措置や学校の意向が反映されるような学校裁量予算の在り方が求められるようになった」（田中，2016：12頁）。財務面での学校裁量が拡大することは，単に予算の要求・編成や執行を学校で行えるようになることに意味があることなのではなく，1つひとつの学校のマネジメントが，予算・財務を通じてより確立されていく点に意義を見いだす必要がある。

　日本の場合には，2005年中教審答申「新しい時代の義務教育を創造する」において，学校への予算面での裁量拡大の必要性が主張され，その理由は「学校が主体的に教育活動を行い，保護者や地域住民に直接説明責任を果たしていくためには，学校に権限を与え，自主的な学校運営を行えるようにすることが必要である」（24頁）とされている。予算については，「教育内容に関する学校の裁量を拡大するとともに，予算面で，学校の企画や提案に基づいた予算の配分，使途を特定しない裁量的経費の措置など，学校裁量の拡大を更に進めるこ

72　第1部　学校の組織と経営

とが必要である」(24頁)とカリキュラム面で学校マネジメントの実現の手段として，学校裁量予算が位置づけられていることが判明する。

このように，日本でも学校予算・財務は，自律的学校運営の実現手段の1つとして都市部を中心に一定の普及はしてきた。もっとも，日本では中教審2005年答申以降，学校への予算・財務を含めた権限委譲のさらなる推進への動きは停滞している状況にある。しかし，児童生徒の社会経済的あるいは文化的多様性が拡大し，1つひとつの学校のかかえる課題が深刻化しているなかで，学校が子どもたちにとってより豊かな学びの場であろうとするならば，学校への予算保障や財務面を含めたマネジメント権限の強化が必要となる局面に，再びさしかかりつつあると判断される。

(2) 教育経営学研究における学校財務研究の動向

学校財務に関する研究は，以下に述べる4つの研究に大別される。

① 自律的学校経営研究のなかで，学校予算・財務の重要性に着眼する研究

Coldwell & Spinks (2013)，Goertz & Odden (1999)，竺沙 (2004)，浜田 (2009)，佐藤 (2009) など国内外で多くの蓄積がある。どのように学校に予算や権限を委譲すべきか，校長のリーダーシップやマネジメント体制はどのようにあるべきかなど，政府－学校関係や，校長，校内体制などさまざまな側面に注目しながら議論が展開されてきた。末冨 (2008) では，こうした学校への権限委譲を「学校分権」と位置づけて，教育財政システムのなかでの学校分権実現の条件が検討されている。

② 社会的なあるいは資源配分における公正や機会均等の実現手段としての学校財政に注目する研究

近年では白石 (2014) や竺沙 (2016) などに代表される。アメリカを研究対象とし学校財政訴訟における争点や，実際の判決が学校への予算配分に影響した事例の検証などを通じて，教育における公正や機会均等のあり方などを，原理的に検証しようとする立場である。

③ 学校予算・財務の実施体制やマネジメントの改善に貢献しようとする実務的な研究

とくに 2000 年代に発展をみせたのが，この研究である。清原（2005），本多（2015），末冨（2016）は，学校予算・財務について自治体や教育委員会の制度設計，学校予算の効果的な執行体制や学校全体のマネジメントサイクルへの位置づけなどを研究対象としている。これと関連して，学校財務の実務を担当してきた学校事務職員による研究や，学校事務職員の実務能力を向上させようとする研究の蓄積が行われつつある点も注目される（藤原，2011；中村，2013）。

④ 学校予算が投資効果を上げているのか計量的に実証しようとする研究

Adams & Jacob（2010），Holmlund *et.al.*（2009）など海外が中心である。学校に対する予算も含めた権限委譲が費用に対して効果を上げているのか，児童生徒のテストスコアなどとの関連において分析しようとする立場に立つ。学校予算の規模が小さい自治体が多い日本国内では，まだそれほど進展していないが，学校への財源・権限委譲の進展しているアメリカやイギリスを中心に検証が行われ，効果の有無をめぐって議論が行われているテーマでもある。

(3) 日本における「学校財政」は成立しているのか

ところで，日本における学校予算や学校財務に関しては，教育財政の独立性や学校に対する予算・権限配分が確立しているアメリカと比較して，そもそも「学校財政」は成立しているのかという問いが，戦後から現代に至るまで投げかけられ続けている状況があることを指摘しておかねばならない（田中，2016，14-15 頁）。

伊藤（1972，295 頁）は，「教育委員会にはいわゆる財政自主権が与えられていないことから，学校財政成立の実態的根拠がないという人も出てきた」と指摘しつつも，「学校財政とは地方団体における学校の公経済ということができる。具体的には都道府県や市町村の教育委員会を頂点として運営されるところの学校の財政である」と述べ，学校財政が自治体－学校関係において成立しているという立場に立つ。本多（2003，171-185 頁）は，「学校に配当される予算は教育委員会所管の予算を多くの場合は機械的に再配当しているにすぎず，個別の学校固有の状況や教育計画を考慮して配当されているわけではないこと，そもそも学校（長）の権限で契約締結，支出が認められる種類やその金額が非常

に制約的である」状況を指摘しており，自治体から教育委員会を経由して学校に予算が配当されているとしても，学校財政といえるまで，学校の自律性が確立しているかどうかについては懐疑的立場であると判断できる。

　機械的配当で多くの制約を受けながらも，学校に配当された予算が，実態として学校の運営に活用され，教育財政全般とは異なる固有の意義があるという立場に立てば，「学校財政」は成立しているともいえるが，日本の不十分な学校分権改革を鑑みたとき，「学校財政」成立論を無条件に受容することはできない。

2. 日本における学校への予算・財務権限の実態と課題

(1) 日本における学校裁量予算制度の拡大と課題

　ところで，日本における学校予算・財務はどこまで拡大しているのだろうか。全国公立小中学校事務職員研究会の一連の実証研究は，日本の学校予算・財務の現状を把握するうえで有益である。

　全国公立小中学校事務職員研究会 2012（平成 24）年調査によると，市区町村教育委員会の 57.2% が何らかのかたちで学校裁量予算制度を導入している[1]（全国公立小中学校事務職員研究会，2013，121 頁）。2008（平成 20）年調査では，最も導入率の高かった特色枠予算（学校の特色づくりを目的として教育委員会から配当される予算）でも 22.5% にすぎなかったことを考えれば（全国公立小中学校事務職員研究会，2008，19 頁），4 年の間に基礎自治体において学校裁量予算制度が広がりをみせたことが理解できるだろう。

　しかし，2014（平成 26）年調査からは，教育委員会が考えるほど，学校現場は学校裁量予算に効果を感じているわけではないことも判明している（全国公立小中学校事務職員研究会，2015，19-21 頁）。この理由として「予算の費目が限定されている」をあげた学校が 62.1% と最多となっており（全国公立小中学校事務職員研究会，2015，21 頁），予算が学校現場に配当されたとしても，学校の裁量で費目を限定せず自由に使えるわけではないケースも多いという状況が明らかになっている。

第 7 章　学校財務研究の進展と今後の課題　75

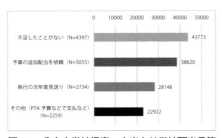

図7.1 公立小学校児童一人当たり学校配当予算
出所：全国公立小中学校事務職員研究会（2008，42頁）より筆者作成

図7.2 公立中学校生徒一人当たり学校配当予算
出所：図7.1と同じ

またそもそも，日本の学校現場は慢性的な予算不足を長年の課題としてかかえており，公立小中学校の校長の約9割が学校予算を不足と考え，図7.1，図7.2に示したように，予算が「不足したことがない」学校と，PTA会費などから補填するような深刻な予算不足にある学校の間で，児童生徒一人当たり2万円以上の予算額の格差があることが明らかになっている（末冨，2012，15頁）。

(2) 日本の学校財務の根本課題—多額の保護者負担—

また日本の学校財務の根本課題として，義務教育ですら多額の保護者負担に支えられなければ維持できない「公私混合型私費負担構造」が，指摘されてきた（白石，2000，72頁；末冨，2010，26頁）。

2009，2010年度を対象とし，学校の通常の教育活動（学校給食，修学旅行，スポーツ振興共済センター掛金除く）について，教育委員会・学校の支出する公費と保護者の負担する私費を経費分析すると，私費負担額が公費予算を200万円以上も上回り，保護者依存度の高い公立小中学校のあることが確認された（末冨・本多・田中，2012）。また公立小学校を対象とした2013年度の分析からも，児童一人当たり公費金額を上回る私費負担の学校が複数確認されることが明らかになっている（本多，2016，32頁）。

このように，ときには政府の投入する公費予算すら上回る水準で，保護者負担に依存しなければ義務教育の運営が不可能である実態は，日本の学校財務のかかえるもっとも深刻な課題であり，公費予算の充実による保護者負担の軽減

が必要である。

3. 学校財政の確立と子どものための自律的学校運営に向けて

(1) 学校経営ビジョンの実現手段としての学校予算・財務への認識の拡大

　日本における現行の学校財務が，学校財政として確立していくためには，十分な水準の公費の投入と，学校に対する予算策定・執行権限の委譲といった学校分権体制を確立することが前提条件となる。

　それとともに，自律的学校運営を通じて，子どもたちに豊かな教育活動やアウトカムを保障していくためには，「教育活動と予算・財務との連続性の意識を強化しつつ」，「予算・財務を通じた学校経営ビジョンの共有と実現」をしていくことが重要であるという指摘がある（大野，2016，123・125頁）。

　学校財務研究の新しい局面として，学校マネジメントを専門とする研究者による，学校経営活動のなかでの予算・財務がマネジメントに貢献する環境整備や条件を検討する取り組みに注目しておく。大野（2016，125-127頁）は，学校経営ビジョンの策定を支える認識枠組み・思考方法が学校現場に浸透していないことと同時に，学校予算・財務の裁量や校内財務システムの未確立による「学校マネジメント空間認識の矮小化」と呼びうる課題が発生していることを指摘する。「あてがいぶち」の配当予算や裁量のなさ，予算額の少なさにより，「対症療法主義（中長期的ビジョンの軽視）の学校マネジメント意識」がもたらされている可能性を懸念する。そうではなく，学校管理職自身が「学校課題解決のための予算」という意識をもち，「これに即した予算配分の確立（前年度踏襲の配分からの変化）」や「職間の学校課題・重点目標の共有度が高い」組織マネジメントの確立が，「学校マネジメント空間認識の拡張」を促進することを指摘している（大野，2016，128頁）。また自治体から学校への権限委譲や裁量拡大，3年単位の学校経営計画の導入による予算・財務マネジメントと学校マネジメントの一体化なども，「学校マネジメント空間認識の拡張」への取り組みとしてとして注目されている（大野，2016，129頁）。

　学校経営ビジョンの実現手段として，学校予算・財務が重要であること，予

算・財務マネジメントを学校マネジメントに確立することが子どもたちの学び
や育ちに効果をもたらす基本的条件であるという認識が，学校や自治体に浸透
することが学校財政の確立の条件であるといえる。

(2) スクールリーダー養成における予算・財務スキルの重要性

　あわせてスクールリーダー養成における予算・財務スキルの重要性を指摘し
ておきたい。内山 (2016) は，自律的学校運営を重視する先進諸国で，校長の
財政上の権限と責任が拡大し，スクールリーダー養成などにおいても重視され
「校長の財務マネジメント面での力量が注目されている」(25頁) ことを指摘する。

　しかしわが国の教職大学院では，予算・財務に関する科目の位置づけやスキ
ル向上がまだ不十分ではないだろうか。自律的学校運営を前提としたときに，
スクールリーダーが予算・財務の重要性を把握し，十分なスキルを有している
こともまた学校財政の確立の重要な条件といえる。

　あわせて「事務をつかさどる」(学校教育法第第37条14項) と法改正された学
校事務職員についての専門職としての力量向上も，学校財政確立の必須条件と
いえるだろう。教員と同様に採用・養成・研修体制の充実が求められる。

(3) 学校予算の安定性・透明性と平等の追求

　日本ではそもそも学校の予算額が不足しているうえに，「学校教育費配分の
算定基準や学校予算は市町村ごとに異なり」があり「透明性や安定性が低い」
(末冨，2008，175頁)。イギリスやスウェーデンの学校分権改革のように「学校
の予算配分の算定基準を明らかにすることは，自治体説明責任の遂行だけでな
く，学校予算の透明性，安定性の向上や，計画的な学校運営にとってプラスの
影響をもたらす」(末冨，2008，128頁)。それとともに，「学校間の資源配分基
準において平等性の追求」を行うことが重要である (末冨，2008，173頁)。児
童生徒の貧困や格差拡大が懸念される状況のなかで，学校ごとに課題の深刻度
も異なる。また障害のある児童生徒や，日本語指導が必要な児童生徒など，何
らかの追加的支援を要する子どもも増加するなかで，そうした子どもが集中す
る学校により多くの資源を投入することが，教育における平等の追求の手法と
して重要である。日本の教育財政や学校予算配分において，今後実現されるべ

き重要な課題といえる。

(4) 学校予算の効果検証体制と説明責任の遂行

末冨・田中・内山（2016，41 頁）の知見では「検証体制の整備や次年度への引き継ぎ体制は，多くの自治体・学校で整備が必要な状況にある」。学校財政を確立していくとしても，その予算が効果をあげ，継続していくためには，学校予算の検証・引き継ぎ体制や，どのような効果があがったのか（もしくはなぜ効果がなかったのか）といったエビデンスを定量的・定性的に蓄積して情報開示していくことは，納税者への説明責任の遂行という観点からも重要である。単にテストスコアの向上といった文脈からエビデンスを求め，そのために学校財務面でも管理統制を強めていくことが逆効果となってしまうことは，末松（2012）の指摘からも明らかであり，子どもたちの状況を多元的に評価することが重要である。

多額の私費を負担する保護者への財政上の説明責任の遂行も必要であるとともに，自治体の公費私費負担区分策定による保護者負担の範囲制限や保護者負担軽減も，すべての自治体で早急に実現されるべきといえる。

(5) 学校間連携（共同実施，小中連携・一貫）と単位学校運営とのバランス

学校財務を考えるとき，共同実施・小中連携・一貫教育などの学校間連携の動向と，単位学校運営とのバランスをどのように確保していくのかといった組織体制の問題が，日本では実践面でも研究面でも焦点となってくると思われる。学校事務の共同実施は，学校財務の合理化や効率化，学校事務職員のスキル向上にとって重要であるものの，その成果を単位学校にどのように還元していくかの視点が効果をあげていくうえで不可欠となる。

また小中連携・一貫教育により，学校予算や財務も含め学校マネジメント全体が，どのような影響を受けているのかの検証も不可欠である。施設の一体化や義務教育学校への移行が，予算削減の根拠とされ，子どもたちへのきめ細かい教育活動に支障を来たす懸念もある。その逆に，小学校と中学校の連続性と差異を意識しながら，十分な学校予算が保障されることにより，教育活動が活性化し子どもたちへの効果も保障される事例もあるかもしれない。

いずれの課題も重要であるが，子どもたちの教育や課題に学校を主体として取り組む際に，自律的学校運営が有効な手法である。とくに，学校への予算保障や財務面での権限拡大の必要性に対する認識が拡大することが，学校財政の進歩にむけた前提となる。教育経営学の一領域としての学校財務研究は，理論と実践の両面から，また研究者，学校事務職員やスクールリーダーとの連携のなかで，この進歩への貢献が求められる状況にあるといえよう。　　（末冨　芳）

注
1)「学校裁量予算制度の導入は何を目的に行いましたか」に対して，「導入していない」42.8% を除き，目的を回答した教育委員会のパーセンテージ。

文献・参考資料
伊藤和衛「学校財政」海後宗臣・村上俊亮・細谷俊夫監修『教育経営事典』第1巻，ぎょうせい，1972年，295-297頁
内山絵美子「学校マネジメント研究の国際的潮流」末冨芳編著『予算・財務で学校マネジメントが変わる』学事出版，2016年，20-27頁
大野裕己「予算・財務を通じた学校経営ビジョンの共有と実現」同上書，123-131頁
清原正義『学校事務論の創造と展開』学事出版，2005年
佐藤博志『オーストラリア学校経営改革の研究—自律的学校経営とアカウンタビリティ』東信堂，2009年
白石裕『教育の質の平等を求めて—アメリカ・アディクアシー学校財政制度訴訟の動向と法理』協同出版，2014年
――『分権・生涯学習時代の教育財政—価値相対主義を越えた教育資源配分システム』京都大学学術出版会，2000年
末冨芳編著『予算・財務で学校マネジメントが変わる』学事出版，2016年
――「義務教育の基盤としての教育財政制度改革」日本教育学会『教育学研究』第79巻第2号，2012年，156-169頁
――『教育費の政治経済学』勁草書房，2010年
――「教育財政システムにおける学校分権の比較研究—日本・イギリス・スウェーデンを中心に」『日本教育行政学会年報』第34号，2008年，160-178頁
末冨芳・本多正人・田中真秀「学校財務会計の現状と課題 (3)—自治体学校予算および経費分析の展望」日本教育行政学会第47回大会自由研究発表，2012年
末冨芳・田中真秀・内山絵美子「学校マネジメント調査の概要」末冨芳編著，前掲書，34-42頁
末松裕基「イギリスの学校自律化政策の展開と課題」『上越教育大学研究紀要』第30巻，2012年，49-61頁

全国公立小中学校事務職員研究会『学校の総合マネジメント力の強化に関する調査研究報告書』2015 年

――『実効性の高い学校評価の推進及び学校マネジメントの体制整備に関する調査研究～学校マネジメントの役割を担う学校事務～報告書』2013 年

――『学校財務に関する全国調査 報告書』2008 年

田中真秀「学校マネジメントにおける学校財務の理論と現状」末冨芳編著，前掲書，12-19 頁

竺沙知章「学校の自律性確立と財政的条件」『日本教育経営学会紀要』第 46 号，第一法規，2004 年，14-24 頁

――『アメリカ学校財政制度の公正化』東信堂，2016 年

中村文夫『学校財政―公立学校を中心とする公私費負担の境界と 21 世紀の革新』学事出版，2013 年

浜田博文『「学校の自律性」と校長の新たな役割―アメリカの学校経営改革に学ぶ』一藝社，2007 年

藤原文雄『「学びの環境デザイナー」としての学校事務職員』学事出版，2011 年

本多正人「学校コスト調査の手法と分析」末冨芳編著，前掲書，28-33 頁

――編著『公立学校財務の制度・政策と実務』学事出版，2015 年

――「公立学校の財務・会計と学校の自立性」『国立教育政策研究所紀要』第 132 集，2003 年，171-185 頁

Adams，E. & Jacob，J. *ed.*，*Smart Money: Using educational Resources to Accomplish Ambitious Learning Goals*，Harvard Education Press（2010）

Caldwell，B & Spinks，J.M，*The Self-Transforming School*，Routledge（2013）

Goertz,M. & Odden,A.，*ed.*，*School Based Financing*，Corwin Press（1999）

Holmlund,H.，McNally,S. & Viarengo,M.，*Does Money Matter for Schools?*，Center for Economics of Education，London School of Economics（2009）

第2部
社会と教育経営

第8章　地方教育行政における教育改革にかかる研究動向と今後の方向性

>>>>>>>>>>>>>>>> **1. 教育経営学としての地方教育行政研究** >>>>>>>>>

　日本教育経営学会という名称から想起されるこの学会（以下，本学会）の研究領域や研究テーマを筆者は次のように理解している。まず，ディシプリンについてであるが，ディシプリンが不在あるいはそれにきわめて近い状態であり，ましてや，複数のディシプリンが共存する学際的学会というわけでもない。多くの会員はディシプリンとしての経営学を意識的に摂取している様子がない。また，経営学を専門とする研究者の本学会への参入も乏しいように感じられる。とくに，教育経営学が標榜する研究対象からすれば，組織論の研究者との共同研究が盛んであるはずだが，残念ながらそういう状況ではない。

　一方，本学会の主たる研究領域は学校である。多くの会員は，事実上，学校経営のみを研究対象としているものの，それを教育経営学・研究として呼称しているように思われる。他方，堀内（1996, 7頁）のいうようないわば「包括」的立場の教育経営（学）概念もある[1]。おそらくこのあたりに本学会のアイデンティティ問題が潜んでいる[2]。以下指摘していくことになるが，このアイデンティティ問題こそ，本章が指摘する教育経営学としての地方教育行政研究の進展を阻んでいる原因である。なお，本稿の教育経営概念理解は南部（2008）を参照した。

　ところで，試みに経営の語を含む日本国内の学会を調べてみると，日本医療経営学会（Japanese Association for Health Care Administrators）の設立趣旨には，複数のディシプリンの研究の集合体であることが言明されていることがわかる[3]。さらに，対象者として，医療・介護・福祉関連機関の管理者，事務管理者，看護管理者などが具体的に記されている[4]。筆者は経営という語を用いる以上，研究対象としては，経営の場となる組織や経営主体となる経営者に焦点を当てる必要があると考える。この点において，日本医療経営学会の設立趣旨は好ましく思える。これに対して，日本教育経営学会の「経営」概念は，組織をさすのか，機能を意味するのかが混乱しているように思えてならない。日本医療経営学会との対比でいえば，割り切れていないともいえる。

　さて，筆者は教育行政学を専攻するが，そのなかでも政治学（とくに行政学）をディシプリンとするため，その立場から本章を記していくことになる。より

詳しく述べるならば，教育分野を対象とした政治学（Politics of Education）を主たる研究テーマとしている。ここでは，行政官僚制の政治学的研究を意味する。なお，レビューの対象としてはおおむね 2005 年頃以降（つまり，執筆時点からみて過去 10 年ほど）に出版された，国内媒体の査読論文および単著の学術書を中心とする。レビューのスタンスとしては，メソドロジーについてではなく，研究対象や分析視角に力点をおく。

2. 政府間関係の変動と地方政府の政治化

2000 年代に入ってから，地方教育行政に関する多くの研究の問題関心が地方分権改革を出発点とするものとなった。それは地方分権の実況中継的研究から始まり，地方分権「前史」に対する関心が芽生えたあと，地方分権の効果や意味を問う研究が登場した。タイトルや書き出しに地方分権が登場する論文が非常に多く，「枕詞としての地方分権」の乱用の様相すら呈している。後述するとおり，エリアスタディや歴史研究のような 2000 年代の日本の地方分権研究ではないものでもそういう傾向がある（つまり，日本の地方分権やそのインパクトに関連づけて研究の意義を述べる）。

地方分権によって，地方の自律的かつ多様な政策選択が可能になったという認識が一般的となった。先進的な教育改革については，導入過程を分析する質的研究が採用された[5]。他方，多数の地方政府が採用した教育政策については，量的研究が用いられるようになり，政策の導入時期や導入の態様の差違が分析された（橋野，2017）。政策選択の多様性が認識されるようになったことを背景として，統計分析の移入を隣接他領域から行うようになった。統計分析はサンプル間の散らばりの原因を明らかにするものだからである。

このように地方分権によって学術的関心が喚起されたが，本来は政府間関係の変動が地方政府の政策選択にどのような変化を与えるのかという問いがあらかじめ（地方分権の研究の前に）存在するはずである。教育行政研究では，このような命題が共有されておらず，大きな政治イベントであった地方分権の後追いをするかたちで，このテーマに多くの研究資源が投入された。学術的に発見

されたのは，地方分権が地方政治を励起させ，教育行政に対する影響力行使が観察できるようになったことである[6]。

　この延長線上に2015年の地方教育行政の組織及び運営に関する法律の改正（「地教行法大改正」）が位置づく。この改正の特徴は，政府間関係というよりは地方政府内部の政治的関係の変動を惹起する契機となりうるものであった。たしかに教育行政に対する首長の影響力を制度上強化するものであり，多くの研究がこれを執行機関としての教育委員会の「危機」として捉えた。業界全体の「飯の種」ともいえる教育委員会制度の危機を前にして，多くの競争的資金がこのテーマに投入されていった。これは東日本大震災直後の競争的資金の状況と似た傾向である。

　しかし，これらはいずれも一度限りの大きな政治イベントの記述にとどまる傾向があり，理論上の貢献をいかに果たすかという意識が共有されているかは不明であるとともに共通の問いが不明確である。さらにいえば，従来，地方教育行政の研究では，実践面でも研究面でも民主性と専門性の調和がうたわれてきたが，その内実の深掘りはなされてこなかった。教育委員のレイマンコントロールと教育長のプロフェッショナルリーダーシップの調和は，慣用句としてはなじみのあるフレーズであったが，操作可能性が高い命題に分節化されることはなく，実証的な研究が蓄積されることはなかった（もちろんアンケートをすれば実証的研究となるわけではない）。他方，より抽象度の高い「問い」に昇華されることもなかった。教育委員と教育長との関係についての基礎研究がようやく登場したばかりというのが学界の現状である（大畠，2015）。

3. 教育長の政治性の発見と組織論およびリーダーシップ論への展開

　地方分権改革のインパクトである首長主導教育改革および教育委員会制度の危機に直面したことで，教育行政研究者は地方教育行政における民主性原理に強い関心を寄せるようになった。この関心を端的に示すのが Who governs? という「問い」である。首長を本人とする代理人たる教育長の制度化により，教育行政の中心アクターは制度上も運用上も首長と教育長のラインとなり，強・

86　第2部　社会と教育経営

教育長制ともいえる制度となった。そこでは教育委員と議会によるチェック，そして議事録の公開を通じた住民によるチェックも重要視されるようになった[7]。

　ここに至って，教育長の政治性は自明にすらなっている。そもそも，地方分権改革のインパクトの１つに政治家（首長，議員）の影響力行使が観察されるようになってきた。そのため，政治学的研究の重要性が指摘されるようになり，むき出しの政治あるいは合理的選択という分析視点が移入（直輸入）されるようになった。とくに，政策形成・立案過程のアクター間の関係についての研究が登場したのはその証左である（村上，2011：阿内，2014）。たしかに教育長ポストの政治性を意識することは，研究上重要ではある。ただし，政策決定について学術的な関心が寄せられることが多いものの，政策の実施過程研究は低調である（例外的に，青木，2013）。

　他方，教育長の専門性を問う研究が蓄積されつつあるが，地方政治との関連において専門性を分析するに至っていない。教育と行政の面での教育長の専門性が発見されたのは 1990 年代前半であり（雲尾，1993），さらに政治，教育，行政の３つの次元におけるリーダーシップも抽出された（河野，1997）。その後，このテーマについては単著も著されたが，政治的側面は依然として未解明のままである（佐々木，2006）。教育長の専門性を政治的側面との関係から考察することは，地方教育行政制度の現状からすれば，きわめて重要な研究課題である[8]。

　専門性を教育長単体で代表させる必要は論理的にも実践的にも低い。実際，中規模以上の都市では教育長と教育次長ポストそれぞれに教員籍と行政職のいずれかを配置し，その意味でのバランスをとることが多い。この点で，教育行政の組織論・機構論が必要になってくるが，多くは調査報告にとどまる[9]。そのなかで注目すべきは河野の研究である（河野，2017）。河野は地方教育行政に関する研究をレビューしたうえで，必要とされる研究領域として，教育委員会の組織論的研究をあげる[10]。具体的には，「教育委員会の行政目的を効果的に達成するための組織条件（教育長のリーダーシップ，職員のモラール，組織特性（組織

文化，組織健康など），あるいは組織の変容（変革））はどうあるべきか」（河野，2017，20頁）という研究課題を示している。そのうえで，市町村教育長のリーダーシップについて，①地域住民への対応，②教育ビジョンの明確化と現実化，③事務局職員への配慮，④首長（部局）・議会への対応，⑤学校・校長への専門的指導助言，⑥事務局職員等の人材育成をその構成要素として析出し，リーダーシップが教育委員会の組織特性（組織健康），事務局職員のモラール，教育委員会の会議の活性化に影響を与えていることを明らかにした（同上，266-267頁）。

4．教育経営学の観点からみた地方教育行政研究の今後の方向性

　河野の研究は，教育経営学における地方教育行政研究にとってきわめて示唆に富む。むしろ，なぜこれまで教育経営学（会・界）でこうした研究テーマに取り組む研究者が少なかったのかとすら思えてくる。学校に焦点を当てるという学会（界）としての研究戦略によって，過度に学校の自律性が強調されていたことがその原因かもしれない。すなわち，学校の管理機構である地方教育行政機構が研究対象から外れてしまいがちだったのである。つまり，学校の自律的なビヘイビアを理想とする分析視角が一般的であるため，それを「発見」しようとするあまり，管理機構をさほど重要視しなかったのであろう。

　地方分権改革期において，地方政府の政策選択の自由度が増すことが予期された際，同時に自律的学校経営も条件反射的に期待された。しかし，ストリートレベルの官僚制論をふまえれば容易に想像できるとおり，ストリートレベルの官僚制組織と，その上位組織（ここでは地方教育行政機構）との関係がそのような予定調和的なものになることはない。むしろ，独自の政策選択が可能となった地方政府が，その「出先機関」たる学校に独自政策の統一的な実施を強制するほうが自然である。

　このような状況認識をふまえると，教育経営学として，地方教育行政を研究対象とする場合，今後の展開は2つの方向で考えることができる。

　第一に，教育長をはじめとする教育行政職員の専門性，リーダーシップを検討することである。これは，政治学をディシプリンとするタイプの教育行政学

88　第2部　社会と教育経営

との棲み分けが可能となるという消極的意義にとどまらず，「経営」を名称に含む教育経営学にとって得意分野となりうるという積極的意義でもある。組織の経営者に焦点を当て，その専門性やリーダーシップを研究することは，経営という見方をすることで初めてみえてくる事象である。教育経営学にとってこの研究対象は本来「本丸」であるはずだろう。教育経営学における地方教育行政研究では経営者としての教育長が重要な研究対象となる。あるいは，教育行政機構（本庁組織）を1つの経営体とみて，組織論の観点から組織総体としていかに教育行政上の専門性を発揮するかを研究する領域が想定できる。具体的には教育長と教育次長が異なる属性（行政職，教員籍）であることを前提に，どういう組み合わせがよいかを考えるような研究である。さらに，首長部局と教育委員会本庁との間の人材交流をどうするかも重要課題である。学校事務職員と行政職員のいわゆる任用一本化はこれに関連する政策動向である。このように，教育行政組織を経営の観点からみて，何が必要な知識，経験，技能で，それらをどのように身につけるかを解明する必要がある[11]。

　第二に，教育経営概念の包括説を前提として，アクター間の力学や政策過程を検討する研究も依然として有力な研究分野である。いわば，フィールドを大きく拡大した政治学的分析である。政治学に依拠した教育行政学の単なる移入ではなく，それとの棲み分けを再び念頭においてみよう。教育経営学が教育委員会と学校の関係や学校管理職と教員の関係を研究してきたことを考慮すれば，地方教育行政研究の文脈にそれらを位置づけることで教育経営学ならではの強みが活かせる分野となると思われる（金子編著，1995；武井ら，2013）。たとえば，最近増えてきた地方政府独自の教育政策を事例として，政治家の影響力行使を念頭におきつつ，政策過程全般（立案，決定，実施の各局面）について，本庁から学校，教員を視野に収める研究である。

　とくに，分析枠組みとしてはストリートレベルの官僚制論を活用した政策実施研究が求められる[12]（Marschall *et al.*, 2011）。ストリートレベルの官僚制が政策を変容させることがあるという分析の視点を用いて，それにいかに対処するかは教育経営（学）上の論点となる。つまり，学校はストリートレベルの官僚

が働く場であるがゆえに，管理機構（日本では教育委員会事務局）の策定した政策を換骨奪胎したり，サボタージュしたりする。これはストリートレベルの官僚制の病理ではなく生理である。それを前提とすれば，無批判に学校の自律性を叫ぶのではなく，メタレベルの「経営」的視点をもった研究が可能となる。これは，学校管理職の研究に注力してきた本学会としては研究のフロンティアとなる領域である。

このように，学校と本庁組織，首長部局と教育行政機構との関係が研究の射程に入ってくれば，概念レベルとしては「独立性」の議論となってくる。中央銀行や司法の独立性の議論が参考になるだろう（青木，2014・2015）。

なお，2010年代における政治学をディシプリンとした地方教育行政研究は，本学会の伝統的な資源観を転換する契機となった。つまり，資源減少期であること，NPM型行政改革が教育領域にも適用され下部組織（学校）への分権が進んでいることをふまえて，資源が宛てがい扶持ではなく，経営者が自ら獲得するものへと変化したことを認識させる。すなわち，教育「経営」学の名称に込められていた「脱政治」スタンスが，その研究のあり方を方向づけていたとおり，所与である資源を前提にして，そのやりくりの仕方をマネジメントと称してきた見方をかえるものである。[13]端的にいえば，もはや政治の視点抜きに経営の研究は成り立たないということである。これはことによると，イデオロギー的研究に辟易したリアクションとして誕生した本学会の政治に対するスタンスを転換することになるかもしれない。しかし，ここで指摘しているのは研究者が政治運動に自ら参入したり，政治的意見表明の手段として研究者の社会的地位を利用したりすることを意味するものではない。あくまで経営が無味乾燥，無色透明な政治空間で行われるものではないことを念頭におくべきだといいたいだけである。

より新規なテーマとしては，文部科学省（中央政府）と地方政府の関係，大学と（地方）教育行政の関係，NPO・企業などと（地方）教育行政の関係が有望と思われる。異なる組織間の資源の流れ（移転，交換）をどうマネジメントするかという観点で研究すれば，それは，地方教育行政を対象とした文字どおりの

90 第2部　社会と教育経営

教育「経営」研究となるだろう。こうした研究は，資源のやりくりが求められる資源（人口，財政）減少期に入った日本を研究対象とする際に，有力なテーマとなりうる。

　なお，エリアスタディや歴史研究も 2010 年代の日本を対象とした教育経営学研究の貴重な情報源となる。2010 年代以降の現象を研究するために必要な分析枠組みは 2010 年代以降の観察からしか得られないわけではない。たとえば，辻村（2007）は地方教育行政組織の専門性という観点から 1950 年代を研究対象とする。アメリカを研究対象とした教育分野のリーダーシップ研究からも得るものは多い（篠原，2008；藤岡，2013）。

　本章が述べてきたのはそれほど複雑なことではない。筆者は，「経営（学）」の用語法を社会科学の標準的なものにしたうえで，論理的に導かれる研究テーマに取り組むことが，本学会に研究面での活力を与えることになると考えている。そして，本章で研究の蓄積を振り返ってきたように，学校に注力しすぎていた研究戦略や分析視角を少し修正すれば，それは可能であると思う。そして，そうした研究をするにあたっては，本学会がこれまで蓄積してきた学校（経営）研究は必ず大きな力を与えてくれると信じている。　　　　　　　　（青木栄一）

注

1）堀内（1996）は「（前略：引用者）公教育の組織化過程において，それを担う実体を異にする段階を 1 つの単位とする研究と，それらを『各論』や『個別論』としてそれらの接合関係を中心にその全体構造を対象とする研究とが必要とされる。前者は従来の教育行政学や学校経営学であり，後者をそれらとの関係で公教育経営学と位置づけることには十分な意義を認めることができよう」（7 頁）と述べ，解明すべき課題については「公教育経営学は，公教育という現代社会における 1 つの社会システム総体について，その意思決定から実施までの機能，過程，組織を分析的に解明し，またその理念－制度－実体の関係において価値的に承認された理念に基づく目的・目標達成を効果的，効率的に遂行するためのシステム設定とその操作の在り方を示すことを課題とするものである」（7 頁）と述べる。

2）しかし，教職課程の「経営的事項」という制度的裏付けがあるかぎり，このアイデンティティ問題は棚上げ可能である。免許・資格制度が研究のあり様を規定することは珍しくない。

3）「医療経営学は，医療倫理学・人間学，医療経済学，及び医学を始めとする医療諸科学

を基本要素とし，それらの均衡のとれた学術体系を目指すものです」日本医療経営学会ウェブサイト，http://www.world-meeting.co.jp/jaha/（2017 年 9 月 26 日確認）。

4）「医療・福祉，経営，経済，社会保障等の関連領域を担当する教職・研究者は無論のこと，医療・介護・福祉関連機関の解説者・管理者とその事務管理者・看護管理者，在宅を含む保健・医療・福祉領域の関連事業者，医療経営コンサルタント事業従事者など，医療経営に関連する各分野で活動しておられる広範の方々の賛同と参加を呼びかけるものです。」と記されている（日本医療経営学会ウェブサイト，http://www.world-meeting.co.jp/jaha/（2017 年 9 月 26 日確認））。

5）次のような領域についての研究…ティームティーチング（阿内，2014）；行政評価（大畠，2010）；教員給与改革（押田，2007）；政令市の区長への教育行政権限の委任（本田，2015）がある。しかし，いずれも単一事例研究が主体となっており，質的研究としては改善の余地が残されている。

6）アメリカを研究対象とする研究でも，首長主導教育改革（テイクオーバー）に着目する（小松，2006）。しかし，教育委員の任命制の導入という意味では，日本はすでに 1956 年時点でテイクオーバーが貫徹したともいえる（Henig，2013）。

7）そのぐらいしか制度上の対抗手段がなくなったことを示してもいる。

8）なお，筆者はリーダーシップ論について不案内であり，ここではさしあたりリーダーシップの一構成要素として専門性を位置づけている。

9）青木・本田・本多（2015）がこの問題に取り組んでいる。また青木・本田・本多（2015）で用いた質問紙を参照した調査結果が村上（2016）で報告されている。

10）なお，事務局組織の専門性を研究した青井（2016）；佐々木（2011），こども課を研究した島田（2009）；安宅（2009）がある。

11）この領域に関連した教育面での動きとして教育行政の専門職養成プログラムがあげられる。2016 年度時点で，兵庫教育大学に教育実践高度化専攻に教育政策リーダーコースが設置されている（専門職学位課程）。他方，政策研究大学院大学には公共政策プログラム教育政策コース修士課程が置かれるとともに，研修プログラムとして，教育政策上級プロフェッショナル養成研修も開講されている（2016 年度で終了）。

12）先述したとおり，政治学に依拠した教育行政学では政策決定（形成，立案）過程研究に偏重している。

13）本学会の伝統的な学校の資源観はおおよそ次のようなものであったといえる。すなわち，人件費は学校単位で管理する必要はなく（例：義務教育費国庫負担制度），水道光熱水費もまた本庁（教育委員会事務局）一括で処理されており，経営主体たる校長に与えられた資源は予算（カネ）ではない。そこで，校長の手元にわずかながらも配分された資源に着目して組織マネジメント（人間関係）やカリキュラムマネジメントが校長の主要なリーダーシップの発揮場面と考えられてきた。なお，余談であるが筆者はこれに時間という資源にも着目する必要があると考えている（タイムマネジメント）。学校を対象とした研究でもこのような状況であるが，この認識枠組みが地方教育行政の研究にも色濃く影響していると考えている。

14）希少な資源の獲得をめぐる組織間の政治闘争と考えれば政治学的研究となる。

文献・参考資料

阿内春生「市町村教育政策形成における議会の影響力―茨城県旧総和町を事例として」『日本教育行政学会年報』第 40 号，2014 年，38-54 頁

青井拓司「教育委員会事務局指導部門の組織及び行政職の人事・職務―京都市教育行政職を中心として」『日本教育行政学会年報』第 42 号，2016 年，96-112 頁

青木栄一『地方分権と教育行政―少人数学級編制の政策過程』勁草書房，2013 年

――「独立性からみた地方教育行政の制度設計上の論点」『自治総研』第 432 号，2014 年，26-52 頁

――「警察行政・消防行政との比較からみた教育行政の独立性」『日本教育経営学会紀要』第 57 号，第一法規，2015 年，24-39 頁

青木栄一・本田哲也・本多正人「都道府県・政令指定都市・中核市・特例市の教育行政に関する調査集計―教育行政職員の専門性・議会との関係・独自の教職員雇用」『東北大学大学院教育学研究科研究年報』第 64 巻 1 号，2015 年，197-227 頁

安宅仁人「基礎自治体における子ども行政の一元化に関する研究―教育委員会における『こども課』設置を中心に」日本教育制度学会『教育制度学研究』第 16 号，2009 年，102-114 頁

大畠菜穂子「地方教育行政における評価制度の導入―行政統制機能に着目した東京都中野区の事例分析」『日本教育行政学会年報』第 36 号，2010 年，106-122 頁

――『戦後日本の教育委員会―指揮監督権はどこにあったのか』勁草書房，2015 年

押田貴久「国準拠制廃止に伴う神奈川県の教員給与改革」『日本教育行政学会年報』第 33 号，2007 年，152-168 頁

金子照基『学習指導要領の定着過程―指導行政と学校経営の連関分析』風間書房，1995 年

雲尾周「教育長職における専門性の推移―資格制度及び職務規定からの分析」『日本教育経営学会紀要』第 35 号，第一法規，1993 年，83-96 頁

河野和清「教育長のリーダーシップに関する研究―市町村教育長のインタビュー調査から」『広島大学教育学部紀要（第一部教育学）』第 45 号，1997 年，37-46 頁

――『市町村教育委員会制度に関する研究―制度改革と学力政策の現状と課題』福村出版，2017 年

小松茂久『アメリカ都市教育政治の研究― 20 世紀におけるシカゴの教育統治改革』人文書院，2006 年

佐々木幸寿『市町村教育長の専門性に関する研究』風間書房，2006 年

――「地方教育行政組織における組織運営―指導主事の機能と教育委員会事務局の組織条件」『日本教育政策学会年報』第 18 号，2011 年，122-135 頁

篠原岳司「現代シカゴ学区における学力向上政策と学校改善計画―分散型リーダーシップの理論と『実践』」『日本教育政策学会年報』第 15 号，2008 年，153-166 頁

島田桂吾「自治体行政組織改革下の『子ども担当部局』の設置に関する事例研究―『首長

部局型』と『教育委員会型』の相違に着目して」『日本教育行政学会年報』第 36 号，2009 年，106-122 頁

武井哲郎・梅澤希恵・町支大祐・村上純一「教育課程特例校制度の影響と課題―教育委員会の意図と学校・教員の実施状況に着目して」日本教育制度学会『教育制度学研究』第 20 号，2013 年，167-180 頁

辻村貴洋「教育委員会制度創設期における自治体教育行政機構と地域教育計画―札幌市教育課程編成（1950-1952）の事例にみる専門的指導行政」『日本教育行政学会年報』第 33 号，2007 年，186-202 頁

南部初世「『教育経営』概念再構築の課題―『教育行政』概念との関連性に着目して」『日本教育経営学会紀要』第 50 号，第一法規，2008 年，14-25 頁

橋野晶寛『現代の教育費をめぐる政治と政策』大学教育出版，2017 年

藤岡恭子「米国都市学区における『学校風土』の開発と教育長のリーダーシップ― New Haven School Change における学習コミュニティの創造」『日本教育行政学会年報』第 39 号，2013 年，133-149 頁

堀内孜『公教育経営学』学術図書出版社，1996 年

本田哲也「指定都市の区長による教育行政への関与の分析―大阪市教育委員会の区担当理事を事例として」『日本教育行政学会年報』第 41 号，2015 年，126-141 頁

村上祐介『教育行政の政治学』木鐸社，2011 年

――「教育委員会事務局職員の専門性と人事・組織―全国調査の結果から」『東京大学大学院教育学研究科教育行政学論叢』第 36 号，2016 年，73-104 頁

Henig, J., *The End of Exceptionalism in American Education.* 1st ed. Cambridge (Mass.) : Harvard Education Press, 2013

Marschall, M., Rigby, E. and Jenkins, J., Do State Policies Constrain Local Actors? The Impact of English Only Laws on Language Instruction in Public Schools. *Publius : The Journal of Federalism*, 41 (4), 2011, pp.586-609

第9章　学校経営参加にかかる研究動向と今後の方向性

　本章の目的は，2000（平成12）年以降の『日本教育経営学会紀要』（以下，『紀要』）にみられる論稿を中心に学校経営参加に関する研究動向を整理し，今後の学校経営参加研究の方向性を示すことである。なお，『紀要』に掲載された関連する論稿は数多くあるが，紙数の都合により，限られた論稿しか取り上げることができなかったことをお断りしておく。

　学校経営参加は，この20年間の教育経営分野の主要トピックの1つである。学校と地域の関係の再構築を迫る学校選択制の拡大に続き，学校評議員制度，学校運営協議会制度（コミュニティ・スクール），学校関係者評価制度という，学校経営参加の法制化が進んだことにより数多くの研究が蓄積されてきた。

　本章では，学校選択制に関する研究の動向と学校経営参加の法制化（第1節），法制化された参加に関する研究の動向（第2節），意識調査や事例分析による研究の動向と保護者・地域住民との協働関係構築に関する研究の動向（第3節），今後の学校経営参加研究の方向性（第4節）について論じる。

1．学校選択制に関する研究の動向と学校経営参加の法制化

(1) 学校選択制に関する研究の動向

　1997（平成9）年1月の文部省初等中等局長通知「通学区域制度の弾力的運用について」により拡大された学校選択制について，葉養（2002）は通学区域の歴史的形成経緯，学校選択制の動向や類型を示したうえで，学校選択制の機能面に着目し，「既に，『地域』の実態は通学区域を越えたエリアへと拡大し，新たな地域の構造が築かれている場合もある」とし，「大事なのは，学校選択・通学区域の弾力化批判に謙虚に耳を傾けながら無理のない方式を考えることである。同時に，学校選択・通学区域の弾力化は，就学規則の変更戦略にしか過ぎないという事実に出発して，それを生かした教育経営プログラムを描く出すこと」（31頁）と指摘している。他方，品川区教育長（当時）の若月（2004）は，学校選択制は「あくまでも手段であって目的ではない」（126頁），「教育委員会が本当に狙っていることは，教員の意識改革」（127頁）であるとしている。

(2) 学校経営参加の法制化

　1998（平成10）年の中央教育審議会（以下，中教審）答申「今後の地方教育行政の在り方について」に基づき，2000（平成12）年4月の学校教育法施行規則の改正により学校評議員制度が誕生した。学校評議員は任意設置でありながら，2006（平成18）年の文部科学省調査では82.3％の公立学校に設置されている。その後，2004（平成16）年6月の地方教育行政の組織及び運営に関する法律の改正により，学校運営協議会制度が誕生し，「学校運営の基本方針の承認」「学校運営に関する意見」「教職員の任用に関する意見」が権限として付与された。2017（平成29）年4月1日現在，3600校が指定されている。さらに，2007（平成19）年10月の学校教育法施行規則の改正により，保護者，地域住民による学校関係者評価が努力義務とされた。学校評議員制度と学校運営協議会制度は意思形成での学校経営参加であり，学校関係者評価制度は学校評価での学校経営参加である。

2. 法制化された参加に関する研究の動向

(1) 学校評議員制度における参加に関する研究の動向

　『紀要』第43号の「公開シンポジウム：学校参加と学校経営の課題—学校評議員制度の可能性を探る—」では，「日常的な課題に対する持続的な参加に目が向けられなければならない」（窪田，2001，55頁），「リエゾンの役割を果たせるような人に学校評議員になってもらい，絆が十分に働くような仕事を実際にしてもらえば，学校の中の様子もよくわかり，学校に対して適切な意見も出してもらえる」（浦野，2001，58頁），「重要なことは，単に情報を公開し，説明することに意味があるのではなく，情報公開を通して保護者・地域住民の納得と信頼が得られることである」（柴田，2001，60頁），「これからの学校の経営責任は，内向するものではなく，外向きに，関係者を巻き込み，納得と信頼で繋がれたネットワーク型の協働体制となっていく」（木岡，2001，62頁）と指摘されている。

　同号の「課題研究報告：わが国教育経営研究の到達点と今後の課題—学校の

自律性と学校経営概念の再定位─」で林（2001）は，学校の意思形成システム
に関して，「保護者・地域の意思は，意思決定と意思形成の関係にあって，ど
のように学校の意思決定に内在化され，学校と保護者・地域との意思形成が図
られるかが問われる」(150頁）とし，『紀要』第48号の「特集：学校経営の自
律化に向けた評価と参加の在り方」で窪田（2006）は，学校評議員制度に対し
て指摘されている課題を整理したうえで，「学校評議員は学校の外部評価主体
として位置づけられつつあると考えるが，少なくともそう位置づけられている
限り，学校づくりの主体として意思決定過程に参加するという位置づけにはな
じまないことになる」(37頁）と指摘している。他方，金山（2005）は，志木市
の学校評議員制度である「地域立学校経営協議会」がもつ裁量や設置の条件設
定などをあげ，志木市独自の取り組みを紹介している。

　「研究論文」で三浦（2006）は，学校評議員制度の機能を規定する要因を分析
し，「会合における活発な意見交換や議論が促され，結果として評議員の成熟
度が高められる」(142頁），「個々の委員の成熟がその機能に強い影響を及ぼす」
(142頁）と指摘している。

(2) 学校運営協議会制度における参加に関する研究の動向

　『紀要』第44号の「特集：学校と地域の関係の再構築」で小松（2002）は，
当時，議論の途上にあったコミュニティ・スクール構想について，「コミュニ
ティ・スクールが，既存の学校システムを本当に超克できるかどうかは，教職
員集団がその専門性を向上させ，かつ彼らが児童生徒を含むすべての関係当事
者（ステークホルダー）と有機的に，構造的な関係を構築し，確かな教育内容と
方法を開発し，バランスの取れた柔軟な組織体質を創造できるかどうかにかかっ
ている」(51-52頁）と指摘し，シンポジウム「地方分権と教育経営」(『紀要』第
46号掲載）で金子（2004）は，「コミュニティ・スクールの基本的アイデアは，
要するに，活発な地域にいい学校ができるし，また，いい学校をつくろうとい
う地域活動が地域も活性化するということです」(126頁）と指摘している。他
方，浜田（2005）は，教育改革国民会議による構想では「『地域性』と『共同
性』とが切り離されており，『地域性』に制約されない『共通の紐帯』をもつ

人々のまとまり，すなわち，『テーマ・コミュニティ』による学校運営が想定されている」（163-164頁）ため，「個別学校レベルでの地域との関係性に不整合をはらむ点に留意すべき」（164頁）と指摘している。

『紀要』第47号の「特集：教育改革と学校経営の構造転換（2）自律的学校経営を担う学校経営者の在り方」で葉養（2005）は，学校評議員制や学校運営協議会の制度化に基づく「学校ガバナンスは，学校の管理運営を多様なステイクホルダー間の力学に移行させる」（43頁）としたうえで，「学校管理への参画ルートが制度化されればされるほど，それに乗れる人と乗れない人との区分けは明確化することになる」（44頁）とし，これらの参加制度がかかえる課題を指摘している。さらに仲田（2010）は，学校運営協議会の「無言委員」について，分析対象とした事例校では「『無言委員』が存在し，それが保護者に偏在している」（101頁）と指摘する。その理由として「保護者委員と地域委員の間に存在する地域での関係が，会議の場に影響を与えていること」（102頁）をあげ，「『生活の中の一個』としての保護者による学校支援と，『やる気満々』の地域委員の学校支援の差異は顕在化し，保護者は相対的に『非協力的』と位置づけられる」（107頁）ために，「既存のミクロ社会関係を温存する『雰囲気』をどうマネジメントするかが課題である」（108頁）と指摘している。関連して，学校運営協議会における保護者の位置を論じた著書（仲田，2015）とその書評（貞広，2016），学校運営協議会の導入による学校教育の改善過程を論じた著書（大林，2015）とその書評（大野，2016）がある。

『紀要』第54号の「特集：教育経営と地域社会」で佐藤（2012）は，教育委員会や校長への調査結果をもとに，「コミュニティ・スクールへの非受容意識は，『食わず嫌い』や『未知への不安』だけでなく，『取り越し苦労』にもよる」（9頁）とし，「学校と地域の関係は，従来の『協力』から『支援』に移りつつあり，さらに『経営参加』へと発展していくという形で再構築される必要がある」（11頁）と指摘している。関連して，コミュニティ・スクールの全国調査をまとめた編著書（佐藤編著，2010）とその書評（柳澤，2011）がある。

同号の「教育経営の実践事例」に，中学校での学校運営協議会会長としての

6年間の実践をまとめた屋敷 (2011) があり，『紀要』第54号の「公開シンポジウム：保護者・地域が支える学校運営の可能性を探る」には，京都市などのコミュニティ・スクールの事例を論じた西川 (2012) がある。

(3) 学校関係者評価制度における参加に関する研究の動向

　『紀要』第48号の「特集：学校経営の自律化に向けた評価と参加の在り方」のなかで堀内 (2006) は，「自己評価」「他者評価」「専門家評価」の次元と「内部評価」「外部評価」の次元を分けたうえで，「これまで広く使われてきた『自己評価』か『外部評価』か，という分別は，異なる次元の評価を対関係で捉えることにおいて意味を持たない」(10頁) と指摘し，続いて，「学校の『評価主体』としての保護者は，学校の諸活動にとって直接の行為者ではない状況においては，上でいう『関係者』としての『他者評価』の主体である。だがその参加によってなされる意思決定に対する評価については，保護者は『自己評価』主体に転ずることになる」(10-11頁) とし，「評価におけるその対象との位置関係や参加におけるその『関係者性』において，まずもって保護者の評価者性，参加者性を問うことが必要とされよう」(11頁) と指摘している。

　『紀要』第54号の「特集：教育経営と地域社会」において浜田 (2012) は，学校ガバナンスの課題を論じるなかで，「学校評価への地域住民・保護者の参加は，学校をとりまく多様なアクターどうしの相互作用からなるべき『学校ガバナンス』の重要な要素である。しかし，学校のステークホルダーと位置づけられるアクターが広範化・多様化するなかで，学校に対する『説明責任』の要請は，学校（校長）の関心を『地域・保護者対策』へと向かわせかねない」(30頁) とし，「学校が『説明』を求められる情報は，行政機関や医療機関，企業などと比べて，はるかに曖昧で多義的である。言葉や文書で説明するよりも，授業での教師と子どもとの相互作用場面をみる方が早い，ということも少なくない」(30-31頁) ため，「『その学校の教育の事実』そのものをオープンにすることに，関心が向けられなければならない」(31頁) と指摘している。

3. 保護者・地域住民との協働関係構築に関する研究の動向

(1) 意識調査や事例分析による研究の動向

　教職員や保護者の協働関係構築に関する意識調査による研究として，岩永・芝山・岩城（2002），岩永・芝山・橋本・岩城（2004）がある。前者は，「開かれた学校」，教育情報の公開・開示，学校評議員制度，学校選択に関する，四国4県の小・中学校の教職員を対象とした意識調査であり，「『開かれた学校』づくりに対する学校の準備性は高くなく，制度が意図する機能が十分に発揮される基盤は脆弱であるといわざるを得ない」（93頁）と結論づけている。また，後者では，9都県の小・中学校の保護者を対象とした意識調査であり，「保護者の学校への関与意欲は総じて高かったものの，現実に各学校において連携を促進していく際にはさまざまな困難が伴う」とし，「保護者の学校教育に対する意識には多様性があり，その関与意欲も領域により異なっており，いわば『層化』している状態である」（63頁）と指摘している。さらに，岩永（2005）は，「連携活動の質を規定する要件」として，①組織性，②総合性，③継続性をあげている（166-167頁）。

　柏木（2002）は事例分析により，学校と家庭・地域の連携による子どもへの効果として，「連携活動が大人の変容を媒介として子どもの周囲の環境及びそれらに対する子どもの認識を変え，子どもの行動や態度を向上させる」「間接的な効果」と「子どもが連携活動に参加することで経験の幅を広げたり楽しい思いをする」「直接的な効果」（104頁）を指摘している。また，横山・清水（2005）は2つの小学校を事例として，学校と地域の連携による合同運動会というイノベーションの継続的採用経過を比較分析し，「学校と地域の連携による教育事業を構想する際，学校経営組織内の問題と捉えるだけでなく，いかに地域社会と組織的にイノベーションの意味共有を図るかが，継続的採用のポイントとなる」（158頁）と指摘している。

(2) 保護者・地域住民との協働関係構築に関する研究の動向

　『紀要』第54号の「公開シンポジウム：保護者・地域が支える学校運営の可能性を考える」で広田（2012）は，「個々の学校の裁量範囲がごく限られている

ような学校参加に，誰がどこまで喜んで関与するのだろうか」（110頁）という「参加コストと裁量の問題には，ある種のジレンマが存在しているといえる」（111頁）と指摘したうえで，「学校の裁量を大きくして，保護者や地域の広い層の深い参加を促していく」，「学校の裁量を小さいままにしておいて，支援や参加を限定的なものにする」（111頁）という2つの方向性を示している。同じシンポジウムで小野田（2012）は，「子どもたちの家庭が，実に多様で複雑な側面を抱えていて，それが教育指導上・生徒指導上の多くの困難となって，結局は学校に降り注いでいる」（117頁）とし，「保護者と教職員の意思疎通がうまくいかずトラブルへと発展してしまい，教職員が保護者の動向に『見構え』，保護者も学校側のかたくなな姿勢に不信感を高めていく」ことから，保護者のためのガイドブック（小野田・金子，2003），保護者との関係性構築の実践（小野田，2008）に続き，『トラブル防止ナビ』の必要性（小野田，2012，117頁）を指摘している。また，『紀要』第55号の「公開シンポジウム：これからの参加型学校経営と教育ネットワークづくり―香川県での取り組みを事例として―」で佐古（2013）は，「学校を，児童生徒の育ちを媒介とした社会的ネットワーク（つまり児童生徒の育ちを媒介とした人々のつながり）の中心に位置するものとしてとらえづけ，関係者の信頼のネットワークを実現していくことこそが，今後の学校経営の目指すべき方向である」と指摘している（127頁）。

　なお，以上の研究に加え，諸外国の学校経営参加に関する研究もみられるが，紙数の都合により文献をあげるにとどめる。『紀要』第42号の「諸外国の教育経営事情：諸外国における学校参加の現状と課題」で，イギリス（小松郁夫，2000），ドイツ（坂野，2000），フランス（松原，2000），アメリカ（小松茂久，2000）の取り組みが紹介されており，「研究論文」としては，韓国の学校運営委員会を扱った研究（小島，2004），アメリカの共同的意思決定の導入・展開過程における校長の役割期待変容を扱った研究（浜田，2006）がある。

4．今後の学校経営参加研究の方向性

　窪田（2001）は，参加への契機を「①要求実現の方法としての参加　②教育

問題解決の方法としての参加（学校教育・家庭教育最適化方策）　③学校経営における公正確保の方法としての参加（校長裁量の正当性担保）　④教育活動の一環としての参加（教育課程充実化の支援，生徒の市民性育成）　⑤学校づくりの主体としての参加（学校教育の共同形成）」(55頁) の5点に整理し，「①と②は持続的な参加の契機とはなりにくい」「③から⑤のような日常的な課題に対する持続的な参加に目が向けられなければならない」(55頁) と指摘している。この窪田の整理を手がかりに以下，3点を指摘したい。

　第一に，参加の質とその向上を解明する研究である。ある参加主体に参加が学校経営にどのような成果や課題をもたらすのか，どのような参加主体の何に対する参加が学校経営の質を高めるのかである。岩永 (2013) が「参加型学校経営といっても様々なアプローチの仕方が存在すること」，すなわち，「これが最適であるといったモデルは存在せず，学校ごと，地域ごとにその形態は異なっていても一向にかまわないということ」と指摘するように，具体的な方法は多様である。「政策導入の意図せざる帰結や，社会的要因による政策実施上の制約」(仲田，2014，155頁) にも目を向ける必要がある。

　第二に，学校経営参加が一定の成果を得るために必要な参加主体の力量およびその向上に関する研究である。学校経営参加には参加主体に一定の力量が求められるとともに，学校経営参加を活性化させる環境整備も求められる。すでに，教員の「新しい専門性」(柳澤編著，2010；柳澤，2010)，学校の組織力 (玉井，2010)，校長のマネジメント (林，2012) が問われてきている。

　第三に，日本では参加主体として十分に認識されてこなかった児童生徒の経営参加に関する研究である。18歳選挙権時代を迎えた日本では，高等学校での生徒による学校経営参加が主権者教育やシティズンシップ教育として期待される。窪田 (2006) は「保護者や地域住民のみならず，生徒が学校運営に参加する仕組みが求められるようになっている」(35-36頁) と指摘しており，岩永 (2012) は「子どもが主体であるとはどのような状態を指すのか，換言すれば主体としての能力の発達段階イメージの精緻化」(20頁) が必要としている。さらに，「話し合うというプロセスそれ自体が信頼を育て，そして生徒を育てていく」

102　第2部　社会と教育経営

（山本，2013，117 頁），「児童生徒の学校経営参加をとおして，自分に必要な力を獲得していくことができる場を構想することにより，児童生徒の力を引き出し切れていない日本の学校システムを変革する必要がある」（柳澤，2013，129 頁）との指摘，ドイツの生徒参加の新たな展開に関する研究（柳澤，2015）がある。関連して，中学校での学校協議会の実践への研究者の支援に関する研究（押田・仲田・武井・村上，2011）がある。

（柳澤良明）

文献・参考資料

岩永定「学校と家庭・地域の連携の現状と課題」（シンポジウム：地域学校経営の可能性と課題）『日本教育経営学会紀要』第 47 号，第一法規，2005 年，166-169 頁

――「学校と家庭・地域の連携における子どもの位置」（特集 1：教育経営と地域社会）『日本教育経営学会紀要』第 54 号，第一法規，2012 年，13-22 頁

――「地域の教育力と学校運営協議会」（公開シンポジウム：これからの参加型学校経営と教育ネットワークづくり―香川県での取り組みを事例として）『日本教育経営学会紀要』第 55 号，第一法規，2013 年，122-124 頁

岩永定・芝山明義・岩城孝次「『開かれた学校』づくりの諸施策に対する教員の意識に関する研究」『日本教育経営学会紀要』第 44 号，第一法規，2002 年，82-94 頁

岩永定・芝山明義・橋本洋治・岩城孝次「保護者の学校教育に対する意識と学校関与意欲の関係―小・中学校の保護者調査を通して」『日本教育経営学会紀要』第 46 号，第一法規，2004 年，52-64 頁

浦野東洋一「学校改革と学校評議員制度」（シンポジウム：学校参加と学校経営の課題―学校評議員制度の可能性を探る）『日本教育経営学会紀要』第 43 号，第一法規，2001 年，56-58 頁

大野裕己「書評 大林正史著『学校運営協議会の導入による学校教育の改善過程に関する研究』（大学教育出版　2015 年）」『日本教育経営学会紀要』第 58 号，第一法規，2016 年，144-146 頁

大林正史『学校運営協議会の導入による学校教育の改善過程に関する研究』大学教育出版，2015 年

押田貴久・仲田康一・武井哲郎・村上純一「学校－家庭・地域の連携に向けた研究者の支援―志木市立志木第二中学校における学校協議会の実践」『日本教育経営学会紀要』第 53 号，第一法規，2011 年，92-101 頁

小野田正利「学校と保護者の良好な関係性構築のためのワークショップ実践」（教育経営の実践事例）『日本教育経営学会紀要』第 50 号，第一法規，2008 年，82-90 頁

――「地域でひたひたと浸透する孤立，不信，背負い込みを求められる身構える学校―実像の相互理解からのスタート」（公開シンポジウム：保護者・地域が支える学校運営の可能性を探る）『日本教育経営学会紀要』第 54 号，第一法規，2012 年，106-108 頁

小野田正利・金子伊智郎「学校と保護者との関係に焦点をあてた学校改善過程に関する研究事例—大阪大学・教育制度学研究室による『片小ナビ〜保護者のための片山小学校ガイドブック』の作成・配布を通して」(課題研究報告Ⅱ：学校経営研究における臨床的アプローチの構築 (2)—学校改善過程に関する事例研究を通して)『日本教育経営学会紀要』第 45 号，第一法規，2003 年，182-189 頁

柏木智子「学校と家庭・地域の連携に関する一考察—子どもへの効果に着目して」『日本教育経営学会紀要』第 44 号，第一法規，2002 年，95-107 頁

金山康博「地域学校経営の可能性と課題」(シンポジウム：地域学校経営の可能性と課題)『日本教育経営学会紀要』第 47 号，第一法規，2005 年，170-174 頁

金子郁容「公教育の構造改革・規制緩和の観点から」(シンポジウム：地方分権と教育経営)『日本教育経営学会紀要』第 46 号，第一法規，2004 年，124-126 頁

木岡一明「学校のアカウンタビリティと学校評議員制度」(シンポジウム：学校参加と学校経営の課題—学校評議員制度の可能性を探る)『日本教育経営学会紀要』第 43 号，第一法規，2001 年，60-62 頁

小島優生「韓国における学校運営委員会の組織と機能—教科書選定過程に着目して」『日本教育経営学会紀要』第 46 号，第一法規，2004 年，65-77 頁

窪田眞二「日本における学校参加の課題」(シンポジウム：学校参加と学校経営の課題—学校評議員制度の可能性を探る)『日本教育経営学会紀要』第 43 号，第一法規，2001 年，54-56 頁

——「学校経営参加制度の到達点とパースペクティブ」(特集：学校経営の自律化に向けた評価と参加の在り方)『日本教育経営学会紀要』第 48 号，第一法規，2006 年，28-40 頁

小松郁夫「イギリスにおける学校参加の現状と課題」(諸外国の教育経営事情：諸外国における学校参加の現状と課題)『日本教育経営学会紀要』第 42 号，第一法規，2000 年，116-117 頁

——「新モデル校としての『コミュニティ・スクール』」(特集：学校と地域の関係の再構築)『日本教育経営学会紀要』第 44 号，第一法規，2002 年，43-53 頁

小松茂久「アメリカにおける学校参加の現状と課題」(諸外国の教育経営事情：諸外国における学校参加の現状と課題)『日本教育経営学会紀要』第 42 号，第一法規，2000 年，120-121 頁

坂野慎二「ドイツにおける学校参加の現状と課題」同上，117-118 頁

貞広斎子「書評　仲田康一著『コミュニティ・スクールのポリティクス 学校運営協議会における保護者の位置』(勁草書房　2015 年)」『日本教育経営学会紀要』第 58 号，第一法規，2016 年，150-152 頁

佐藤晴雄「『新しい公共』に基づく学校と地域の関係再構築—コミュニティ・スクールの実態から見た新たな関係性」(特集 1：教育経営と地域社会)『日本教育経営学会紀要』第 54 号，第一法規，2012 年，2-12 頁

——編著『コミュニティ・スクールの研究—学校運営協議会の成果と課題』風間書房，2010 年

佐古秀一「参加型学校経営の現状とこれから─イベントから信頼のネットワークへの展望」（公開シンポジウム：これからの参加型学校経営と教育ネットワークづくり─香川県での取り組みを事例として）『日本教育経営学会紀要』第 55 号，第一法規，2013 年，126-128 頁

柴田幸雄「学校評議員制度と学校経営の実践的課題」（シンポジウム：学校参加と学校経営の課題─学校評議員制度の可能性を探る），『日本教育経営学会紀要』第 43 号，第一法規，2001 年，58-60 頁

玉井康之「保護者・地域との連携と学校の組織力」（特集：学校の組織力と教育経営）『日本教育経営学会紀要』第 52 号，第一法規，2010 年，37-47 頁

仲田康一「学校運営協議会における『無言委員』の所在─学校参加と学校をめぐるミクロ社会関係」『日本教育経営学会紀要』第 52 号，第一法規，2010 年，96-110 頁

──「学校─地域連携の社会学的探求の意義」（若手研究者のためのラウンドテーブル：教育経営学における新しい研究課題と方法の検討）『日本教育経営学会紀要』第 56 号，第一法規，2014 年，154-155 頁

──『コミュニティ・スクールのポリティクス─学校運営協議会における保護者の位置』勁草書房，2015 年

西川信廣「コミュニティ・スクールとスクールガバナンス─関西地方の事例から」（公開シンポジウム：保護者・地域が支える学校運営の可能性を探る）『日本教育経営学会紀要』第 54 号，第一法規，2012 年，112-115 頁

浜田博文「『地域学校経営』の概念とその今日的意義・課題─学校－地域関係の捉え方に焦点をあてて」（シンポジウム：地域学校経営の可能性と課題），『日本教育経営学会紀要』第 47 号，第一法規，2005 年，162-165 頁

──「アメリカ学校経営における共同的意思決定の展開と校長の役割期待変容─1970 年代～1990 年代フロリダ州におけるＳＢＭの展開過程を対象として」，『日本教育経営学会紀要』第 48 号，第一法規，2006 年，115-129 頁

──「『学校ガバナンス』改革の現状と課題─教師の専門性をどう位置づけるべきか？」（特集 1：教育経営と地域社会）『日本教育経営学会紀要』第 54 号，第一法規，2012 年，23-34 頁

林孝「学校の意思形成システムの再構築─保護者・地域の参加・連携に着目して」（課題研究報告：わが国教育経営研究の到達点と今後の課題─学校の自律性と学校経営概念の再定位）『日本教育経営学会紀要』第 43 号，第一法規，2001 年，147-153 頁

──「学校と地域との連携における校長のマネジメント」（特集 1：教育経営と地域社会）『日本教育経営学会紀要』第 54 号，第一法規，2012 年，35-45 頁

葉養正明「学校選択・通学区域の弾力化」（特集：学校と地域の関係の再構築）『日本教育経営学会紀要』第 44 号，第一法規，2002 年，22-32 頁

──「学校経営者の保護者・地域社会，子どもとの新たな関係」（特集：教育改革と学校経営の構造転換（2）自律的学校経営を担う学校経営者の在り方）『日本教育経営学会紀要』第 47 号，第一法規，2005 年，36-46 頁

広田照幸「保護者・地域の支援・参加をどう考えるか」(公開シンポジウム：保護者・地域が支える学校運営の可能性を探る)『日本教育経営学会紀要』第 54 号，第一法規，2012年，109-112 頁

堀内孜「学校の構造転換にとっての評価と参加」(特集：学校経営の自律化に向けた評価と参加の在り方)『日本教育経営学会紀要』第 48 号，第一法規，2006 年，2-15 頁

松原勝敏「フランスにおける学校参加の現状と課題」(諸外国の教育経営事情：諸外国における学校参加の現状と課題)『日本教育経営学会紀要』第 42 号，第一法規，2000 年，119-120 頁

三浦智子「学校評議員制度の機能を規定する要因の分析─制度運用の実態に着目して」『日本教育経営学会紀要』第 48 号，第一法規，2006 年，130-145 頁

屋敷和佳「学校運営協議会活動の模索と成果・課題─杉並区立向陽中学校における 6 年間」『日本教育経営学会紀要』第 53 号，第一法規，2011 年，124-133 頁

柳澤良明「学校経営における参加とガバナンス─学校ガバナンスを支える教員の『新しい専門性』」『学校経営研究』第 35 巻，2010 年，28-35 頁

──「書評　佐藤晴雄編著『コミュニティ・スクールの研究─学校運営協議会の成果と課題』(風間書房　2010 年)」『日本教育経営学会紀要』第 53 号，第一法規，2011 年，204-206 頁

──「児童生徒を中心とした参加型学校経営の意義と可能性」(公開シンポジウム：これからの参加型学校経営と教育ネットワークづくり─香川県での取り組みを事例として)『日本教育経営学会紀要』第 55 号，第一法規，2013 年，128-129 頁

──「ドイツの学校における教育と経営の融合─民主主義教育としての生徒参加を手がかりに」『学校経営研究』第 40 巻，2015 年，3-10 頁

──編著『学校変革 12 のセオリー』学事出版，2010 年

山本恵三「志度高校学校会議の取り組み─プロセスから結果へ，そして今再び，結果からプロセスへ」(公開シンポジウム：これからの参加型学校経営と教育ネットワークづくり─香川県での取り組みを事例として)『日本教育経営学会紀要』第 55 号，第一法規，2013 年，116-118 頁

横山剛士・清水紀宏「教育イノベーションの継続的採用を促す組織的要因の検討─学校と地域の連携による合同運動会の定着過程に関する事例研究」『日本教育経営学会紀要』第 47 号，第一法規，2005 年，145-160 頁

若月秀夫「品川区での教育改革課題をもとに」(シンポジウム：地方分権と教育経営)『日本教育経営学会紀要』第 46 号，第一法規，2004 年，126-128 頁

第10章　地域コミュニティと学校にかかる研究動向と今後の方向性

　教育学研究において「地域と学校」は，戦後の社会的変化にかかわらず，長年にわたって今日に至るまで繰り返し論じられ続けてきたテーマである。しかし，ここでいう「地域」とは，果たして何を意味しているのかという問題を抜きにしては考えられないにもかかわらず，それが特定されないまま，多様な論点を含み込みながら論じられてきたために，しばしば抽象的な論議へと拡散してしまうものであった。そうした問題とまったく無縁とはいえないとしても，少なくとも教育経営学研究においては「教育経営」という事象から問いかけるものであったという点では，それなりに具体性を帯びたものとして課題化され，論じられてきたといってよいであろう。

　しかしながら，わが国において「地域コミュニティと学校」を直接的にテーマに掲げた研究は，それほど昔から教育経営学研究の分野において登場していたわけではない。少なくとも明確に「地域コミュニティ」という言葉を用いた研究が登場してくるのは，のちに述べるようにせいぜい1990年代前後からといってもよいであろう。しかし，そのことは教育経営学研究において，このテーマが意識化されていなかったことを意味するものではない。むしろ「教育経営学」の登場そのものが，当時の社会的背景とそのもとでの教育経営学研究に対するある種の社会的要請を基盤としてのことであった。つまり，歴史的には教育経営学が新たな研究領域として浮上し，学問世界に登場してきた段階から，このテーマと必然的な結びつきをもっていたことを見逃してはならない。

　したがって，ここではこのテーマが今日までどのような観点から取り上げられ，取り扱われてきたのか，今日，どのような研究上の課題があるのかについて論じることを課題とするが，「教育経営」学研究，とりわけ「地域教育経営」とのかかわりに注目して，どのような経緯において登場し，そのもとでこれまで何が論じられてきたのか，論じられてこなかったのかを振り返ることとし，改めて今後の研究の課題や方向性について示唆を得ることとしたい。

1.「地域コミュニティと学校」にかかるこれまでの研究動向

　OPACで文献検索するかぎりでは，このテーマを直接的に取り扱った研究

としてはこれまで170件近くの文献が公表されているが，以下のようにおよそ5つの視点から取り上げられてきている。年代を追って整理すると，次のようになるであろう。ただし，ここでは地域医療や交通，コンピューターネットワーク，環境資源関係などに絡むものは省き，また，教育に関するものについてももっぱら教育経営に関係するものに限定していることをお断りしておく。

　第一には，「学校週五日制」への移行に伴って，地域における子どもたちの「受け入れ」場所をどう確保するのかが現実的な課題として浮上し，そこから「地域コミュニティと学校」との関係が論じられるようになってきた。長らくの間，わが国では，学校は土曜日こそ午前中のみの半日授業であるにしても，週六日制が当たり前のものとされてきたが，1992年9月から月に1回だけ土曜日休業が実施されるようになり，ついで1995年4月からは隔週で土曜日休業が，そして，2002年4月からはついに完全学校週五日制へと移行した。それまで学校で授業が行われていた土曜日が休日となることで，児童生徒たちの学校以外の地域での「受け入れ」先をどこにどう確保するのかが大きな問題となった（いわゆる「受け皿」論）。

　第二には，1995年1月17日に発生した「兵庫県南部地震」（阪神・淡路大震災）を契機として，大規模自然災害のなかで「地域コミュニティと学校」が果たす役割や，そうしたなかでの教育保障をめぐる相互の関係性についても議論されるようになった。とりわけ，都市部においては，地域社会における住民相互の濃密な人間関係が解体されているところで，災害への対応そのものはもとより，被災後の被害の拡大防止に課題が生じたことが指摘され，被災後の学校の教育機能の回復を含めて，あらためて地域コミュニティの果たす役割が再確認され，議論されるところとなった。また，当然ながら，地域ぐるみの防災教育の普及の必要性についても，危急の課題として論じられるところとなった。

　第三には，1998年の中央教育審議会（以下，中教審）答申「今後の地方教育行政の在り方について」において，「自主的・自律的な学校経営」の推進が掲げられたことから，地域コミュニティの育成と地域振興のあり方，「地域コミュニティと学校」との関係性などが議論されるようになった。これに関連して，

「地域」の学校運営への「参画」や，さらには地域コミュニティ再生の核としての学校改革が論じられるようになった。とくに，前者に関連して，学校評議員制度（2000年），学校運営協議会制度（2004年），学校支援地域本部事業（2008年）の新たな制度はもとより，地域協議会，三者協議会や四者協議会などそれまで地域のなかで取り組まれてきた実践が注目されるところとなり，それらの実践事例の報告や分析が多数なされるようになった。これについては，今に至るまで引き続き研究がなされてきている。

　第四には，大都市部への人口集中の結果として，都市周辺部において住宅地開発が進んだことにより生まれた新たな地域コミュニティと，それによる地域社会の変容とのかかわりにおいて教育のあり方が問われるようになり，学校のあり方が議論されるようになった。また，もともとの地域コミュニティとその教育力の衰退のなかで，それらへの対応をどうすべきなのかが問題となっていった。

　第五には，上記の大都市部への人口集中とは裏腹の関係にあるが，他方では，地方において人口の過疎化が着々と進行し，それに伴う地域社会の衰退のなかで学校統廃合が急速な広がりをみせるようになり，こうした状況の下での「地域コミュニティと学校」との関係が深刻な課題として議論されるようになった。

　政策的には，地方におけるまちづくりの振興が喧噪されるところとなったが，日本全体として，これまで問題として十分には自覚されてこなかった人口減少社会化現象と，その下での地域コミュニティの衰退・消失を含む大幅な変容のなかで，「地域コミュニティと学校」との関係が問われるところとなり，その実態解明を含めた研究がなされるようになった。

　以上は，いずれも教育経営学の観点から研究の展開が可能なものであり，今後もさらに追究していくこと期待されているが，これらの論点の多くは，わが国における教育経営学研究の登場と密接な関係性をもっており，ここで改めてそのことを確認しておく必要があると思われる。

2. 教育経営学会の誕生と「地域コミュニティと学校」にかかる問題状況

「教育経営学会」は，1958年6月24日東京大学教育学部に10数名の研究者が集まって開催された研究会に端を発し，同年12月13日の会則制定をもって正式に学会として発足している。[1]この当時，大学の講座名や学科名などに用いられていたのは「学校経営」であったにもかかわらず，新たに発足する学会名に「教育経営」を掲げたのは，1956年の地方教育行政の組織及び運営に関する法律（以下，地教行法）の制定に伴う公教育体制をめぐる大きな変化や，当時の高度経済成長に連動した教育経営環境の変動などを背景として，教育学研究に新たな研究領域を切り拓く必要性を強く意識してのことであった。[2]

小島弘道は「個別学校を経営単位とする学校経営論の見直しと，教育委員会を単位とする地域の教育の再編の必要が強調され，その必要を実践と理論のレベルで満たそうとしたのが『教育経営』概念を創造する契機であった」[3]としている。つまり，それまでの単位学校経営論の枠組みから脱して，教育委員会を主体（経営単位）とする地域の教育の再編が構想されるようになり，「教育経営」が論じられるようになったこと，また，当初からある意味では「地域教育経営」ともいうべき要素を内包していたことを指摘している。

こうしたなかで，個別学校を経営単位としてそのなかで自己完結する，それまでの主流であった単位学校経営論は変化を求められるようになり，経営単位を教育委員会レベルにまで広げ，地域コミュニティとの関係において「地域の教育の再編」をどうするのか，そこで学校がどう位置づけられるべきなのかが問われるようになっていったのである。「地域コミュニティと学校」という問題を議論するうえで，このように地域教育経営論が当初から重要な意味をもっていたことはきわめて重要である。

とはいっても，議論はそれほど簡単なものではなく，非常に大きな課題をかかえていたことも忘れてはならない。小島は，当時，「教育の国家統制をより能率的に，合理的に行うためにおし進められてきた教育行政体制の再編成の事実と，資本の利益を最優先してすすめられてきた高度経済成長のなかで変貌してきた社会構造に対して批判的考察がなされないまま，ただ，そうした事実を

110　第2部　社会と教育経営

前提に，学校の経営と地域の教育をそれに対応させるためにどう再構成したらよいかということにもっぱら関心が向けられてしまっている。教育の自由を前提とする自律的な学校経営の否定と地域（社会）の破壊ということが上述の事実の結果であったことを考えれば，主観的な意図はともかく『教育経営』という考えによる教育運営の再編は必ずしも子どもの教育とその組織化における改善にはつながっていかなかったように思われる[4]」としている。この指摘は，「教育経営」論が，誕生当初から向かい合わなければならなかった課題と，それに対する当時の対応がかかえていた限界性を示すものであった。

　すなわち，「教育経営」論は当初から当時の「地域コミュニティ」の再編と密接な関係をもって議論が始められていただけではなく，その地域再編の事情に規定されて，最初から重要な課題をかかえていたのである。

　この点に関して，北神正行は2010年代までの地域教育経営論を俯瞰するなかで，先の小島の批判的な問題提起を受け止めて，「教育経営」という用語が固有の領域と研究対象を有するものとして用いられるようになったのは，1960年代の高度経済成長政策に基づく人材開発論を背景とした行政機能の拡大と中央集権化を背景とする時代状況下のことであり，とくに，1956年の地教行法の制定によって中央集権的行政システムが確立したことにより，自律的な学校経営の基盤が後退したこと，また，人材開発論による教育の多様化政策が，その能力主義的政策とも相まって，落ちこぼれや非行など学校教育の危機を拡大させる一要因であったことを，課題として認めている[5]。

　ただし，「教育経営」の発足期におけるこうした問題点には同意しても，それが具体的にはどのような問題状況であったのか，どこにどのような問題が生じていたのか，それを教育経営学研究としてどう受け止めたのか，あるいは受け止められなかったのかについての具体的な追及は決して十分とはいえない。

3. 1980年代以降の「地域教育経営論」の下での「地域コミュニティと学校」

　北神は，1980年代の臨時教育審議会（以下，臨教審）を出発点とし，1990年代後半から活発化し，その後へと続く「教育改革」は，小島が指摘したような

問題をもつ教育行政の体制を変容させるものであったとして，以下のように論じている。

　たとえば，1986年の臨教審の第二次答申は，教育行政改革の基本方向の1つとして「地方分権の推進」を掲げ，国・地方の役割の分担の見直しと教育委員会の使命の遂行と活性化を提言し，1987年の第三次答申は，「開かれた学校と管理・運営の改善」として「開かれた学校経営」を提示し，さらに1998年の中教審答申「今後の地方教育行政の在り方について」を契機とする「現代教育改革」は，国と地方，学校と行政，学校と地域社会の間での教育経営機能の再配分（再構築）が，地方分権，規制緩和のもとでの学校の自律性確立，地域住民の学校経営や教育行政への参加制度などとして具体化され，さらに地域自治体レベルでも独自の取り組みが進められたとしている。これらは「教育行政の地方分権化，教育の地方自治という新たな教育経営システムのもとでの『経営主体』としての地域社会の在り方を問うものだといえる[6]」と，高く評価している。そして，以下のような当時の研究者の議論に依拠して，1980年代以降の「地域教育経営」論においては，教育経営の「主体」としての「地域社会」の位置づけや意味づけに新たな展開を見てとっていたとの評価を下している。

　「地域教育経営」論として本格的に検討されるようになっていったのは1980年代に入ってからとされているが，たとえば，日本教育経営学会編『地域教育経営の展開』（1987年）のなかで，河野重男は「地域社会を基盤とする教育経営」と表現して，その意味合いと意義について以下のように論じている[7]。

　河野は「教育経営」を「教育の目的を効果的に達成するために，多様化し多元化している現代の教育主体と教育機能を全体的にとらえ，それらを統合し，関連づけるという視点に立って，教育の営みを把握していこうとする概念」と定義し，教育経営が学校経営と同義に受け止められているのは，教育主体や教育機関を学校に限定しているからであり，「今日では，家庭教育・学校教育・社会教育・企業内教育など，およそ社会のあらゆる教育の営みを全体的にとらえ，また，幼児教育から青少年教育，高齢者教育に至る全過程を関連的・総合的に把握する教育の経営という視点が要請される」としている。

従来の単位学校の内部経営に限定された「閉じられた学校経営」から，経営の主体や経営の単位を中心に「開かれた学校経営」へと転じていくことこそが「教育経営」の志向するところだとし，それをもって「地域社会を基盤とする教育経営」としているのである。

　また，こうした新たな「教育経営」概念が必要とされている背景として，第一に，「教育をめぐる急激な社会変動への対応」や，「都市化に伴う教育条件の再編成」「人口構造の変化と生活圏の拡大への対応」「カリキュラム編成の問題」，第二に，臨教審の「生涯学習体系への移行」「教育環境の人間化」といった教育改革理念の具体化に向けて，子どもをとりまく学校・家庭・地域の教育機能や役割の問い直しと三者の連携という視点から「地域における教育経営」のあり方を捉える必要性，そして第三に，教育の基盤である地域社会の変質，すなわち「コミュニティとしての成立基盤である『地域性』と『共同性』を喪失し，地域社会としての連帯機能が希薄化」している状況を改善し，新たな「コミュニティ形成」の役割を担うものとして「地域教育経営」を位置づけていく必要性をあげている。

　これに対して，吉本二郎は，当時の状況について「時代の変化につれて，いよいよ複雑化する現代社会においては，教育事象の統一的把握の必要性は著しくその度を増してきている。昭和40年代から急速に展開されてきた生涯教育論や社会の情報化論等の文明史的インパクトをもってしても，教育経営への切実な要請が必然視されてくる」との認識を示し，「総体的な教育をいかに経営するかは，学校教育と社会教育を問わず，学校経営と教育行政の垣根を越えて，統合された教育の経営という概念によって導かれなければならない，現代の教育課題となってきた」としている。このように，吉本にとって教育経営学とは「新しい時代における教育事象を総括的に把握し，展開する理論体系」であり，試論的にではあるが「教育経営は各地域社会が意識的・意図的に，教育事象の効果的推進を目指して行う営為である」と定義し，「地域社会は学校を営む教育意思と教育手段を有することによって，共同化された教育課題を果たそうとする。この限りで地域社会は教育経営の主体となりうる」としたのである。[8)]

このように吉本が「地域社会」を「教育経営の主体」として位置づけようとしたのは，「人間形成としての教育は，地方的であると同時に，現代においては国家的な営みでもある」としながらも，「現行法上は教育自治の体制をとり，初等中等教育については設置者管理（学校教育法第5条）のたてまえをとっていることから考えて，教育経営の第一義的責任を地方社会においていることが明らかであり，その意味からしても，地方社会を教育経営の主体とすることが妥当である」との理由によっている。

　ここでいう「地方社会」の実質をどう捉えるのかが，きわめて重要な論点となるが，少なくとも吉本は「現代の課題として，臨教審は教育行政の規制緩和を謳い，これに伴って学校の管理・運営に主体性と責任を取り戻す方向が論じられている」との理解に立って，臨教審による教育改革において「現代において学校の主体性と責任を強調する措置は妥当といえよう」と評価している。それが地教行法の見直しによる地方教育行政システムの変更と，それに基づく学校の主体性を確保するものであるとの前提に立って，地域社会が教育経営の主体となりうることを指摘したものと捉えることができる。

　この点にかかわって，北神も吉本の理解について，「それは，国と地方との関係での『教育自治』の問題であり，また，地方教育行政における住民自治の問題だといえる」と評していることは，きわめて興味深い。そして，以上のような1980年代以降の「地域教育経営」論における基本的な枠組みの1つとして「教育自治」「教育の地方自治」に基づく「経営主体としての地域社会」という視点があるとし，地方教育行政における住民自治，住民参加という視点からの再構成を，「地域教育経営」論の現代的課題としてあげている。

　問題は，果たしてそれが臨教審改革の本質であったのかどうか，また，その後の教育行政改革は，果たして学校の主体性と責任を認めるような方向性で展開していったといえるのかどうかにある。しかし，少なくとも北神は，1990年代以降の「地域教育経営」論についても，岡東壽隆らを引いて，生涯学習社会という観点と教育の地方自治という観点からの新たな展開を見てとれるとし，「地域社会を基盤とする生涯学習の総体を捉える理論」として構築していくこ

114　第2部　社会と教育経営

とが期待される課題の1つであると総括し，行政主導による生涯学習社会の取り組みに対して，学習者自身の主体性や自己主導性に立脚した「地域教育経営」という発想が改めて求められていると締めくくっている。

こうした観点に立って，「地域教育経営」論を再検討し，「地域社会を基盤とする生涯学習の総体を捉える理論」として構築していくことが，教育経営学に期待される課題の1つだというのが北神の結論である。[9]

さらに，その後も，2006年の改正教育基本法の制定，それに基づく2007年の教育関連三法の成立，そして2008年の教育振興基本計画の策定と，教育経営をめぐる環境はさらに大きく変わるところとなったことを指摘しているが，それ以来，すでに10年近く経っており，改めてその評価の妥当性が問われている。

4. 現代的課題としての「地域コミュニティと学校」

先述のように，1987年の臨教審第三次答申以降，政策においても「開かれた学校」づくりが提唱されるようになり，1996年の中教審答申「21世紀を展望した我が国の教育の在り方について」（第一次答申）では，臨教審が提唱した「開かれた学校」づくりとは異なる視点から提唱され，そこでは，保護者・地域住民にボランティアや講師として学校に協力してもらうなど，地域の教育力を生かしたり，家庭や地域社会の支援を受けることに重点がおかれるようになったことから，保護者・地域住民を「主体」としてというよりも「資源」として活用した学校づくりをめざす傾向を強めたとの指摘もある。[10] 学校施設を地域住民に対して開放したり，また，学校評議員制度をはじめとしてさまざまな仕組みが取り入れられてきたのは確かであるとしても，学校運営をともに行っていくということについては，その実態において，決して，根本的な進展があったとはいえないであろう。

しかし，ここにきて，「地域コミュニティと学校」にかかわる問題は，今日，さらにもう一歩踏み込んだ政策的な展開をみせてきている。たとえば，2015年12月の中教審答申「新しい時代の教育や地方創生の実現に向けた学校と地域の連携・協働の在り方と今後の推進方策について」では，「『開かれた学校』

から更に一歩踏み出し，（中略）地域と一体となって子供たちを育む『地域とともにある学校』へと転換していくこと」をめざしているとしており，さらに，この問題にかかわる政策サイドからの最新の教育改革の全体像を示すものとして文部科学省の「『次世代の学校・地域』創世プラン」（2016年1月）がある。

これは，一億総活躍社会の実現と地方創生の推進のため，学校と地域が一体となって地域創生に取り組めるよう，2015年12月に出された中教審の3つの答申（「新しい時代の教育や地方創生の実現に向けた学校と地域の連携・協働の在り方と今後の推進方策について」「チームとしての学校の在り方と今後の改善方策について」「これからの学校教育を担う教員の資質能力の向上について～学び合い，高め合う教員養成コミュニティの構築に向けて～」）を統合し，その内容の具体化を強力に推進するために策定した執行計画書ともいうべきもので，2016年から5年間にわたる取り組み施策と改革の工程表が示され，2016年度には教育公務員特例法などの改正が行われている。

同プランは，「次世代の学校創世」と「次世代の地域創世」を両輪としており，前者については「地域と学校の連携・協働の推進に向けた改革」（コミュニティスクールの設置促進），「学校の組織運営改革」（教職員の指導体制の充実・多様な専門家によるチーム体制の構築・マネジメント機能の強化），「教員制度の養成・採用・研修の一体改革」を内容とし，後者は，「地域と学校の連携・協働の推進に向けた改革」（地域学校協働活動の推進），「地域が学校のパートナーとなるための改革」（地域コーディネーターの配置促進・地域への学校開放の促進），「地域と連携・協働する教員の養成・研修等」を内容としている。

ここで「次世代の学校創世」と「次世代の地域創世」の両輪をつなぐ車軸として「教員養成・研修の改革」が位置づけられていることは，これまでの「地域コミュニティと学校」をつなぐ議論にはみられなかった新たな観点であり，きわめて重要なものとして注目すべきものといわざるをえない。

さらにもう1つ注目されるのは，今回の学習指導要領の全面改訂（2017年）のなかで，60年ぶりに学校における教育課程の意義が語られ，「社会に開かれた教育課程」という提起までもがなされるようになっていることである。

116　第2部　社会と教育経営

学校の施設が地域社会に開放されるようになり，文字どおり地域住民や保護者が学校のなかに足を踏み入れるようになったのは，確かな変化であろう。また，その実質はさておくとしても，学校評議員のようなかたちでそれまで一切かかわりをもたなかった人たちが，少なくとも学校の運営にかかわって情報を提供されたり，意見を申し述べる機会ができてきたことも確かである。その限りでは，きわめて部分的とはいえ，学校運営への関与の途が開かれたといえよう。しかし，今回はそれらの動きをさらに大きく超えて，社会とのかかわりにおいて教育課程編成にまで立ち入るものであり，これまでの提起の域を大きく超えるものになろうとしていることを考えなければならない。

　かくて「地域コミュニティと学校」の問題は，教育経営，地域教育経営論の登場から始まって，ここにきて一般的な教育参加の域を超えて，いよいよ教育課程の問題にまでつながり踏み込んで行こうとしていることはまちがいない。そうした認識を前提として，最後に，今日的な研究課題に言及するならば，あらためて「戦後教育改革期のモデル（発想）」に今一度，立ち返って考察する必要があるのではないかということである。たとえば，「教育におけるアドミニストレーション」が問題として問われたのは，戦後教育改革期においてのことだったが，当時は「教育経営」という言葉が存在せず，それまでの「教育行政」という言葉でくくられてしまっていた。たしかに，1947年に制定された教育基本法10条そのものには「教育行政」という言葉があてられてはいたが，明らかに第一項では「教育の直接責任」制が明示され，公教育責任の経営形態が語られていた。これに対して第二項で示された「教育行政」は，公権力機関による狭義の教育行政について語られている。

　そして，その具体的な公教育経営の姿は，じつは「地域コミュニティと学校」の問題として，戦後初期の学習指導要領において示されていた。実態としては，「地域公立学校教育（課程）経営」ともいうべきものであるが，教育課程経営と不即不離の関係において，その像が描き出されていたのである。

　以来，じつに70年の時を経て，今日，提示されてきている「社会に開かれ

た教育課程」という提起は，きわめて当時のモデルと類似性が高いものでありながらも，これまで経てきた歴史を顧みるとき，あまりにも隔たりがあるといわざるをえない。この点についての解明こそが，「地域コミュニティと学校」というテーマを今日的に説き明かす鍵ではないかと思われる。　　　（植田健男）

注
1）日本教育経営学会ウェブサイト。http://jasea.jp/about/purpose/ （2017 年 11 月 6 日確認）。
2）同上。
3）小島弘道「教育経営概念の検討」『日本教育経営学会紀要』第 25 号，第一法規，1983年，33 頁。
4）同上，34 頁。
5）北神正行「『地域教育経営』論の再検討課題と教育経営学」『日本教育経営学会紀要』第 51 号，第一法規，2009 年，24 頁。
6）同上。
7）河野重男「第 1 章 地域教育経営の構想」日本教育経営学会編『地域教育経営の展開』ぎょうせい，1987 年，1-17 頁。
8）吉本二郎「教育経営の課題　教育と教育経営」日本教育経営学会編『現代日本の教育課題と教育経営』ぎょうせい，1987 年，223-233 頁。
9）北神，同上，32 頁。
10）三浦智子「保護者・地域住民の教育要求と学校・教職員の関係についての予備的考察」『東京大学大学院教育学研究科紀要』第 50 巻，2010 年，345-353 頁。

第11章　ソーシャル・キャピタルにかかる研究動向と今後の方向性

1. ソーシャル・キャピタルと教育経営学

　ソーシャル・キャピタル（以下, SC）とは, 人々の協調的行為を促進させる「人間関係」に焦点をあてた資本であり,「調整された諸活動を活発にすることによって, 社会の効率性を改善できる, 信頼, 規範, ネットワークといった社会組織の特徴」（Putnam, 1993=2001, 206-207頁）を意味する。SC概念の構成要素として, 信頼, 規範といった認知的側面とネットワークとしての構造的側面がある[1]。ただし, SC概念に定式化されたものがあるわけではない。研究関心に従って, いずれか1つの構成要素に注目したり, 信頼, 規範, ネットワークの蓄積に順序性があると論じたり, それらの累進的増減や共変関係を検討したりする。

　それゆえ, 世界的に注目を集めているSC概念への批判は多い。たとえば, 定義の多義性ゆえの批判, 人間関係に関連する比喩的概念としてのSCと計測指標への疑念, これまでの既出概念にSCとラベルを貼り替え, 新たなものとしてみせているだけではないのかという批判がある。これらに対し, 三隅（2013）は, SCが, 実体のない社会構造や人と人との関係性の諸要素を規定のやり方で測定して,「民主主義の成熟などと関係づけることが意味をもつような議論枠組みを提供した」（ii頁）点を科学的営みとして評価し, 概念的な多義性ゆえに求心力を有し, 既存社会学にブレイクスルーをもたらす可能性に言及する。

　教育経営学は, 学校の自律性確立を前提として, 教育目的・目標の達成に向け, 教育活動にかかわる人々の関係性のあり方を, 組織論や経営論および隣接学問領域の視点を用いて読み解くものと考えられる。そのため, 校長のリーダーシップや教員の同僚性, 学校と学校外との連携・協働など, 学校内外における人と人との関係性に関連する研究がこれまで進められてきた。SC論と教育経営学は,「人間関係を扱う学」という点で共通しており, SCは多様な関係性と構造のなかで営まれる教育的営為を論じるための新たな枠組みや視点を提供するものであるといえる。

119

2. ソーシャル・キャピタル概念のミクロ・マクロ次元と研究の視座

(1) ソーシャル・キャピタルの効果研究

稲葉（2011, 36-37頁）によると，SCは，マクロ・ミクロを縦軸とし，社会構造・価値観を横軸とする4次元に分けられる。教育経営学研究にかかわり重要なのは，ミクロからマクロまでのどの範囲の財としてSCを捉えるのかという視点である。公共財としてのSCはマクロの次元，クラブ財（特定のグループ・コミュニティ所有）としてのSCはマクロとミクロの中間であるメゾレベルの次元，私的財（個人所有）としてのSCはミクロの次元となる。パットナム（2001）やColeman（1988）は，公共財とクラブ財に焦点を当てた共有財としてのSC論を展開しており，社会的な共有財としてのSCが，社会の成員全員に何らかのプラスの機能を果たすと考える立場をとる。一方，リン（2008）やBurt（2001），Bourdiue（1986）は，SCをミクロな個人のもつ社会関係とし，それが個人に何らかの便益をもたらしていると考える立場をとる（筒井2007）。

SCと教育に関する研究では，いずれの次元の研究も進められつつあるが，SC概念を用いる場合，それが特徴として有する研究の視座をふまえておく必要があるだろう。1つ目は，共有財としての人間関係を効率的・効果的な資本として取り扱う点である。社会疫学分野で有名なカワチら（2013）は，個人のリソースとしてのSCでは，ソーシャル・サポート概念と何らちがいがないとし，「SCという概念を用いることの有用性は，われわれの関心対象を，個人ではなく，個人が埋め込まれた社会構造へと向けさせる点にある」（5頁）と述べる。それは，たとえば，なぜあるクラスはほかのクラスと比べて，子どもの欠席率が低く，学習意欲が高いのか，という問いを主たる関心とするものである。つまり，ある現象の規定要因を，集団・組織レベルで示される当該集団の構成員間の関係的要因にあると示すところに利点がある。露口（2016b）では，学級レベルでのつながりが，学級レベルでの学習意欲の向上と学習意欲の格差抑制に効果を有するとしている。

このような集団間の因果関係の分析によって新たな知見が蓄積されつつあるが，一方で「地域レベルで認められた変数間の関連は，必ずしも個人レベルで

120 第2部 社会と教育経営

存在する関連を表すものではない」（濱野・藤澤，2007，34頁）という生態学的錯誤が生じる可能性が指摘されている。そのため，集団・組織の社会的要因であるSCが，個人にどのような影響を与えているのかを調べるために，集団・組織レベル（SC）と個人レベル（たとえば学力）の要因を加味したマルチレベル分析の手法による研究が推奨されている。それによって示される共有財としてSCの意義は，そのスピルオーバー効果にある。当該コミュニティ・集団に所属しているだけで，それらの有するSCの恩恵を受けられるというものである。たとえば，A学級に所属しているだけで学習意欲が高まり学力があがる，B地区に住んでいるだけで長生きができるといったようにである。

　教育経営学研究では，マルチレベル分析によって，子どもの学力や学習意欲が，家庭環境がもたらす影響よりも，児童相互のつながりや教師と児童たちのつながりによって直接規定されることが示唆されている（露口，2016a，23頁）。本結果は，学校におけるSCの格差抑制効果を表すものであり，学力と学習意欲に対する学校・学級集団の有用性がデータによって示されたといえる。そのほか，人間関係づくりを学ぶカリキュラム開発によって醸成された生徒をとりまくSCのストレス反応抑制効果が明らかにされている（露口ら，2014）。一方，児童の主観的健康に対しては，学校レベルのSC要因よりも児童個人レベルの要因によって説明される部分が大きいとする結果が示されている（田村・今野・永井，2016）。こうした研究によって，集団やつながり合いの力を教育経営としてどう戦略的に扱い，どのレベルのSCを強化すべきかがみえてくる。

　そのほか，学校SCの子どもへの教育的効果に関しては，諸外国における研究成果から，SCが子どもの学業成績（Goddard, 2003），退学抑制（Coleman, 1988），問題行動の抑制（Parcel & Dufur, 2001），いじめや暴力の減少（Gottfredson & Dipietro, 2011）に正の影響を及ぼすことが明らかになっている[2]。また，子どもの学力向上と教師をとりまく信頼（教師−管理職，教師，保護者，子ども間）との関連性が指摘されている（Bryk & Schneider, 2002など）。こうしたSCの効果に関する量的研究の推進によって，これまで事例や経験則として語られてきた，学校や学級内，地域や家庭内における人々の関係性の教育的達成に及ぼす

影響が，客観的根拠をもって明らかにされつつある。しかしながら，日本では
いまだ十分な調査がなされていない。キー・コンピテンシーに含まれる非認知
的スキルの計測を含めて，多次元で多角的な SC の効果研究の実施が望まれる。
なかでも，教師をとりまく SC の効果研究は，生徒のアウトカムにちがいが生
じるメカニズムを，教師の個人的資質や能力に関する議論として収斂させるの
ではなく，学校が有するダイナミックな関係性の渦の中に投じるものであり，
教育経営学の進展にとって重要であると考えられる。

(2) ソーシャル・キャピタルの醸成研究

　SC 研究の有する視座の 2 つ目は，SC の醸成に関するもので，(1) で示され
た効果をもたらす人間関係という資本がいかにミクロからマクロへと移行・拡
大・発展するのかを取り扱う点にある。2 つ目の視座は，教育経営を「公教育
経営」と位置づけ，「教育の主権者たる国民の教育意思を始点とし，個々の学
校における教育活動の結果を終点とするもの」(堀内，2014，7 頁) とする定義
と重なる。この定義には，公教育の意思決定から実施までのプロセスとそのシ
ステムの経営に，国民の教育意思が政治・行政過程を経て学校教育の内実とし
て具体化される循環が描かれており，マクロからミクロな視点までが一連の過
程として幅広く含まれている。ここからは，教育経営学と SC 論の重視する点
の重なりがうかがわれ，二者間の SC がいかに特定集団へと，そして特定集団
から集団間へと，さらには地域，地方，国へと醸成され，集合意思と集合行為
へと発展していくのかというマイクロ・マクロ・リンクの観点を有する教育経
営学研究の重要性が示唆される。

　教育を通じての SC の醸成研究は，大きく分けて，単位学校内，単位学校と
地域，複数学校と複数地域の次元で進められつつある。単位学校内における
SC 醸成研究として，授業研究を通じての教員間 SC の醸成研究 (露口，2012)
や，カリキュラム開発を通じての子どもをとりまく SC の醸成研究 (露口，
2016b) などがある。これらは，教育課程経営を通じての SC 醸成の可能性を明
らかにしたものであり，今後の進展が望まれる。

　つぎに，単位学校と地域に関する研究では，学校支援地域本部事業，学校評

122　第 2 部　社会と教育経営

議員制，学校運営協議会，コミュニティ・スクールといった学校と地域との連携推進組織を通じてのSC醸成に関する研究が報告されている（平井，2007；大林，2011など）。これらからは，制度やそれによる組織化がSCを醸成する糸口となることが示されている。また，閉校記念行事がSC醸成に一役買った研究（上村，2013）のように，学校統廃合とコミュニティづくりへの視点を併せもったSC醸成に関する研究は，人口減少社会における持続可能な学校経営システムの開発（日本教育経営学会課題研究，2014-2016）が求められる今日，重要なものである。この次元には，ミクロな関係がマクロな広がりをもつSCへと発展するための契機が見受けられる。

　一方，川上（2005）は，学校間・自治体間という広域な範囲設定と，出身校から現在に至るまでの経歴を含めた時系列設定を組み合わせた校長の相談・情報収集ネットワーク形成について述べている。教育経営学は，そもそも公教育に関連する広範な対象・範域を射程に収めており，SC研究のマイクロ・マクロ・リンクに関連させ，SC醸成の対象範囲を拡充するこうした研究は有意義である。加えて，極小規模校の教育活動を充実させる基盤としての他校との多元的ネットワークの構築（丹間，2016）や，柔軟なカリキュラム実施のための学校概念の転換と地域連携・自治体間システムづくり（ネットワーキング）（水本，2016）は，SC醸成のための新たな視角を提示している。

　SCは，これまで教育経営学で扱われてきた協働性や同僚性を高めるための資本であり，マイクロ・マクロ・リンクの観点を有するSC醸成のための知見は教育経営学研究の発展につながるであろう。次節では，教育経営学研究にとってSCを分析概念として用いる有用性について具体的に検討する。

3．ソーシャル・キャピタルのネットワーク構造と教育経営学研究

（1）ソーシャル・キャピタル概念の諸形態

　まず，SC概念の諸形態について述べる。SCには，主にネットワーク構造に即して３つの形態がある（Woolcock, 2001）。すなわち，結束型（bonding），橋渡し型（bridging），連結型（linking）である。これらは，SCの質を決定する構造

を表すものといえる。

　結束型は，たとえば町内会，自治会，同窓会といった同質的な利害や背景を
もつ人々の固い結びつきをさす。結束型の集団内の信頼は厚く，内部志向性を
もち，閉鎖的なネットワークと結びつけられる。橋渡し型は，異質な利害や背
景をもつ人々のゆるやかな結びつきをさす。NPO やボランティアグループな
どの市民活動団体が代表的な例である。橋渡し型の集団内の信頼は広く薄く，
外部志向性をもち，開放的で水平的なネットワークと結びつけられる。連結型
は，社会階層の異なる個人や集団間のつながりをさす。それは，社会的弱者と
公的機関との垂直的なつながりも含める。

　SC の諸形態のうち，その長短を比較されるのが結束型と橋渡し型である。
結束型の SC の利点は，強い絆が集団内の信頼や安心を生み出すところにある。
それは，組織内部での改革の実行可能性を高めたり，生活の安定を促したりす
る。ただし，結束型の集団は内向きであり，排他性や帰属集団への利益誘導が
強く現れたり，内部規範が個人の自由を制約したりする欠点を併せもつとされ
ている。結束型 SC と「しがらみ」は表裏一体であり，結束型集団のなかでは
言いたいことが言えない，不正を見て見ぬふりをするなどのマイナス面が生ま
れる（稲葉，2011）。また，結束型の特徴は，テロなどの反社会的行動を引き起
こす要因にもなり，SC のダークサイドとして指摘される（Warren, 2008）。

　結束型の SC の欠点を補い，さらなる社会的利益を生むのが橋渡し型の特徴
の１つである。橋渡し型の利点は，異質な人々を対等に結びつけ，社会の平等，
公正，寛容，自由といった側面にアプローチするところにある。そうした市民
的積極参加のネットワークは，より広い範囲の社会的諸セグメントを包絡する
可能性が高く，一般化された互酬性とともに社会的信頼と協力を促進するとい
う。ただ，誰でもグループに参加できるということは，退出も容易な場合が多
く，互酬性の規範が通用せず，メンバー間の協調性を欠くことが多いのが欠点
となる（稲葉，2011）。

(2) ネットワーク構造の質と教育経営学研究

　教育経営学と SC 論の根本的なちがいは，教育経営学が学校の自律性確立を

めざし，そこに民主主義的価値を内在させる一方で，SCは人間関係を基盤とした，あくまで「資本」であり，SC論ではそのあり方や方向性についての善し悪しの判断を基本的に有しているわけではないという点にある。そうであるからこそ，SC概念を用いることでみえてくるものがあり，それが，ネットワーク構造の質である。

　先行研究では，たとえば地域コミュニティのSC醸成に対して，以下のような懸念が示されている。当該コミュニティの成員全員にとってその規範が望ましいと受け入れられるのかどうか，特定の保護者・住民の意向が強く反映されてしまったり，偏狭な人間関係を助長する負の側面もあるのではないか（平井，2007）。SCが醸成されつつあるものの，ネットワークの凝集性ゆえに，参加が義務づけられ負担になっている場合も見受けられる（荻野・中村，2012）。これらは，かつての新井（1987）による，伝統的コミュニティの閉鎖的で拘束的な性質についての警鐘と重なる。そして，当時から，拘束からの自由と参加する自由の双方を保障し，開放性をもったコミュニティの必要性が説かれていたが，その後，こうした観点を分析枠組みとして有する研究はほとんど提出されていない。

　SC概念は，先にも指摘したように，結束型・橋渡し型SCとして人間関係や集団の質を分類する視点を有しており，協力や協調が簡単に「しがらみ」に転じてしまったり，協働がダークサイドを有してしまったりする側面を分析可能にする。たとえば，社会疫学の分野では，対等・平等な関係で出入り自由な水平的SCの豊かな地域に暮らしている人は，その人自身が地域組織に参加しているいないにかかわらず，残歯数が多いという結果，さらに，結束型SCを有する組織に参加する高齢者が多い校区では，要介護リスクをもつ人がむしろ多いという結果が示されている（近藤，2014）。教育経営学研究では，学級経営について分析するなかで，学級の質を結束型・橋渡し型SCの視点から分類し，その子どもへの影響を整理した研究（蘭・高橋，2012）や，教員間・ミドル間の水平的あるいは同僚・ミドル間の垂直的ネットワークの自律的学校改善コミュニティへの効果とそれを促進する校長のリーダーシップのタイプを解明した研

究（吉村・木村・中原，2014）などがあるものの，そうした観点からの研究成果は数少ない。今後は，単に集団としてつながれば成果が出るという単純な図式ではなく，ネットワーク構造の質と関連づけての効果の析出が求められる。

　ただし，SC の形態それぞれに長短がある点をふまえ，目的や時期に応じてそれぞれの長所を利用する方策も検討する必要がある。たとえば，Weisinger & Salipante（2005）は，ボランタリー団体は多元的な多様性を維持するために，まず結束型の SC に依拠し，その後橋渡し型の SC を創造する必要性を指摘する。柏木（2016a）も，地域の結束型 SC は学校と地域の連携の原動力として有用であり，その後橋渡し型 SC へと移行する重要性について述べる。そもそも，学校組織が，官僚制的な垂直的ネットワークの特徴と，同僚性を育むための水平的ネットワークの両特徴を有するものである。SC の視点を有する教育経営学研究では，目的と時期に合わせて，学校のどこにどのような質の SC を醸成すべきか検討し，そのためのリーダーシップはどのリーダーシップか，教員間の関係性はどのようなものか，そして，それらをどの程度組み合わせることで効果的な経営が可能となるのかといった知見の提出が可能となるであろう。

(3) 社会ネットワーク分析と教育経営学研究

　教育経営学研究における SC の有用性の 2 点目は，社会ネットワーク分析の手法によって，「同僚性」や「リーダーシップ」概念をネットワーク構築の問題として捉え直し，ネットワーク全体や自分の周りがどのように変化し影響を及ぼすのかを考えられる点で実践性の高いところにある（川上，2009）。量的な社会ネットワーク分析は，アクターの集合としての社会構造を数学的に分析し，個人間・集団間・組織間の関係を点（●）と矢印（→）で描く場合が多い（金光，2003）。関係性が量的に把握されて可視化されるため，目標達成のために誰と誰の，あるいはどことどこのつながりを強めたり，変えたりすればいいのかについて示唆が得やすく，現状を改善するための介入の糸口を見いだしやすい。教育経営学や近接領域では，学校や住民の一部に集中していた権限と責任を分散させる公民館事業のあり方について，社会ネットワーク分析を用いて検討した佐藤（2014）の研究があるが，これ以外のものは管見の限りみあたらない。

社会ネットワーク分析の利点を活かし，八巻（2014）に示されるように，誰が
あるいは誰と誰がどういった階層構造でリーダーシップを発揮し，その結果ど
の程度の SC が形成され，誰が外部からの資源を入手しているのかなどに関す
る解明は教育経営学研究においても重要であると思われる。

4．ソーシャル・キャピタルの偏在と公正性の追求

最後に，私的財としての SC の偏在について述べておきたい。個人に大きな
便益をもたらす私的財 SC の偏在は，社会的経済的上位層の SC が豊かで，下
位層の SC が貧しいという特徴をもって現れるため，社会の不平等の促進へと
つながる（Bourdieu, 1986；Lin, 2001）[3]。保護者間の管理的な閉鎖的ネットワーク
の学業達成と退学抑制効果（Coleman, 1988）は有名であるが，それと不平等理
論とのつながりが指摘されている（Horvat, et al., 2012）。

その克服のために，たとえば垂水（2015）は，社会経済的下位層の親の学校
参加の工夫として，学校行事や PTA 活動の時間設定の変更，親のスキル向上
や学習資源へのアクセスを得られる仕組みの構築を学校に求める。そのほか，
柏木（2016b）では，教師・友人間による水平的ネットワークが退学抑制に有効
であることを明らかにし，そうしたネットワーク形成を促すカリキュラム開発
の必要性を指摘する。古田（2015）でも，アメリカの事例から，貧困地域の子
どもの社会参加を可能にするカリキュラムの有用性が述べられている。これら
は，学校が社会的排除や再生産論の克服に橋渡し型・連結型 SC 醸成を通じて
一定の効力を発揮することができ，多様な課題をかかえる子どもたちにアプロー
チ可能であることを示している。

かつて，葉養（2005）は，コミュニティ・スクール制度化に向けて論じるな
かで，学校の管理運営への参画ルートが制度化されればされるほど，それに乗
れる人と乗れない人との区分けが明確化し，協働統治の方式が特定構成員を排
除して成り立つことをガバナンスの自己矛盾と指摘していた。私的財としての
SC の偏在は，自己矛盾論と親和的であり，しかしながら，自己矛盾論を打開
するのも SC の役割であり，ミクロなレベルでの包摂とそれがマクロなレベル

第11章　ソーシャル・キャピタルにかかる研究動向と今後の方向性　**127**

へと広がるための SC 醸成の工夫が求められる。それは，パットナムの勧める市民的積極参加のネットワークの拡充と民主主義社会の構築と重なり，効率性だけではなく，公正性を有する SC への着目となる。今後，SC 研究の有する階層的視点を用いた教育経営学研究の蓄積が求められるであろう。（柏木智子）

注

1）ネットワークとは「アクターと呼ばれる行為者としての社会単位が，その意図的・非意図的な相互行為のなかで取り結ぶ社会的諸関係の集合」（金光，2003， i 頁）である。SC論で重視される規範は，相互依存的な利益交換としての互酬性の規範である。結束型にみられる閉鎖的な集団内における特定の相手との間で成り立つ互酬性の規範は特定化互酬性である。一方，「お互い様」という言葉に表されるような，社会全般での互酬性の規範は一般的互酬性として橋渡し型に分類される（稲葉，2011）。信頼とは，相手の意図に対する期待である（露口，2012）。
2）詳しくは，露口（2011）を参照。
3）共有財としての SC の偏在も，地域間格差を助長し社会の不平等を促進するが，これについては稿を改めて検討する。

文献・参考資料

新井郁男「地域教育経営の課題」日本教育経営学会『地域教育経営の展開』ぎょうせい，1987 年，269-295 頁

蘭千壽・高橋知己「学級を変えるコミュニティの力」『千葉大学教育学部研究紀要』第 60巻，2012 年，359-364 頁

稲葉陽二『ソーシャル・キャピタル入門』中央公論新社，2011 年

大林正史「学校運営協議会の導入による学校教育の改善過程」『日本教育行政学会年報』第 37 号，2011 年，66-82 頁

荻野亮吾・中村由香「地域における社会的ネットワークの形成過程に関する研究」『東京大学大学院教育学研究科紀要』第 52 巻，2012 年，233-250 頁

柏木智子「学校と地域の連携による校区ソーシャル・キャピタルの醸成」露口健司編著『ソーシャル・キャピタルと教育』ミネルヴァ書房，2016 年a，64-86 頁

——「子どもの『つながり』を醸成するカリキュラム・マネジメント」露口健司編著『「つながり」を深め子どもの成長を促す教育学』ミネルヴァ書房，2016 年b，94-122 頁

金光淳『社会ネットワーク分析の基礎』勁草書房，2003 年

上村勤「閉校に直面した地域における住民と学校職員との協働について」上越教育大学学校教育実践研究センター『教育実践研究』第 23 集，2013 年，319-324 頁

川上泰彦「学校管理職による情報交換と相談」『日本教育経営学会紀要』第 47 号，第一法規，2005 年，80-95 頁

──「教育経営研究と『社会ネットワーク分析』」『日本教育経営学会紀要』第 51 号，第一法規，2009 年，116-119 頁

カワチ，イチロー・高尾総司・スブラマニアン，S.V.「序論」『ソーシャル・キャピタルと健康政策』日本評論社，2013 年

近藤克則「領域別にみたソーシャル・キャピタル　1 ソーシャル・キャピタルと健康」稲葉陽二他『ソーシャル・キャピタル』ミネルヴァ書房，2014 年，66-96 頁

佐藤智子『学習するコミュニティのガバナンス』明石書店，2014 年

田村砂弥香・今野雅裕・永井順國「子どもの健康」露口健司編著，前掲書，2016 年 a，32-48 頁

垂水裕子「香港・日本の小学校における親の学校との関わり」『比較教育学研究』第 51 号，2015 年，129-150 頁

丹間康仁「地域づくりを視野に入れた極小規模校の経営と学校統廃合」『日本教育経営学会紀要』第 58 号，第一法規，2016 年，101-107 頁

筒井淳也「ソーシャル・キャピタル理論の理論的位置づけ」『立命館産業社会論集』第 42 巻第 4 号，2007 年，123-135 頁

露口健司「教育」稲葉陽二・大守隆・近藤克則・宮田加久子・矢野聡・吉野諒三『ソーシャル・キャピタルのフロンティア』ミネルヴァ書房，2011 年，173-195 頁

──『学校組織の信頼』大学教育出版，2012 年

──編著『ソーシャル・キャピタルと教育』ミネルヴァ書房，2016 年a

──編著『「つながり」を深め子どもの成長を促す教育学』ミネルヴァ書房，2016 年b

露口健司・柏木智子・生田淳一・増田健太郎「生徒を取り巻く『つながり』はストレス反応を抑制できるか？」『九州教育経営学会研究紀要』第 20 号，2014 年，25-33 頁

濱野強・藤澤由和「ソーシャル・キャピタル研究のマルチレベル分析の適用可能性」『新潟医療福祉学会誌』7（1），2007 年，33-37 頁

葉養正明「学校経営者の保護者・地域社会，子どもとの新たな関係」『日本教育経営学会紀要』第 47 号，第一法規，2005 年，36-46 頁

平井貴美代「コミュニティ・スクールとガバナンス」小島弘道『時代の転換と学校経営改革』学文社，2007 年，209-220 頁

古田雄一「アメリカの貧困地域の学校におけるシティズンシップ教育の意義と可能性」『日本教育経営学会紀要』第 57 号，第一法規，2015 年，110-124 頁

堀内孜『公教育経営概説』学術図書出版社，2014 年

三隅一人『社会関係資本』ミネルヴァ書房，2013 年

水本徳明「人口減少社会時代における学校再編」『日本教育経営学会紀要』第 58 号，第一法規，2016 年，108-113 頁

八巻一成・茅野恒秀・藤崎浩幸他「過疎地域の地域づくりを支える人的ネットワーク」『日本森林学会誌』96（4），2014 年，221-228 頁

吉村春美・木村充・中原淳「校長のリーダーシップが自律的学校経営に与える影響過程」『日本教育経営学会紀要』第 56 号，第一法規，2014 年，52-67 頁

第11章　ソーシャル・キャピタルにかかる研究動向と今後の方向性　**129**

Bourdieu, P. "The Forms of Capital," in John G. Richardson (Ed.). *Handbook of Theory and Research for the Sociology of Education*, Greenwood Press, 1986, pp.241-258

Bryk, A.B & B. Schneider *Trust in schools: A core resourece for improvement*, Russell Sage Foundation, 2002

Burt, R.S. "Structural Holes versus Network Closure as Social Capital," Nan Lin, Karen Cook, & Ronald Burt (Eds.). *Social Capital: Theory and Research*, Aldine de Gruyter, 2001, pp.31-56

Coleman, J.S. "Social Capital in the Creation of Human Capital," *American Journal of Sociology*, vol. 94, 1988, pp.S95-S120

Goddard, R.D. "Relational networks, social trust, and norms: A social capital perspective on students' chances of academic success", *Educational Evaluation and Policy Analysis*, 25 (1), 2003, pp.59-74

Gotttfredson, D. & S.M. Dipietro "School size, social capital, and student victimization" *Sociology of Education*, 84 (1), 2011, pp.69-89

Horvat, E.M, Weininger, E. B, & Lareau, A. "From Social Ties to Social Capital: Class Differences in the Relations Between Schools and Parent Networks," *American Education Research Journal*, vol.40, no.2, 2003, pp.319-351（稲垣恭子訳「社会的紐帯から社会関係資本へ」苅谷剛彦・志水宏吉・小玉重夫『グローバル化・社会変動と教育』東京大学出版会, 2012 年）

Lin, N., *Social Capital: A Theory of Social Structure and Action*, Cambridge University Press, 2001.（筒井淳也・石田光規・桜井政成・三輪哲・土岐智賀子訳『ソーシャル・キャピタル』ミネルヴァ書房, 2008 年）

Parcel, T.L. & Dufurm M.J. "Capital at home and at school: Effects on child social adjustment" *Journal of Marriage and Family*, 63 (2001) pp.32-47

Putnam, R.D. *Making democracy work: Civic tradition in modern Itary*, Princrton University Press, 1993.（河田潤一訳『哲学する民主主義』NTT 出版, 2001 年）

Warren,E.M. "Chapter5: The Nature and Logic of Bad Social Capital", Castiglione, D., Van Deth, J.W. & Wolleb, G. (Eds) *The Handbook of Social Capital*, Oxford University Press (2008)

Weisinger, J. Y. & Salipante, P. F. "A Grounded Theory for Building Ethnically Bridging Social Capital in Voluntary Organizations", *Nonprofit and Voluntary Sector Quarterly*, 34 (1), 2005, pp.29-55

Woolcock,M. "The Place of Social Capital in Understanding Social and Economic Outcomes", in J.F. Helliwall (Ed.) *The Contribution of Human and Social Capital to Sustained Growth and Well-being: International Symposium Report*, Human Resourced Development Canada and OECD, 2001

第12章　少子化社会にかかる研究動向と今後の方向性

1．教育における少子化という問題

　わが国の少子化対策は，エンゼルプラン（文部・厚生・労働・建設省4大臣合意「今後の子育て支援のための施策の基本的方向について」，1994）および新エンゼルプラン（大蔵・文部・厚生・労働・建設・自治の6大臣合意「重点的に推進すべき少子化対策の具体的実施計画について」，1999）に端を発するとされるが，少子化がもたらす社会システムへのマイナス影響が，広く社会に，一定の現実味をもって共有されたのはむしろ近年になってからであろう。2010年代になって，労働力不足や，公共財としての年金制度や健康保険制度を破壊する危険性が切迫して語られ，いわゆる増田レポート（日本創成会議・人口減少問題検討分科会，2014）が消滅する都市を具体的に析出したことによって，ようやく，少子化は近い将来を左右する社会課題として多くの人に認識されたといえる。

　今日では，主要な社会的課題の1つとされる少子化であるが，短期的には公教育にとって福音となることもある。たとえば，一人ひとりの子どもの成長を大切に見守り，保障するべきというマインドは，社会全体で自ずと強くなる。また，初等中等教育に関しては，政策的に下げることがかなわない学級規模が，子どもの減少によって縮小し，機動的学級編成などの工夫を行わなくとも，少人数指導が実現できるようになる。ただし，それは子ども数の減少フェーズのあくまでも一時期であり，その後，学級が単学級となり，さらにその学級規模が10名を下回って，複式学級が現実的になると，「極小規模学校」として，当該学校の再配置が自治体の重要な政策課題となる。さらに，学校の小規模化は，これまでは，学校再配置の政策課題として研究されてきたが，多様な意見の往還を前提とする対話的学びが重視される学習指導要領（2017年3月公示）においては，少人数での展開には困難性を伴うことになり，小規模校のあり方が学習保証上の課題となると考えられる。

　高等教育や学校外教育に関しても，新たな社会課題と研究対象の広がりがもたらされる。まず，高等教育に関しては，定員割れする大学の経営と再配置が課題となる。具体的対応は，社会で求められる人材像の変容を見据え，かつ地域に大学が存在することが人口流出を鈍化させる側面（人口ダム機能）をもつこ

131

とにも目配りをしながら，戦略的に検討されるべき課題となる。一方，学校外教育をみると，各家庭の子どもの数が少なくなれば，一人当たりの学校外補習学習費は上昇することが予測されるが（貞広，2013），こうした事態が，教育達成分布の全体構造や学校外教育市場に何をもたらすのかは現時点では必ずしも明確ではない。これらは，直接的に教育経営学研究としての研究対象とはされないかもしれないが，地域や社会のなかの教育を，大きな動向から捉えるには重要な点である。

　本章では，これまでと同じ趨勢で少子化が進行することを前提に，少子化社会にかかわる教育経営学研究の研究動向を整理し，今後とくに研究が求められる重点課題について，その方向性を考えていきたい。なお，本章では，少子化を出生率の低下とし（武川，2008），少子化自体というよりも，少子化から派生する諸問題の観点から事柄を整理していく。

2. 教育経営学研究の到達点

　教育経営にかかわって，これまで中心的な研究対象となってきたのは，学校の小規模化と学校統廃合をめぐる課題である。このうち，学校統廃合については，自治体のさまざまな対応を事例的に取り上げる研究のみならず，そのプロセスの政治性や，その後の地域への影響を分析する研究などが蓄積されてきた。その一方で，学校の小規模化はこれからも進行すると考えられ，学校間距離が大きいと学校統合は困難になり，現時点でも学校規模の縮小化を是認せざるをえない状況が発生している。そのため，小規模校や極小規模校のマネジメントに言及する研究が行われる一方（天笠，2014），既存の学校のあり方を越え，内外の資源のネットワーク化によって，学校の教育力を減退させないことを見越した研究も重ねられてきた。

(1) 学校規模と学校のあり方

① 学校規模と教育効果

　学校規模と教育効果の関係は，学校規模に関連して，最も注目されながらも，必ずしも広く合意の得られる研究成果が共有されていない課題である。これま

で，学校規模の相違によって教育効果にちがいがあるのか否か，とくに現代的には，小規模校と適正規模以上の学校を比較した際に，小規模校に課題があるのか否かについて，一般化に堪える実証研究は十分に蓄積されてこなかった。

山森（2015）は，第6学年時の正答率を目的変数，第4学年時の正答率，第4，5学年時の学級規模の大小，学年学級数の多少の類型，および学級規模と学年学級数の交互作用を説明変数とした階層的線形モデルによる分析を行った結果，「学級数の多い学年で小規模な学級の方がこれ以外の学級と比べて学力の底上げが見られた」としているが，同報告書内での既往研究のレビューにおいて，こうした定量的なモデルは，あらゆる学校に当てはまるものではなく，各調査，研究においてさまざまな見解がなされることが多々あるともしている。こうした状況は，わが国に限定的なものではない。Stevenson（2006）は，複数の先行研究のレビューを行い，研究によってはお互いに矛盾する知見が導き出されているなど，結果は安定しておらず，「理想的な規模」は発見できていない，もしくは存在しえないとしている。さらにAres（2014）は，学校規模と教育効果にかかわる国横断的レビューを行っているが，知見の一般性と信頼性を併せもつランドマークとなるような研究を見いだすには至らず，現状では「学校規模政策において，あらゆる状況の解決解になるサイズ（'one-size-fits-all' solution in school size policies）は存在しない」との結論を得た。これらの状況の背景には，実際の教育活動が，地域の社会経済的背景や親の教育期待，教師の力量など，さまざまな要素から多面的・複合的な影響を受けており，規模の効果を定量的に抜き出すことが困難であるという測定困難性と，教育目的の多様性があると考えられるが，それに加えて，教育は技術的よりも実践的，ルールに従うより判断ベースで，研究知だけでない経験，知恵，現場知を伴うことも大きく影響していよう（小方，2015）。

② 規模に応じたマネジメント

学校規模と学校経営との関係についても，総合的に検証した研究はそれほど多くない。堀内ら（2001）は，大規模質問紙調査を実施することで，各教職員における校務分掌の担当数や会議に要する時間などが規模や職階に応じて異な

ることを明らかにした。ただし，同調査の主目的が，当時の学校組織の校務分掌や勤務負担の実態について客観的・外形的な事実を収集することにあったため，それらの負担感・質に関する教職員の主観的判断は意図的に調査対象から除外された。

　一方，敢えてこうした教職員の主観的判断を含め，総合的な経営条件に着目した研究としては，貞広ら（2010）および天笠ら（2012）の一連の研究があげられる。同研究においては，学校規模と学校のマネジメントの関係性について，インタビューを中心とした学校調査を行い，小規模校は小規模校なりに，中規模校は中規模校なりに，大規模校は大規模校なりに，学校規模に応じたマネジメントを展開し，マネジメントのあり様にはバリエーションがあることを示した。

　加えて，貞広（2018）は，現場で共有されているローカル・ノレッジに着目し，規模と教育活動および学校経営の課題を教職員の意識から定量的に抽出した。その結果，学校規模に応じて，メリット・デメリットは反転しており，学校経営については，小規模校に困難性の認識があることを示した。この結果は，適正規模校と非適正規模校を二項対立的に捉え，一方を評価するというよりも，正負の効果が反転していることをふまえて，教育行政からのサポートや，後述する諸資源のネットワーク化の必要を示しているといえる。

（2）諸資源とのネットワーキング[1]

　これからの教育のあり方を考えると，増え続ける小規模校のデメリットを最小化し，教育力や課題解決力を向上させることが求められる。そこで注目されるのが学校をとりまく諸資源の4つのネットワークである。

① 学校間ネットワーク

　学校間ネットワークには，同じ学校種をつなげる「横のネットワーク化」と，異なる学校種をつなげる「縦のネットワーク化」がある（葉養，2011）。これらの事例については，いくつかの研究が展開されており（葉養，2011；押田・仲田・大桃，2013；清原，2001），1つの到達点として，学校種の異なる複数の小中学校を中学校区単位でつなげるチェーンスクール（徳島県教育委員会，2013）のアイデアが出され，実装化もされている。一方，イギリスにおいては，小規模学

134　第2部　社会と教育経営

校の教育課程経営，人事管理（職能開発を含む），財務管理などを効果的に行う方法として，Federationなど，学校間連携の取り組みが制度化され，学校の教育力向上の成果が報告されている（植田，2014）。

② 福祉領域とのネットワーク

教育課題が複雑化するなかで，教師という専門性だけでは十分な対応ができず，ときに福祉領域とのクロスボーダーや協働が求められる課題が増えている。スタッフが足りない小規模校においては，こうした課題がより深刻である。近年では，「チームとしての学校」の観点から，スクール・ソーシャルワーカーが学校に配置されはじめているが，これまでも各市町村独自の取り組みは進行している。研究上も，教育と福祉領域との協働的取り組みの事例の報告が重ねられてきており，たとえば，特別な支援を必要とする児童の早期発見・支援の観点から，幼保小連携の取り組みが進められた市町村の事例（東京学芸大学，2010）や，公立幼稚園を所管する教育行政と保育所を所管する児童福祉行政を総合行政化する行政レベルの事例に着目した研究（南部，2006；安宅，2009・2015；島田，2009），就学前の専門領域を総合化した事例などが報告されている（山田・武者，2006）。

③ 地域とのネットワーク

小規模化した学校の教育力向上だけでなく，学習指導要領の「社会に開かれた教育課程」実現のためには，学校には，地域との情報共有や相互補完，協働が必要となる。その際，地域の意見を学校に反映させる学校運営協議会制度（コミュニティ・スクール）の取り組みの導入が考えられるが，保護者の意見が地域住民の意見に飲み込まれてしまう傾向（仲田，2015）や，特定の子どもの排除につながる事例が存在する点（武井，2017）など，これまでの研究で実証されている点に配慮して，地域とのつながりのなかでの学校マネジメントを検討していくことが今後の大きな課題となろう。

④ 自治体間ネットワーク

現在，基礎自治体には小中学校の設置義務が存在するが，今後は，学校規模という点からも，財政的観点からも，義務教育諸学校を設置できない自治体が

出現することが予測される。すでに，中学校を隣接自治体に教育委託している事例も存在するが，今後は，共同設置，広域連合などを含めた教育行政の広域化が拡大せざるをえなくなると考えられる。ほかの政策領域においては，すでに広域化が先行して進行・定着しており，諸外国でも同様の方向性が示されている（藤井，2011）。

3. これからの研究の方向性

(1) 既存の学校システムを前提とした方向性―小規模活性化とネットワーク化

現実的に考え，少子化の趨勢はこれまでと同様に進行する。その結果，学校はこれまで以上に小規模化し，統合できない極小規模校も増加することになる。したがって，小規模校のマネジメント，極小規模校のマネジメント，さらにそれらをネットワーク化した場合のマネジメント，各学校への管理職・専門職などの配置のあり方は，すでに，教育経営学研究に求められている研究課題であり，理論的研究や，技法の開発などの実践的研究が必要である。とくに，小規模／極小規模校の教育力を低下させない学校のあり方は，喫緊の課題である。

一方，学校の再配置が行われる場合も，学区は広域化し，場合によっては基礎自治体の行政単位を越える可能性も排除できない，加えて，それらの学校がネットワーク化され，さらに目配りする圏域が拡がる可能性がある。その際，学区／ネットワークは異なる複数の地域社会をかかえ，そこでは内なる多様性やほかの行政区割りとの不一致も生まれよう。学校は対象とする地域の特性や地域や保護者からのニーズを同定することが困難となり，マネジメントの複雑性は増加する。学会は，こうした複雑な広域マネジメントのあり方についても，理論的・実践的に応え，提案して行かなければならない。

(2) 非対面学校（仮想学校）への展開

人口集住地域から離れた地域の子どもに教育を行う方法として，インターネットなどのオンラインの方法を用いた非対面学校（仮想学校）があげられる。オーストラリアの Distance Education は，インターネットが普及する以前から取り組まれてきている事例であるが，目下，米国では，インターネットを用いた

136　第2部　社会と教育経営

virtual school の実践と研究が進行している（Huerta, *et al.*, 2014；Toppin, *et al.*, 2016）。

わが国でも，まずはこうした非対面学校を認めるか否かについての議論が必要になるが，仮に非対面学校の導入を認める場合，誰がその設置者となるのか，財政配分の基準をどうするのか，教育の質保障をどのような仕組みで行うのかといった制度的課題への応答が必要になる。たとえば，設置者に関しては，通信制高等学校のように，地理的圏域を問題にせず，複数自治体や都道府県レベルで設置したり，もしくは国で設置したりすることを可能とすることも考えられる。加えて，非対面学校での指導方法，教員の職能開発，同僚性の構築，福祉領域との連携など，既存の学校を対象に蓄積されてきた研究課題に対応して，新たな研究課題が生起される。

（3）教育的活動期弾力化への応答

少子化と同時に高齢化が進行することを考えると，教育的活動が子ども期に集中する傾向が是正されていく可能性もある。

上記で取り上げた非対面学校方式は，「学齢」という概念を取り払い，教育資源を分散するリカレント方式，いわば学習歴累積制度（水本，2016）の実現を下支えしうる。これまでの対面式学校は，特定の年齢の児童生徒を対象として教育が行われていたが，非対面学校は，学ぶ場所，時間，ペースの個別化を可能とするため，同年齢の子どもを同じ学年として集団化する必要がなく，いつでも誰でも学べ，生涯の必要な時期に必要に応じて保障することも可能とする。ただしその際，各年齢期の最低限の教育内容やその学習履歴の蓄積方法，学習計画のコンサルティングなどへの理論的・実践的応答も必要となろう。

（4）ガバナンスの弾力化への応答―ローカル・オプティマム

今後，学校規模の縮小化，学区の広域化，学区内の内なる多様化，種々のネットワーキング，非対面学校などが拡大することは，これまで以上に各学校をめぐる状況が多様になることをさす。各学校や地域は，各々がおかれた状況を見極めて，多様な学校のあり様（地域の最適解：ローカル・オプティマム）を模索することになるが，学校の多様性の拡大は，学校自体のあり方だけでなく，

誰（どこ）が学校を統治（ガバナンス）するのかという課題も含み込む。言い換えれば，ガバナンスについても弾力化が必要になる。したがって，弾力化をどこまで認めるのか，さらにそれぞれのガバナンスのもつ特性と学校のあり方とのマッチング，加えてその功罪についても，研究上の応答が求められる。

(5) 公財政支出水準の維持と脱テクノクラートモデルの導出

　少子化と高齢化がともに起こる場合，いわゆるシルバー民主主義が広がり，教育に振り分けられる公財政支出の実額や割合が最低基準を下回って減額されることも想定される。過去のデータからは，高齢化と教育費との関係性はそれほど単純ではなく，高齢化の進行が必ずしも教育費支出の減少をもたらすわけではないことも実証されているが，その一方で，1990 年代を境にして，内外ともに教育費支出と高齢化が負の関係をもつ構造変化が生じているとも指摘されている（Poterba，1997；Hoxby，1998；大竹・佐野，2009）。そこで，これまで以上に重要になるのは，教育専門家や現場での教育活動の評価のあり様であろう。単純にペーパー試験の結果に限定するのではなく，教育の達成目標とその成果を多面的に捉えるとともに，結果だけでなく，そのプロセスや要因の分析（竺沙，2016）によって，教育の必要性を訴え，脱テクノクラートモデルによる財政配分に応えていくことが必要である。そのためには，教育活動の評価の洗練は，引き続き重要な研究課題となる。　　　　　　　　　　（貞広斎子）

注
1) 第 2 節 (2) について，詳しくは，島田圭吾・貞広斎子「『学校の小規模化』に対応した教育経営に関する研究動向」（『日本教育経営学会紀要』第 56 号，第一法規，2014 年，220-229 頁）を参照されたい。

文献・参考資料
安宅仁人「基礎自治体における子ども行政の一元化に関する研究─教育委員会における『こども課』設置を中心に」『教育制度学研究』16，2009 年，102-115 頁
天笠茂他「学校適正規模と適正配置に関する教育政治経済学的研究─第一次事例調査報告を中心に（中間報告書）」文部科学省部省科学研究費補助金研究成果報告書（代表：天笠茂，課題番号 23330223）2012 年
──「少子化時代と学校経営：学校規模の二極化（特集 少子化と日本の教育の展望）」『教

育展望』60（1），2014年，11-16頁

植田みどり「学校間連携の手法を活用した学校経営改革におけるスクールリーダーの資質・能力―イギリスにおける Executive Head を中心に」『教育条件整備に関する総合的研究（学校配置研究分野）〈最終報告書〉』（平成22年度プロジェクト研究報告書，研究代表者葉養正明）2011年，209-214頁

大竹文雄・佐野晋平「人口高齢化と義務教育費支出」『大阪大学経済学』59（3），2009年，106-130頁

小方直幸「専門知と政策形成―高等教育研究の反省的考察」『広島大学　高等教育研究開発センター　大学論集』47，2015年，77-88頁

押田貴久・仲田康一・大桃敏行「自治体独自のカリキュラム開発―教育課程特例校に焦点を当てて」東京大学大学院教育学研究科附属学校教育高度化センター『年報2012』2013年，96-107頁

清原正義『地方分権・共同実施と学校事務』学事出版，2011年

貞広斎子他　文部科学省科学研究費補助金研究成果報告書「公立義務教育諸学校の学校配置と学校規模に関する総合的研究」（代表：貞広斎子，課題番号：20330158）2010年

――「学校外補習学習費の支出傾向と地域特性―社会経済的データを基に」『千葉大学教育学部研究紀要』61，2013年，95-102頁

――「学校規模・統合経験と教育活動との関係分析―教員のローカル・ノレッジに着目して」『千葉大学教育学部研究紀要』66（1），2018年，261-267頁

島田桂吾「自治体行政組織改革下の『子ども担当部局』の設置に関する事例研究―『首長部局型』と『教育委員会型』の相違に着目して」『日本教育行政学会年報』第35号，2009年，130-147頁

武井哲郎『開かれた学校の功罪―ボランティアの参入と子どもの拝除／包摂』明石書店，2017年

武川正吾「少子化何が問題か，何が対策か」『学術の動向』13（4），2008年，46-48頁

竺沙知章『アメリカ学校財政制度の公正化』東信堂，2016年

東京学芸大学「小1プロブレム研究推進プロジェクト報告書」2010年

徳島県教育委員会・鳴門教育大学共同研究「徳島県における今後の人口減少社会に対応した教育の在り方研究（最終報告書）」2013年

仲田康一『コミュニティ・スクールのポリティクス―学校運営協議会における保護者の位置』勁草書房，2015年

南部初世「地域経営における教育委員会の位置づけ：愛知県高浜市を事例として」日本教育行政学会編『日本教育行政学会年報』第32号，2006年，42-60頁

日本創成会議・人口減少問題検討分科会『成長を続ける21世紀のために―ストップ少子化・地方元気戦略』（日本創成会議ＨＰ）2014年

葉養正明『人口減少社会の公立小中学校の設計―東日本大震災からの教育復興の技術』協同出版，2011年

藤井穂高「フランスの小規模小学校とネットワーク化」『教育条件整備に関する総合的研

究（学校配置研究分野）〈最終報告書〉』（平成 22 年度プロジェクト研究報告書，研究代表者：葉養正明）2011 年，193-208 頁

堀内孜『学校組織・教職員勤務の実態と改革課題』多賀出版，2001 年

増田寛也『地方消滅―東京一極集中が招く人口急減 』中央公論新社，2014 年

水本徳明「人口減少社会における学校再編」『日本教育経営学会紀要』第 58 号，第一法規，2016 年，108-113 頁

山田香織・武者一弘「地方分権改革下における教育委員会制度の再編に関する研究―駒ヶ根市の子ども課設置と 5 歳児検診に注目して」『信州大学教育学部紀要』117，2006 年，195-206 頁

山森光陽「学級規模が児童生徒の学力に与える影響とその過程」（国立教育政策研究所　平成 25 〜 26 年度プロジェクト研究「少人数指導・少人数学級の効果に関する調査研究」調査研究報告書）2015 年

Ares, M., School size policies: a literature review, *OECD Education Working Papers*, No.106, OECD Publishing, Paris, 2014

Hoxby, C.M. How Much Does School Spending Depend on Family Income? The Historical Origins of the Current School Finance Dilemma. *The American Economic Review.* 88（2），（1998）309-314

Huerta, L., Rice, J.K. , Shafer, S. R., Barbour, M.K., Miron, G., Gulosino, C. & Horvitz, B. *Virtual Schools in the U.S. 2014: Politics, Performance, Policy, and Research Evidence.* National Education Policy Center（2014）

Poterba J. M., Demographic structure and the political economy of public education. *Journal of Policy Analysis and Management.* 16（1），（1997）48-66

Stevenson, R., *School Size and Its Relationship to Student Outcomes and School Climate*, National Clearinghouse for Educational Facilities（2006）

Toppin, I.N. & Toppin, S.M. Virtual schools: The changing landscape of K-12 education in the U.S. *Education and Information Technologies.* 21（6），（2016）1571-81

第3部
教育経営学のパラダイム

第13章　教育経営学における教育経営実践への視線

1. 「問題解決系」学問としての教育経営学

　日本では，学問を文系－理系に分類するのが一般的である。しかし，ほかの分類もある。理学のように真理探究を目的とする真理探究系と，工学のように個人や社会がかかえている問題解決を目的とする問題解決系に分類する方法である。この真理探究系－問題解決系という分類によれば，教育経営学はどちらに分類されるのだろうか。

　日本教育経営学会は，2012年に会則を改正し，学会の目的を発足以来の「教育経営に関する諸般の研究を促進し，研究の連絡，情報の交換を図ること」から「教育経営の研究と実践を促進し，その普及を図ること」へと変更した。つまり，教育経営研究と教育経営実践とを併せて促進する団体としての性格を明確化したのである。両者を併せて促進するうえでは，教育経営学は教育経営実践がかかえている問題解決を目的とする問題解決系学問としての性格を強めざるをえない。教育経営学は問題解決系学問としての道を選択したといえよう。

　その問題解決系学問としての道は，教育経営学研究者が単独で成しえるものではなく，教育経営実践者とのパートナーシップが不可欠である。問題解決系学問としてのさらなる進化をめざすため，今日，教育経営学研究者と教育経営実践者との関係（以下，研究者－実践者関係）や教育経営研究と教育経営実践との関係（以下，研究－実践関係）を見直し，再構築を図ることが求められている。いわば，教育経営学の学的性格をふまえ，「教育経営実践への視線」を意図的に捉え直すことが求められているのである。

2. 研究者－実践者関係，研究－実践関係についての議論の開始

　日本教育経営学会が設立されたのは今から60年前の1958年のことである。創立後ほぼ10年経た時期に刊行された『教育経営学会報』（『日本教育経営学会紀要』の前身）第9号（1967）には，事務局がとりまとめた「教育経営学会の沿革」という記事が収録されている。

　そこでは，学会に対する内外からの声の一部として「現場の実践家も会員となり，研究発表をしている。現場の実践家と研究者たちが手をつないで新しい

教育経営のあり方を求めていることは好感がもてる」「気楽な気持ちで，発表および討議に参加できる。サロン的ムードがただよっている」といった内容が紹介されている。

同会報に掲載されている 1967 年 4 月時点での会員名簿によれば，会員 102名のうち，小・中・高等学校勤務者は 17 名 (16.7％) であり，「現場の実践家」の占める割合はそれほど高いものではない。しかし，そこには，現在の学会が理想とする研究者−実践者関係，研究−実践関係が存在したようである。

ところが，学会創立から 20 数年経った 1980 年代半ばごろに行われた，学会の過去を振り返り，未来を展望する作業においては，研究者−実践者関係，研究−実践関係は克服すべき問題として，あるいは，変革すべき教育経営学発展の鍵として議論されるようになる。

『日本教育経営学会紀要』第 25 号の特集「日本における教育経営研究の成果と課題」に収録された児島 (1983) は，教育経営研究と教育経営実践との理想の関係性は「教育経営研究が教育実践の方向を指示するという側面を持つとともに，教育実践の事実が教育経営研究の方法と成果をたえず突き崩していくといった『両者の緊張』関係にあるが，現実は研究が実践に優位する（教育経営研究の実践との遊離）か，逆に研究が実践に拝脆する（教育経営関係の書物のマニュアル集化）」といった 2 つの問題に満ちた状況にあるという分析を提示した。

学会 25 周年記念事業として刊行された『教育経営研究の軌跡と展望（講座日本の教育経営 9)』に所収された朴 (1986) は，「従来，とかく教育現場には『理論への不信感』がみられ，研究者や学会には『実践に対する理論の無力感』が潜在していた」と指摘し，「その主な原因としては，『ほんものの理論』の不在，そして，『ほんものの研究方法論』の不毛があげられるのではないかと思う」と指摘した。

また，西 (1987) は，雑誌『学校経営研究』誌上の「学校経営研究の課題」と題する特集に収録されたものである。西 (1987) は，当時の「『学校経営』の名辞を関する著作が，近年相当数刊行されている」が，これらは，「学校経営という事象を扱ってはいるが，その対象範囲が部分的であったり，最初から実

第13章　教育経営学における教育経営実践への視線　**143**

践家の今日ないしは明日の具体的な実践の手引きとされていることを意図しているため，およそ科学的研究の要件を十分には満たしえていない」といった現状があること，また，他方では「学校経営事象をトータルな視座から記述し説明しようとする試みや，そのための方法論の確立を示唆する見解もないではない。しかし，これらの試みや見解においても，実はたいへん大きな問題性が認められる。それは，学校経営事象を科学的に解明しようとするあまり，一般的，抽象的記述に陥り，リアリティ（reality，実在性）が著しく欠落しているという点である」といった現象があることを指摘している。

　これらの児島（1983），朴（1986），西（1987）が問題提起した研究者−実践者関係，研究−実践関係の再構築という課題は，のちに述べるように，1990年代から2000年半ばにかけて，本格的に議論されることとなる。

　その後，2000年半ばには，研究者−実践者関係，研究−実践関係の再構築に関する議論は，再構築が一段落したことをふまえ，その質を問う議論への転換の必要性が水本（2006）により主張されるに至る。水本（2006）は「これまで学校経営研究については実践に対する役立たなさが批判されることが多かったが，最近では役立つことを強く求められるだけでなく，様々な場で役立つこと，役立っていることが自他とともに認知されてきたといえよう。そのような時期に，学校経営研究は実践に対してどのように役立ちうるのか，どのように役立つべきなのかを検討することは，研究の発展及び研究と実践の関係構築にとって不可欠なことだと考える」と主張したのである。

　この水本（2006）の「役立っていることが自他とともに認知されてきた」といった評価に対しては，やや楽観的に過ぎるという評価もありうるかもしれないが，児島（1983），朴（1986），西（1987）らが問題提起した1980年代半ばから，2000年半ばにかけて，研究者−実践者関係，研究−実践関係が大きく変容したことについては，多くの研究者が賛同するにちがいない。

144　第3部　教育経営学のパラダイム

3. 1990年代から2000年半ばまでの研究者－実践者関係，研究－実践関係についての議論の本格化とその内容

1990年代から2000年半ばまでの間に，研究者－実践者関係，研究－実践関係についての議論が本格化した背景には，堀内（1998）が指摘するような教育経営の社会的基盤の変容，天笠（1998）が指摘するインターネットの普及といった教育経営研究の発信と受信に関連するインフラの変容，大学院におけるスクールリーダー養成に向けた研究者たちの主体的な動きなどの要因があった。

武井（2006）は，この時期に展開された研究者－実践者関係，研究－実践関係についての議論を「エスノグラフィ等の方法論の再検討（本章では，解釈的アプローチという）」「学校経営研究における臨床的アプローチ（本章では臨床的アプローチという）」「スクールリーダー養成に関する研究」といった3つの領域に区分し，わかりやすく論じている。

以下では，これらのうち，「解釈的アプローチ」と「臨床的アプローチ」に注目する。本章では，研究者－実践者関係，研究－実践関係の見直しが主たるテーマであることから，教育者－実践者関係，教育－実践関係の見直しが主題である「スクールリーダー養成に関する研究」にかかわる検討は割愛する。[1]

「解釈的アプローチ」と「臨床的アプローチ」は，学校経営現場から離れたところで生産される，「～あるべし」といった規範に対する批判意識という点では共通しているが，研究の目的を前者が「説明」に，後者が「有用性」に置いているという点ではちがいをもつ。両者の共通性と異質性を図13.1に示す。

武井（2006）は，「解釈的アプローチ」は主として1990年代になってから登場したと分析しているが，その源流の1つはすでに言及した西（1987）である。西は，「今後は，研究者の側で予め用意したパラダイムに全てはめ込もうとするのではなく」，「社会的相互作用を営む側のカテゴリをとらえ解釈する『解釈的アプローチ』のパラダイムに沿って，学校経営事象を精細かつ的確に記述し，そこから制度や構造上の問題を含めた法則性の解明，つまり説明に向かう研究態度が肝要と思われる」と述べ，「解釈的アプローチ」に基づく研究の推進の必要性を指摘した。

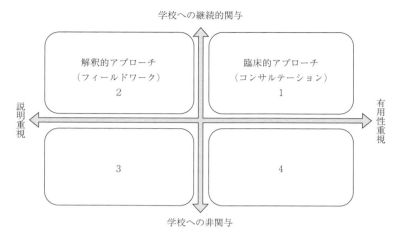

図 13.1　研究の目的と学校との関与のあり方に基づく類型

　「解釈的アプローチ」に基づく研究としては，校長のリーダーシップを分析対象とした篠原（1999），中留ら（1998）の研究成果が生み出されるとともに，武井（1995），西・黒羽（2000），大野（2010）や柏木・橋本（2010）などによって調査方法の根本的な考え方や具体的な調査技法が提案されてきた。

　この「解釈的アプローチ」が問題にしたのは，有用性というよりも，学校経営現象を「リアリティ」をもって説明できる研究知の産出がそのねらいであった。

　「臨床的アプローチ」という概念は，天笠（1994・1997）によって初めて提案されたものである。天笠（1997）は，「教育経営研究における〈基礎〉と〈臨床〉の相補的関係の確立」を提唱し，「教育経営現象に入り込み，その"臨床"の場から知見を得て，それをもとに積み上げることを通して，"学問"を作り上げていくアプローチ」として「臨床的アプローチ」を提案した。

　天笠（1997）の提案から刺激を受けつつ，日本教育経営学会では，2000年6月から3年間にわたって，研究推進委員のうち学校経営部会（もう1つは教育政策部会）に属する小野・淵上・浜田・曽余田らを中心として課題研究「学校

経営研究における臨床的アプローチの構築」(2001 ～ 2003 年の大会において討議を開催) が行われた。「臨床的アプローチ」がめざしたのは，研究－実践関係を見直すことを通じて，「学校経営の実践にとって "役に立つ" 研究のあり方を考え，そのための研究方法論を検討し試行しよう」(浜田，2002) とするものであった。

曽余田 (2004) は，「臨床的アプローチ」の具体的なあり方は，「①臨床的アプローチとは，研究者自身 (研究的実践家を含む) が学校現場に参入してコミットし，全体的雰囲気を肌で感じつつ，学校をよりよくするための支援的な実践 (かかわり，対話，はたらきかけ) をしながら現実を認識し，改善の視点や手立てに関する知識を創造しようとする研究のあり方である」，「②臨床的アプローチとは，狭義の研究方法だけでなく，学校経営実践と学校経営研究との新しい関係性を探ろうとする動き全体を指している」，「③臨床的アプローチの具体的な形態は多様である」といった特徴が確認できると指摘している。

さらに，曽余田 (2004) は，支援的な実践を考えるうえで，支援する側 (コンサルタント) と支援される側 (クライエント) の関係のあり方のちがいに基づいて，コンサルテーションを「専門的知識提供－購入モデル」「医師－患者モデル」「プロセス・コンサルテーションモデル」といったシャイン (Schein) が示した 3 つのモデルに言及している。これらのうち，「臨床的アプローチ」が基本的哲学とするのは，「クライエントが自力で診断・問題解決し組織改善を継続できるように，クライエントとコンサルタントが協働で診断し解決法を探究し，そうすることでコンサルタントの診断と問題解決の技能をクライエントに引き継ぐ」という「プロセス・コンサルテーションモデル」であるとし，そのプロセスで生まれる「実践による時系列的な変化」について「記述する事例研究」を「臨床的アプローチ」の主なあり方として提案した。

こうしてみれば，「臨床的アプローチ」は，多様なあり方を視野に入れつつも，プロセス・コンサルテーションによる学校経営実践改善とそのプロセスにおけるアクションリサーチによる学校経営研究知の産出を両立させるという方法論であったと理解できる。

4. 「有用性」を有した研究の多様性

これまで述べた 1980 年代半ばの児島 (1983)，朴 (1986)，西 (1987) などの問題提起，そして，それ以降に本格的に展開された「解釈的アプローチ」と「臨床的アプローチ」による提案は，教育経営学が「問題解決系」の学問としての性格を強めるうえでの貴重な一歩であった。

そのプロセスは，浜田 (2004) が「臨床的アプローチ」について，「われわれは，従来の学校経営研究がとってきた学校経営実践との関係のありように目を向けた。はじめはごく漠然とした疑問から出発したのだが，そうした角度から自他の研究のあり方をも直す作業は，筆者にとって『己の首を絞める』がごとき苦しみを伴うものであった」と述べているように，苦しい過程であった。

これらの研究のあり方を問う試みのなかでも，とくに「臨床的アプローチ」が提案した学校経営実践改善と学校経営研究知の産出の両立という方法論は，複雑な学校現場の動態を解明するという観点でも，また，多忙化や多くの課題に囲まれた学校の現状をふまえれば，今後，ますます重要となるアプローチであることはまちがいない。学習科学におけるデザイン・メソッド（白水，2012）など，ほかの教育学の領域でも近似した試みが広がりをみせている。

しかし，この「臨床的アプローチ」に対しては，課題も指摘されている。畑中 (2016) は，「臨床的アプローチ」における「体現する研究方法論」の不在と「学校とのかかわりをすでにある程度確立した研究者」以外の「臨床的アプローチ」への関与可能性といった 2 つの課題を指摘している。つまり，「臨床的アプローチ」を進めるうえでは，変化を記述する技法や，若手研究者など研究を推進するうえで障害が大きい人に注目した技法や仕組みの開発が必要であるという論点である。ただし，浜田 (2009) が述べているように，「臨床的アプローチ」は，「『技法』というよりも『研究と実践の関係のありよう』の方に問題意識を抱いていた」にすぎず，技法や仕組みを無視していたわけではない。畑中 (2016) の指摘は，「臨床的アプローチ」への批判というより，発展のあり方を提案したものと位置づけることができる。

「臨床的アプローチ」にかかわってもっと根本的に問うべきことは，「有用性」

を有した研究とは何か，「有用性」を有した研究の産出方法は「臨床的アプロー
チ」以外にはどのようなものがあるかということである[3]。

　この点で参考になるのが大林（2011）である。大林は，「臨床的アプローチ」
が提案した学校経営実践改善と学校経営研究知の産出の両立という方法論のむずか
しさを指摘したうえで，両者を区分することを提案している。確かに，学校現場に
深く継続的にかかわるプロセスで，研究知は産出されないが，学校経営実践改善に
寄与するというケースはありえる。この研究の有用性（研究が役に立つということ）
と，研究者の有用性（研究者が役に立つ）とを区分して論じるという枠組みは，
研究自体の有用性を問う必要性をわれわれに示唆してくれる[4]。

　研究が役に立つとは，端的にいえば，教育経営実践者の問題解決のリソース
として活用されることであり，その研究知がどこで生産されたかという知の由
来とは関係がない。柳澤（2006）は，学校経営研究における外国研究が学校に
おける改革のモデルとして役立った事例を紹介している。また，諏訪（2010）
は，教員社会におけるソーシャル・サポート体制づくりに対する示唆を提示す
ることを目的とし，また，高木（2010）は教師ストレス改善に教師個人ができ
る対策を提案することなどを目的として，それぞれサーベイという手法を使っ
て研究を進めたことを報告している。これらは，図 13.1 における第 3 象限ま
たは第 4 象限に位置づくものである。また，第 2 象限に位置する「解釈的アプ
ローチ」も役立つことは十分にありえる。

　むしろ，「有用性」を有した教育経営研究を推進するうえでは，「臨床的アプ
ローチ」を主軸としつつも，1 つの研究方法に固執することなく，多様な方法
を併用することが有効である。「有用性」を有した教育経営研究を産出するう
えで重要なことは学校経営実践のリアリティーを理解したうえで，学校経営実
践が直面する課題と関連性（レリバンス）を有した「有用性」をもつ研究課題を
設定するというプロセスである。

　じつは，1980 年代半ばに研究者 – 実践者関係と研究 – 実践関係の再構築を
先駆的に提言した児島（1983），朴（1986）がともにマートン（Merton, R.K.）の中
範囲の理論に影響を受けつつ，提案した方向性は，質的調査によって仮説を導

第13章　教育経営学における教育経営実践への視線　**149**

き出し，それを量的な調査で検証し，再度，質的調査によって深みをもった分析を行うというものであった。こうした混合的な方法によって，「有用性」を有した教育経営研究を産出することが必要であろう。

5.「問題解決系」学問への転換と学会の役割

　教育経営学が有用性をもった研究知からなる「問題解決系」学問へと転換を図るうえでは学会の果たしうる役割は大きい。①研究－実践コミュニティーの構築，②研究・コンサルテーションの技法の開発と共有の促進，③研究評価の基準の議論の促進といった3つの役割が論理的に考えられる。

　まず，リアリティと有用性をもった研究知を産出するうえでは，実践者が生きている世界のリアリティや直面している課題，そして，実践に生かしうる研究知を共有すること，1つの学校で有効性が認められた研究知をほかの場所でも確認しながらより普遍性を高めることが求められる。そのためには，研究者と実践者で構成される継続的で対等な，お互いに学び合える「研究－実践コミュニティー」の構築が不可欠である。2012年の会則変更では，学会が行う事業に，「教育経営の関係機関及び団体等との連携」と「教育経営の研究と実践の普及活動」という事業が追加されたが，これは「研究－実践コミュニティー」の構築を学会の正式な事業として位置づけたものである。[5]

　露口・藤原（2010）は，これまで「調査技法は，暗黙知としての存在傾向が強く，徒弟制度の中で師匠から弟子に相伝されてきた」と述べている。大脇（2011）が「試行錯誤を含めて経験的に獲得していく」と指摘したように，コンサルテーション技法はいまだ開発途上である。今後は，豊かな「研究－実践コミュニティー」を基盤として，有用性をもった研究知を産出するために，学会として研究・コンサルテーションの技法の開発と共有の促進に取り組むことが不可欠である。

　学会として取り組むべきことがもう1つある。それは有用性をもった研究知をどうするのかということをオープンに議論することである。長らく主流であったサーベイ，理論研究，歴史研究，比較研究などと比較して，学校経営実践に

関与しつつ産出される実践研究の評価のあり方は定まっていない。研究評価の基準をオープンに議論し，実践研究論文の投稿を促すことが求められている。

最後に，「教育経営学における教育経営実践への視線」の観点で確認しておくべきことがある。それは，1980年代半ばから2000年半ばにかけて，研究者－実践者関係，研究－実践関係の再構築が進められたのは，学校経営に関してであったということである。南部（2008）が論じているように教育経営という概念についてのコンセンサスはいまだ成立していないが，教育経営が学校経営よりも広いものをさすという点では一定のコンセンサスがあると思われる。

教育経営学研究者がパートナーとして想定しうるのは，学校だけではなく，教育委員会や社会教育団体，専門職団体，さらには大学院でスクールリーダー教育を担当する大学教員など，じつに多岐に及ぶ。このようにパートナーの広がりを視野に入れれば，教育経営学が役に立つフィールドの豊かさが理解できよう。

（藤原文雄）

注

1) 教職大学院では，課題研究などで実習校の問題解決に向けたアクションリサーチを行うことが取り入れられている。これは，①実習校の課題解決，②院生の教育，③研究知の産出の実現を同時に追求するものである。ここでは，大学院教員（教育者・研究者・コンサルタント）－院生（学生・研究者）－実践者（実践者・アドバイザー）関係，（大学院）教育－研究－実践関係という関係のあり方が問われることになる。教職大学院に属する大学院教員，院生，実践者はそれぞれの立場で，この関係間の葛藤に直面しているといえよう。また，研究者教員－実務家教員という異なった大学院教員の存在は，これらの関係を良好にする可能性をもちつつも，両者の経験・知識や忠誠心の向き方，大学の果たす機能についての考え方のちがいによって葛藤を生み出している。いずれにせよ，教職大学院は，関係の再構築に向けた一大プロジェクトである。

2) 詳細には，「①（専門的知識提供－購入モデル）コンサルタントは現場には入らず，クライエントからの要求に応じて専門的な知識・技術を提供するモデル」「②（医師－患者モデル）コンサルタントが現場に入って専門的に組織の診断をし，問題解決法を処方するモデル」「③（プロセス・コンサルテーションモデル）クライエントが自力で診断・問題解決し組織改善を継続できるように，クライエントとコンサルタントが協働で診断し解決法を探究し，そうすることでコンサルタントの診断と問題解決の技能をクライエントに引き継ぐ」（曽余田，2004）というものである。

3) 佐野（2006）は，「学校経営研究における『研究－実践関係』の問題点を克服するために

は，本書（筆者注：小野・浜田・曽余田・淵上，2004 のこと）で取り上げられたような『臨床的アプローチ』でなくても良いのではないかという疑問も生じてくる」と指摘する。この佐野の指摘は，本章にも共通する「臨床的アプローチ」を研究方法論全体のなかでどう位置づけるべきかという課題にかかわるものである。

4) 研究者（兼コンサルタント）の学校に対する役立ち方は，①コンサルタント型（コンサルテーションは行うが研究は当該学校では行わない），②リサーチャー型（学校経営実践者の役に立つ研究を行い，研修会などで提供する），③コンサルタント＆リサーチャー型（コンサルテーションしつつ，当該学校で研究を行う）という 3 タイプが考えられる。

5) 日本教育経営学会では，2012 年の会則変更に先立ち，2006 年に「教育経営の実践を推進する」ことを目的とする実践推進委員会が設けられた。三期にわたり「校長の専門職基準」を作成するなどの取り組みを行った。それらの活動が一定の成果を収めたことから，第四期の実践推進委員会は，「学会としての教育経営の実践者あるいはその専門団体との組織的なパートナーシップの推進による研究と実践の相互交流的発展を図る」ことに取り組んでいる。実践推進委員会の任務は，「問題解決系」の学問に向けて，研究者－実践者関係と研究－実践関係を組み換えつつ，両者の交流と学習を促進して，問題解決に資する教育経営研究の産出と教育経営実践の改善を促進することである。

文献・参考資料

天笠茂「連載 “臨床” 学校経営学のすすめ―教育改革とそれぞれの学校の事情」『学校経営』第 39 巻第 5 号，第一法規，1994 年，79-84 頁

――「臨床科学としての教育経営学」『日本教育経営学会紀要』第 39 号，第一法規，1997 年，17-27 頁

――「教育経営研究の発信と受信に関わって」『日本教育経営学会紀要』第 40 号，第一法規，1998 年，131-133 頁

――「臨床的アプローチの可能性」『日本教育経営学会紀要』第 44 号，第一法規，2002 年，185-191 頁

大野裕己「校長はどのような仕事をしているのか？―エスノグラフィ」藤原文雄・露口健司・武井敦史編著『学校組織調査法―デザイン・方法・技法』学事出版，2010 年，63-76 頁

大林正史「学校経営学における『臨床的研究』の動向」『学校経営研究』第 36 巻，2011 年，1-9 頁

大脇康弘「学校評価における研究者の役割―理論知と実践知をつなぐ実践的研究者」『学校経営研究』第 36 巻，2011 年，31-38 頁

小野由美子・浜田博文・曽余田浩史・淵上克義『学校経営研究における臨床的アプローチの構築―研究－実践の新たな関係性を求めて』北大路書房，2004 年

柏木智子・橋本洋治「学校組織に『ゆらぎ』をもたらす地域との連携―ケーススタディ」藤原・露口・武井編著，前掲書，103-116 頁

児島邦宏「教育経営研究と教育実践」『日本教育経営学会紀要』第 25 号，第一法規，1983 年，17-21 頁

佐野亮子「書評 小野由美子 淵上克義 浜田博文 曽余田浩史編『学校経営研究における臨床的アプローチの構築』北大路書房，2004 年」『学校経営研究』第 31 巻，2006 年，71-78 頁

篠原清昭「教育経営研究におけるエスノグラフィーの実際 (1)」『日本教育経営学会紀要』第 41 号，第一法規，1999 年，89-90 頁

白水始「デザイン・メソッド」茂呂雄二・有元典文・青山征彦・伊藤崇・香川秀太・岡部大介編『状況と活動の心理学—コンセプト・方法・実践』新曜社，2012 年，262-265 頁

諏訪英広「学校改善を促す組織文化としての同僚性—サーベイリサーチ (1)」藤原・露口・武井編著，前掲書，77-90 頁

曽余田浩史「学校経営研究における臨床的アプローチの構成要件」小野・浜田・曽余田・淵上，前掲書，105-115 頁

高木亮「教師のキャリアとストレス—サーベイリサーチ (2)」同上書，91-102 頁

武井敦史「学校経営研究における民族誌的方法の意義— J.F. フィンケルによる校長のリーダーシップ研究の方法事例として」『日本教育経営学会紀要』第 37 巻，第一法規，1995 年，86-98 頁

──「学校経営制度の実践性・有用性を問う」『学校経営研究』第 31 巻，2006 年，3-10 頁

露口健司・藤原文雄「教育経営研究と学校組織調査法」藤原・露口・武井編著，前掲書，11-20 頁

中留武昭編著『学校文化を創る校長のリーダーシップ　学校改善への道』エイデル研究所，1998 年

南部初世「『教育経営』概念再構築の課題—『教育行政』概念との関連性に注目して」『日本教育経営学会紀要』第 50 号，第一法規，2008 年，14-25 頁

西穣司「学校経営研究におけるリアリティをめぐる現状と課題」『学校経営研究』第 12 巻，1987 年，23-29 頁

西穣司・黒羽正見「民族誌的研究」日本教育経営学会編『教育経営研究の理論と軌跡』（シリーズ教育の経営 5）玉川大学出版会，2000 年，323-338 頁

朴聖雨「教育経営の科学化」『教育経営研究の軌跡と展望』（講座 日本の教育経営 9）ぎょうせい，1986 年，229-243 頁

畑中大路「学校経営研究における研究知・実践知の往還—研究方法論の検討を通じて」『日本教育経営学会紀要』第 58 号，第一法規，2016 年，88-89 頁

浜田博文「総括」『日本教育経営学会紀要』第 44 号，第一法規，2002 年，191-196 頁

──「問題の所在」小野・浜田・曽余田・淵上，前掲書，1-10 頁

──「『臨床的アプローチ』の成果と課題—研究知の産出を中心に」『日本教育経営学会紀要』第 51 号，第一法規，2009 年，108-110 頁

堀内孜「社会的基盤の変容と教育経営研究の現状」『日本教育経営学会紀要』第 40 号，第一法規，1998 年，127-129 頁

水本徳明「テーマ設定の趣旨」『学校経営研究』第 31 巻，2006 年，1-2 頁

柳澤良明「学校経営研究における外国研究の実践的有用性—ドイツ学校経営研究にもとづく実践事例を素材として」『学校経営研究』第 31 巻，2006 年，11-19 頁

| 第14章 | 教育経営学における時間的，空間的視座 |

　本章では，まず教育経営学のパラダイム転換にかかわる巨視的な視座を提示し，そのうえでややトピックな具体的事例を通してその現代的意味を検討してみたい。

　教育経営の範疇としては，ミクロには学校教育や社会教育（生涯学習）における学級（講座）経営まで含まれるが，本章では主としてマクロな教育制度経営から学校（大学・幼稚園を含む）経営までを念頭において論じてみたい。

　本章でいう「時間的」視座とは，歴史的（垂直的）視座のことであり，とりわけ歴史的転換期としての「近代の終焉」から「近代後」社会への時代状況を念頭においている。ただし，かつての流行語としての「ポストモダン」ではなく，世界史テキスト的な原始・古代・中世・近代（人類史第Ⅰ～Ⅳ期）の次の人類史第Ⅴ期への転換を想定している。[1]

　また，本章でいう「空間的」視座とは，国家から地球へ（国民から地球市民へ）といった水平的視野の広がりのことであり，とりわけナショナルレベルとグローバルレベルの間の相克の状況を念頭においている。[2]

1．時間的視座からみた教育経営学のパラダイム転換

　教育経営は，これまで「近代」社会を前提に，「国民国家」による公教育の組織化および教育関係組織の管理・運営によって「人格形成」「学力形成」（内実としての「国民形成」「労働力形成」）を担ってきた。そのキー概念は，民主制（democracy）と効率性（efficiency）であった。ただし，「民主制」は戦後教育改革とその修正過程を暗黙の前提とし，もっぱら「効率性」「合理性（rationality）」に重点をおいてきた。しかしながら，「近代」社会そのものが揺れ動き，「近代の終焉」さえも囁かれる今日，「民主制」も「効率性」も無条件の前提ではなく，その内実が問われて（疑われて）きている。

　そもそも「近代」は，政治的には「国民国家」の成立と展開，経済的には「資本主義」の成立と展開，社会的には「市民社会」と「人権」の成立と展開，文化的には「大衆文化」の成立と展開，教育制度的には「義務教育制度」と「公教育体系」の成立と展開におおむね集約される。そして，「近代」社会

154　第3部　教育経営学のパラダイム

の基盤を支えてきたものが「資本主義」経済であった。その「資本主義」が「終焉」を迎えつつあるという諸論が注目されているが，混沌の時代にあって新たな「豊かさ」とは何かを追求しようとするきわめて興味深い動向と思われる。他方では，「資本主義」社会はその成熟に伴って必然的にさまざまな矛盾（社会的「格差」），とりわけ「経済格差」を肥大化させてきた[4]。折しも，2017年1月の世界経済フォーラム（WEF）年次総会（ダボス会議）に提出された国際非政府組織（NGO）オックスファムの報告書は非常に興味深い数字を明らかにしている[5]。報告書は「世界で最も裕福な」「8人の資産が計2460億ドルに上り，世界人口73億5000万人の」「うち経済的に恵まれていない」「半分（36億7500万人）の（資産額の―引用者注）合計額に相当する」と指摘し，「1988年から2011年にかけ，下位10％の収入は年平均3ドルも増えていないのに対し，上位1％の収入の増加幅は182倍に達した[6]」としている。

　「資本主義」の成熟が，「資本主義」社会の崩壊を導くという，弁証法的展開の渦中にわれわれは存在しているのである。「資本主義」が「終焉」を迎えつつあるということは，「国民国家」の限界・変容とともに，「近代」社会そのものが「終焉」を迎えつつあるということでもある。

　そこでまず，水野和夫・広井良典・佐伯啓思らの「資本主義」の「終焉・限界」論・「脱却・訣別」論をみておこう。

　水野は次のようにいう[7]。「資本主義の死期が近づいているのではないか。」その理由は「資本主義は…『中心』が利潤率を高め，資本の自己増殖を推進していくシステム」であるにもかかわらず，「もはや地球上のどこにも（地理的な―引用者注）フロンティア（『周辺』―引用者注）が残されていないから」で，「『電子・金融空間』のなかでも，一億分の一秒単位で投資しなければ利潤をあげることができない」「つまり，『地理的・物的空間』（実物投資空間）からも『電子・金融空間』からも利潤をあげることができなくなってきている」また「日本を筆頭にアメリカやユーロ圏でも政策金利はおおむねゼロ（その後マイナス―引用者注）…となり，いよいよその資本の自己増殖が不可能になってきている。」「資本主義を資本が自己増殖するプロセスであると捉えれば，そのプロセスである

資本主義が終わりに近づきつつある」，さらに中間層にとって「自分を貧困層に落としてしまうかもしれない資本主義を維持しようというインセンティブがもはや生じない」「こうした現実を直視するならば，資本主義が遠くない将来に終わりを迎えることは，必然的な出来事だとさえ言える」。

つぎに広井は，「宇宙の歴史から始めて地球の歴史，生命の歴史そして人間の歴史を一貫したパースペクティブの中でとらえ返し考察しようとする『ビッグ・ヒストリー』という文理横断的な試みが台頭している」ことに注目しつつ「超長期の時間軸で物事をとらえ考えなければ，現に起こっている事態の意味や今後の展望が見えてこないような，大きな時代の分岐点に私たちは立っているのではないか」という。振り返って現下の課題に戻れば，「近代科学と資本主義という二者は，限りない『拡大・成長』の追求という点において共通して」いるが，「地球資源の有限性や格差拡大といった点を含め，そうした方向の追求が必ずしも人間の幸せや精神的充足をもたらさないことを，人々がより強く感じ始めているのが現在の状況ではないか。」「私たちの生きる時代が人類史の中でもかなり特異な，つまり"成長・拡大から成熟・定常化"への大きな移行期であることが，ひとつのポジティブな可能性ないし希望として浮上してくる。」「資本主義というシステムが不断の『拡大・成長』を不可避の前提とするものだとすれば，そうした移行は，何らかの意味で資本主義とは異質な原理や価値を内包する社会像を要請することになるだろう。こうした文脈において，『ポスト資本主義』と呼ぶべき社会の構想が，…今求められているのではないか。」「幸か不幸か，人口減少社会として"世界のフロントランナー"たる日本は，そのような成熟社会の新たな豊かさの形こそを先導していくポジションにあるのではないか。」そして「21世紀はなお限りない『拡大・成長』を志向するベクトル（統計的に右肩上がりの状況を求める思想・政策―引用者注）と，成熟そして定常化を志向するベクトル（統計的に安定した横ばいの状況を求める思想・動向―引用者注）との，深いレベルでの対立ないし"せめぎ合い"の時代となるだろう。それが…人類史の『第三の定常化』への移行をめぐる分水嶺と重なり，また『超（スーパー）資本主義』と『ポスト資本主義』の拮抗とも呼応する。」

かくして広井は,「ポスト資本主義」社会としての「定常型」社会を提起している。[9]

また佐伯は,次のようにいう。[10]「人口減少や高齢化社会に突入した日本は,もはや,経済成長を第一義の価値にする時代ではないのです。…にもかかわらず,今日,成長戦略が政策の柱になり,相変わらず経済成長をめざしているのです。…先進国も新興国も…ともかくも『資本』を世界中の金融市場に集めて経済成長に結びつけようとしています。」「過剰な市場競争が正義であるかに誤認されているために,われわれの社会はますます窮屈になり,政治はさらに不安定化してゆきます。確かなことは,まずは『資本』を金融市場にバラまいて成長をめざすという『資本主義』はもう限界なのです。」

さらに社会科学者ではないが,作家の高村薫は新聞のインタビュー[11]に答えて次のようにいう。2016年11月の米大統領選挙でトランプ氏が当選し「近代の価値の終わり」があらわになった。「私たちがよって立ってきた資本主義,民主主義,国民国家という枠組みが確実に限界を迎えようとしている。…本来,人間はよほど自分を律していなければ善良ではいられない。良識や思慮深さという『重し』がとれ,人は品が悪くなり,言いたい放題になり,人に平気で迷惑をかける。今は人間が持っている野蛮なところが世界中でむき出しになってきています」。トランプ(米)大統領やドゥテルテ(フィリピン)大統領など「10年前なら決して表に出られない人が現れたのは,重しがとれたからです。…一度外れた重しは戻らず,私たちが直面しているのはこれまでの方程式が全く役に立たない世界です。」

われわれは,米大統領やフィリピン大統領,ロシア大統領や中国国家主席など(排外主義や領土・領海拡張政策に象徴される自国益第一のエゴイズムの体系への歴史的逆噴射)の組織経営を真似るべきではないが,彼らに類似した(憧れるような)政治家やその手法を真似るような経営者は日本でも見受けられるようである。

折しも,2017年2〜3月に首相夫妻名義をも巻き込んだ大阪府豊中市の国有地格安(大幅減額)取得および幼稚園における教育勅語朗唱教育などが次々[12]

に発覚して世間を騒がせた学校法人M学園（大阪市）問題は，歴史的転換期の狭間（裂け目）から露出した広義教育経営をめぐる不可解な幾多の問題を内包している例として銘記しておく必要があろう[13]。これら一連のM学園に係る事例を通して教育経営の一分野としての学校法人経営を巡る現実問題として批判的に検討し，不明朗・不条理な「近代」的関係の克服をめざして，時間的視座からみた教育経営学のパラダイム転換を展望すると，次のような新たな視点や課題が示唆される。

　第一に，M学園にかかわって国会で追及された経緯（土地取得，政治家の関与（口利き），官僚の忖度・迎合・配慮）や，大阪府の私立小学校設置認可をめぐる動きに関してである。さらに，それらの過程にあって，その交渉過程や算定根拠の記録が残されていないことや行き届いたとも思える補助金支給（交付決定）が行われていたことに関してである。このような不透明な過程を経て学校設置認可の過程が進行していたことは，これまで教育経営学研究において積み上げてきたマネジメントサイクルに関する知見に鑑みても疑問の残るところであろう。その点においては，PDCAのマネジメントサイクルを通じて必要とされ基本とされる公開性や透明性を改めて確認することが示唆される。とりわけ，エビデンスに基づく「評価」結果を大切にする視点およびそれに基づく改革・改善を志向する視点の再確認が必要とされるであろう。

　第二に，当時のT幼稚園の教育内容・方法のもつ特異性である。たとえば，教育内容として「毎朝の朝礼において，教育勅語の朗唱，国歌"君が代"を斉唱します。」と記されている。指摘しておきたいのは「教育勅語の朗唱」であり，時間的視座からみた場合，これらは，単にアナクロニズム（時代錯誤）というだけで済ませることはできないことである。そういうことではなく，歴史的転換期の狭間（裂け目）における近年の政治的思想的風潮を映し出す歴史的逆噴射とも受け止められるべきものということができる。したがって，この事例には，「近代」（及び前近代）と相克する教育経営学を構築する視座の1つとして問題が提起されていると考えられ，積み上げてきた教育経営学研究における成果の再確認が必要とされるところである。

158　第3部　教育経営学のパラダイム

すなわち，次のような点において，教育経営学研究においても議論が基礎づけられ深められていることを銘記すべきであろう。それは，教育勅語（教育ニ関スル勅語）に関しては，教育勅語は単に家族道徳を説くものではなく，家族国家観を前提に「一旦緩急アレハ義勇公ニ奉シ以テ天壌無窮ノ皇運ヲ扶翼スヘシ」と天皇主権国家への忠誠・奉公を求める教育思想を鼓舞するものであること[14]，1948年6月に衆議院で「教育勅語等排除に関する決議」が，参議院では「教育勅語等の失効確認に関する決議」が出されており，今日に至るまでそれらの決議は否定されていないということである。

第三に，これらの事例のなかで明らかにされたヘイトスピーチ（ペーパー）に関する問題である。通常，ヘイトスピーチ（特定民族などに対する憎悪扇動活動）は街頭でばら撒かれ，教育機関・関係団体を襲う（向けられる）ことが多いが，近年聞くに堪えない「嫌韓厭中」を越えたヘイトスピーチが問題となり規制法[15]が施行された。このヘイトスピーチの存在には，太平洋戦争時に「鬼畜米英」教育が行われていたことを想起しておく必要があろう。すなわち，時間的視座からみた教育経営学のパラダイム転換には，不明朗・不条理な「近代」的関係を克服して，今後にますます進むと予測されるグローバル化がもたらす多様性（ダイバーシティ）の社会を見据え，国民社会における包摂と排除の歴史を再確認する作業が不可欠とされていることを課題として指摘できるであろう。

2. 空間的視座からみた教育経営学のパラダイム転換

本節では，まず政府の新成長戦略実現会議の下に設置されたグローバル人材育成推進会議が2012年6月4日に出した審議まとめ「グローバル人材育成戦略」をみておきたい。

同「審議まとめ」は，「2004年以降，海外へ留学する日本人学生の数は減少に転じている」など「若い世代の『内向き志向』を指摘する向きもある」ことや，「1980年代頃までに『（経済的）豊かさ』を達成した結果，フロンティアを喪失することとなり，今日では，技術の先進性や一定規模の国内マーケットの存在などが却って『日本のガラパゴス化』を招きかねないとの懸念すら指摘さ

れる状況にある」なかで、「グローバル化する世界の中にあって、我が国では、『失われた20年』と言われるなど、経済のみならず社会の各分野で国内に停滞感が充満している」という危機感から、「人口減少と超高齢化が進む中で、東日本大震災という深刻な危機を経験した我が国経済が本格的な成長軌道へと再浮上するためには、創造的で活力ある若い世代の育成が急務である。とりわけ、グローバル化が加速する21世紀の世界経済の中にあっては、豊かな語学力・コミュニケーション能力や異文化体験を身につけ、国際的に活躍できる『グローバル人材』を我が国で継続的に育てていかなければならない」と訴えている。また、「新たな時代の我が国の成長の牽引力となるのがもはや一握りのトップ・エリートのみであることを意味しない。様々な分野で中核的な役割を果たす厚みのある中間層を、言わば『21世紀型市民』として形成する上でも、今後は、国際社会との関わりを抜きにして語ることはできない」「その上で、我が国は、『産業・経済上の持続』と『社会生活面での幸福・充足感や（精神的）豊かさ』とが両立した、経済・社会の調和のとれた発展のモデルとなることを目指すべきである。そのことが、ひいては、言わば『課題解決先進国』として、我が国が世界からの信頼と尊敬を得て存在感のある国となることにつながるものと考える」とも主張している。

　そこで「審議まとめ」は、「『グローバル化』とは、…総じて、（主に前世紀末以降の）情報通信・交通手段等の飛躍的な技術革新を背景として、政治・経済・社会等あらゆる分野で『ヒト』『モノ』『カネ』『情報』が国境を越えて高速移動し、金融や物流の市場のみならず人口・環境・エネルギー・公衆衛生等の諸課題への対応に至るまで、全地球的規模で捉えることが不可欠となった時代状況を指すものと理解される」と記し、「我が国がこれからのグローバル化した世界の経済・社会の中にあって育成・活用していくべき『グローバル人材』の概念を整理すると」「要素Ⅰ：語学力・コミュニケーション能力　要素Ⅱ：主体性・積極性、チャレンジ精神、協調性・柔軟性、責任感・使命感　要素Ⅲ：異文化に対する理解と日本人としてのアイデンティティー」「のような要素が含まれるものと考えられる」としている。また「『グローバル人材』に限らず

160　第3部　教育経営学のパラダイム

これからの社会の中核を支える人材に共通して求められる資質としては，幅広い教養と深い専門性，課題発見・解決能力，チームワークと（異質な者の集団をまとめる）リーダーシップ，公共性・倫理観，メディア・リテラシー等を挙げることができる」と提起している。

そのうえで，第一に「英語教育の強化，高校留学の促進等の初等中等教育の諸課題について」，第二に「大学入試の改善等の大学教育の諸課題について」，第三に「採用活動の改善等の経済社会の諸課題について」および「その他関連する重要課題について」それぞれ具体的に提案されている。

第一については，①実践的な英語教育の強化（英語・コミュニケーション能力，異文化体験など），②高校留学などの促進，③教員の資質・能力の向上のそれぞれについて，第二については，①大学入試などの初等中等教育と大学教育の接続の改善・充実，②国際的に誇れる大学教育システムの確立，高等教育の国際展開の推進，③留学生交流の戦略的な推進（日本人学生の海外留学の促進，海外からの留学生受け入れの促進，留学生交流戦略の明確化など）のそれぞれについて具体的に提案されている（第三・その他については省略）。

まず「審議まとめ」の問題点と留意点を指摘し，その後の実施（に向けた取り組み）状況の一部をフォローしておきたい。「審議まとめ」は，「グローバル化」する世界のなかでの「成長戦略」として「グローバル人材」を育成する必要があるという枠組みで構想されている（そのことは，その後の政権においても基本的には継承されているが，ナショナルな視点はより強化されることになる）。しかしながら，第1節でもふれたように，もはや「成長」（の価値や目標）を絶対化できる時代ではなくなっている。ただ，「審議まとめ」の留意すべき点としては「グローバル化」を「金融や物流の市場のみならず人口・環境・エネルギー・公衆衛生等の諸課題への対応に至るまで，全地球的規模で捉えることが不可欠となった時代状況」と捉え，社会生活や精神的豊かさとの調和をめざして「厚みのある中間層を，言わば『21世紀型市民』として形成する上でも，今後は，国際社会との関わりを抜きにして語ることはできない」と指摘していることなどである。

つぎに，その後の取り組み状況であるが，2013 年 6 月 14 日に閣議決定された「教育振興基本計画」では，その「基本施策 16　外国語教育，双方向の留学生交流・国際交流，大学等の国際化など，グローバル人材育成に向けた取組の強化」の「基本的考え方」として「グローバル化が加速する中で，日本人としてのアイデンティティや日本の文化に対する深い理解を前提として，豊かな語学力・コミュニケーション能力，主体性・積極性，異文化理解の精神等を身に付けて様々な分野で活躍できるグローバル人材の育成が重要である」と記し，「このため『社会を生き抜く力』の確実な養成を前提とし，英語をはじめとする外国語教育の強化，高校生・大学生等の留学生交流・国際交流の推進，大学等の国際化のための取組（秋季入学に向けた環境整備，海外大学との国際的な教育連携等）への支援，国際的な高等教育の質保障（単位の相互認定，適切な成績評価等）の体制や基盤の強化等を実施するとともに，意欲と能力ある全ての日本の若者に，留学機会を実現させる」としている。

　この「基本計画」では，先の「審議まとめ」に比べ，「日本人・日本文化」といったナショナルな視点が前面に出されている。具体的な取組強化内容の部分で着目しておきたいのは，「審議まとめ」では「英語教育」とされていたのが，「基本計画」では「英語をはじめとする外国語教育」と表記されていることである。ただ，「基本計画」でも英語以外の言語については何も触れていない。しかしながら，日本の歴史的地理的条件及び海外との「双方向の交流」を考えれば，韓国語・中国語やスペイン語・ポルトガル語（中南米）にも視野を広げ目配りすべきである。

　そして，2016 年 12 月 21 日に出された中央教育審議会の答申「幼稚園，小学校，中学校，高等学校及び特別支援学校の学習指導要領の改善及び方策等について」である。そのなかの「5.　現代的な諸課題に対応して求められる資質・能力」の 1 つとして「グローバル化する（社会の）中で世界と向き合うことが求められている我が国においては，自国や他国の言語や文化を理解し，日本人としての美徳やよさを生かしグローバルな視野で活躍するために必要な資質・能力の育成が求められている。前項 4.　において述べた言語能力を高め，国語

162　第 3 部　教育経営学のパラダイム

で情報を的確に捉えて考えをまとめ表現したりできるようにすることや，外国語を使って多様な人々と目的に応じたコミュニケーションを図れるようにすることが，こうした資質・能力の基盤となる。加えて，古典や歴史，芸術の学習等を通じて，日本人として大切にしてきた文化を積極的に享受し，我が国の伝統や文化を語り継承していけるようにすること，様々な国や地域について学ぶことを通じて，文化や考え方の多様性を理解し，多様な人々と協働していくことができるようにすることなどが重要である」と述べられている。しかしながら，この部分は全体としてナショナルな視点とグローバルな視点の狭間で，そのバランスを図ろうと意図しているのであろうが，時の政権（政治権力）そのほか各方面への「忖度」から両者の視点がやや分裂気味で，理解に苦しむ（読解に苦労する）ところである。とくに「日本人としての美徳」の発想（意識）から「グローバルな視野」は生まれない。また，文化は特定の「過去」を固定化・美化して捉えられるものではなく，とりわけ日本列島の文化自体が本来（ルーツ）は多様で，常に海外の文化を受容しつつ成長してきた生き物である。なお，「グローバル人材」という表現は，注釈には出てくるが，本文中では使われていない。ところで，上記に続くところで「世界とその中における我が国を広く相互的な視野で捉えながら，社会の中で自ら問題を発見し解決していくことができるようにしていくことも重要となる。国際的に共有されている持続可能な開発目標（SDGs）なども踏まえつつ自然環境や資源の有限性，貧困，イノベーションなど，地域や地球規模の諸課題について，子供一人一人が自らの課題として考え，持続可能な社会づくりにつなげていく力を育んでいくことが求められる」と述べているが，この点は注目しておきたい。

　また，同「答申」の「各教科・科目等の内容の見直し」の「外国語」のなかで「英語以外の外国語教育の改善・充実」として「グローバル化が進展する中，日本の子供たちや若者に多様な外国語を学ぶ機会を提供することは，言語やその背景にある文化の多様性を尊重することにつながるため，英語以外の外国語教育の必要性を更に明確にすることが必要である」と述べている点も注目すべきである。

（国祐道広）

注

1) 国祐道広「変容する国家と教育政策」熊谷一乗・国祐道広・嶺井正也編『転換期の教育政策』八月書館，1998 年，39-58 頁。

2) 本章の課題と関連する拙稿を過去の本学会編集本に寄せたものもあるので，併せて参照していただければ幸いである。国祐道広「グローバル化状況における国民社会の変容と公教育」日本教育経営学会編『公教育の変容と教育経営システムの再構築』（シリーズ教育の経営 1）玉川大学出版部，2000 年，27-40 頁。国祐道広「学校教育における地球化と教育経営」（教育経営をめぐる環境変動）『日本教育経営学会紀要』第 49 号，第一法規，2007 年，13-24 頁。

3) 神谷秀樹『さらば，強欲資本主義』亜紀書房，2008 年。鶴見済『脱資本主義宣言』新潮社，2012 年。水野和夫『資本主義の終焉と歴史の危機』集英社，2014 年。広井良典『ポスト資本主義』岩波書店，2015 年。佐伯啓思『さらば，資本主義』新潮社，2015 年。榊原英資・水野和夫『資本主義の終焉，その先の世界』詩想社，2015 年。

4) トマ・ピケティ／山形浩生・守岡桜・森本正史訳『21 世紀の資本』みすず書房，2014 年。

5) 『毎日新聞』2017 年 1 月 17 日付。

6) 同上。

7) 水野和夫『資本主義の終焉と歴史の危機』集英社，2014 年。

8) 広井良典『ポスト資本主義』岩波書店，2015 年。

9) 広井良典『定常型社会』岩波書店，2001 年。広井良典『グローバル定常型社会』岩波書店，2009 年。

10) 佐伯啓思『さらば，資本主義』新潮社，2015 年。

11) 高村薫「今の絶望を直視せよ」（この国はどこへ行こうとしているのか 2017）『毎日新聞』2017 年 1 月 18 日付夕刊。

12) 当時，テレビ・ラジオ・新聞・雑誌等で連日洪水の如く報道されたが，本章では，主として毎日新聞と NHK テレビ放送および M 学園 T 幼稚園ウェブサイトを参照した。

13) 引き続いて 2017 年 5 月当時，マスコミなどで大きく報道された学校法人 K 学園（岡山市）OR 大学獣医学部（愛媛県今治市）新設問題も，対象は異なるが M 学園と同質の問題を内包していた。

14) 文部省『初等科修身　四』「大御心の奉體」東京書籍，1943（昭和 18）年（復刻版ほるぷ出版，1982 年）。

15) 「本邦外出身者に対する不当な差別的言動の解消に向けた取組の推進に関する法律」（平成 28 年法律第 68 号）。

| 第15章 | 教育経営学における人間への視線 |

1. なぜ「人間」に焦点をあてるのか―課題の設定と本章の目的

　本章では，教育経営学が「人間」とどう向き合ってきたかをめぐって検討することを課題とし，「人間」の存在に対する視線のこれまでの状況とともに「人間」に向けられる視線に対する今後の方向性について明らかにしたい。

　では，なぜ「人間」に焦点をあてるのか。たとえば，「学校教育」について教育基本法第6条第2項には，「前項の学校においては，教育の目標が達成されるよう，教育を受ける者の心身の発達に応じて，体系的な教育が組織的に行われなければならない。この場合において，教育を受ける者が，学校生活を営む上で必要な規律を重んずるとともに，自ら進んで学習に取り組む意欲を高めることを重視して行われなければならない」（下線は引用者）と，「教育を受ける者」に対する留意すべき視点が明示されており，「人間」の重要性に気づかされる。このことは「教育は，教師次第」との指摘を想起させるとともに，「経営は組織，組織は人である」との指摘も思い出させる。このように改めて「人間」の存在を意識すると，たとえば，「国民は，すべての基本的人権の享有を妨げられない。この憲法が国民に保障する基本的人権は，侵すことのできない永久の権利として，現在及び将来の国民に与へられる」（日本国憲法第11条）ものであり，「国民の不断の努力によって」（同第12条）保持されなければならないことも想起されるであろう。

　ここで問いたいのは，そのような憲法や法律の条文の求めることを空気のような存在にして「人間」の本質について意識することなく，ものごとが進められているのではないかということである。さらには，「人間」の存在を問うことなく無意識・無自覚のなかで教育経営学の研究や実践が進められることや，「人間」の存在を自明のものとして捨象してしまっていることへの危惧である。

　以上のような問題意識には，人間が人間に働きかける営みこそが教育の本質であり，その働きかけにおいて人間が人間として尊重されることが不可欠とされていることに対する危機意識が存在する。すなわち，教育経営学における研究動向を整理する枠組みに，その根底にある「人間」に焦点をあてて検討することが，改めて必要とされるとの課題意識である。

165

そこで本章では，教育経営学において「人間」とどう向き合ってきたかをめぐって検討することを課題とし，「人間」存在に対する視線のこれまでの状況とともに「人間」に向けられる視線に対する今後の方向性について明らかにすることを目的とするものである。そのため，まず，経営学や組織論が論じてきた人間観を整理する。続いて，教育経営学において，①どのように「人間」を捉え，どのように「人間」を論じようとしてきたのか，②どのような人間像がめざされるのかについて考察する。最後に，「人間」に向けられる視線をめぐって教育経営学研究における今後の検討課題を提起したい。

なお，本章において検討しようする「人間」の存在については，教育経営学が研究対象として量的・質的な側面からどのように「人間」を捉えてきたかをめぐって検討することに焦点をあてるものではなく[1]，「人間」に向けられる視線の鋭さ，視座の高さ，視野の広さといった観点から検討していきたい。とりわけ，人間が人間に働きかける営みという点で，働きかけられる人間であることが多い子どもの位置づけを中心に，教育経営学研究における「人間」に向けられる視線について整理を試みたい。

2. 経営学・組織論ではどのような人間観がみられるのか

今日，われわれはさまざまな組織に属して，組織を生活の手段として必要不可欠なものとしている。元来，組織とは，人間がある目的を達成するためにその肉体的・精神的能力の制約を克服する手段としてつくり出してきたものであり，その経営にあたって目的達成に人間がどのようにかかわるかは重要な鍵といえる。この「組織と人間」のかかわりについて，マーチとサイモン（March, J.G. & Simon,H.A., 1958，訳書10頁）は，組織の理論は人間行動の理論であるとし，人間のどのような特性を考察の対象とするかという仮説のちがいによって，組織論を分類することができると指摘している。そのような仮説については，人間観を検討したシャイン（Schein, E.H., 1965，訳書64-91頁）による，①合理的経済人，②社会人，③自己実現人，④複雑人の仮説がよく知られている。

①合理的経済人の仮説とは，人間を信頼できず金銭によって動機づけられ計

算づくで動く「大衆」と，信頼でき金銭以外によっても広く動機づけられ大衆を組織し管理すべき「道徳的エリート」に分類するものである。とくに，前者の組織成員に関してはマグレガー（McGregor, D., 1960）のいうＸ理論がよく知られており，人間は生まれつき怠け者で外からの刺激で動機づけなければならない存在とする。そのため，組織目標の達成に協力させるため，人間は外部からの力で統制される存在であり，基本的に自律および自己統制は不可能で指揮されることを好み，安全を欲し責任を回避したがる存在と捉えるものである。

②社会人の仮説とは，人間関係論における人間観としてよく知られている。人間は基本的に社会的欲求によって動機づけられ仲間との関係を通して基本的な一体感をもち，経済的刺激や統制よりもむしろ仲間集団の社会的力に敏感で，それゆえに仕事そのものに対して意義を求めるというより仕事における社会的関係のなかに意義を求める存在と理解するものである。

③自己実現人の仮説は，マグレガー（1960）がＹ理論と称したものである。人間には創造性や工夫力や想像力が広く共有されており，仕事は自らを満足させるものであれば遊びと同様に自然な行為と理解される。人間は組織の目標達成に責任をもって取り組むとき，その目標に向かって自己指導と自己統制を行い，自我の充足と自己実現を裁量の報酬としてその仕事に取り組んで責任を受容し責任を求めることを学ぶことのできる存在と捉えるものである。

以上のような合理的経済人・社会人・自己実現人の３つの「人間」に関する仮説について，シャイン（1965）は人間をあまりにも一般化しすぎており，単純化しすぎるとして，人間の行動をもっと複雑なものと理解しようする。人間は多くの欲求や潜在的可能性をもっているだけでなく，これらの欲求に関しては人によってその重要性を異にしており，その発現の仕方も年齢や発達段階，役割の変更，状況，対人関係の変化とともに変化すると考える④複雑人の仮説である。シャインは，常にすべての人に有効な唯一最善の正しい経営戦略というものは存在しないとする理論を，このような人間観に立って展開している。

また，近代組織論の祖とされるバーナード（Barnard, C.I., 1938, 13-16頁）は，人間を物的・生物的・社会的要素の統合であると理解することから組織論を出

発させる。結論的には人間を，一定の制約はあるが自由意思をもち，さまざまな動機に基づいて自己の行動を選択できる存在と捉える。組織成員とは，単なる生産用具ではなく，限界を有しつつも一定の合理性をもった意思決定者・問題解決者であり，自由と責任をもった自律的人間と捉えられている。

　以上のような「人間」の本質を捉える議論は，教育経営学において重要である。とりわけ，教育というはたらきが「人間が人間になる」ことに関するものであり，教育組織は「人を人とする組織」[2][3]であることが求められる。今日に求められる学校評価や自己申告による教員評価を考えてみても，人間存在の前提を自明視して，その存在に無自覚的なままでいることは許されない。教育経営学における「人間」の存在が検討されることは必要である。教育組織における統制原理は，多分に教育観・指導観・子ども観などの価値や理念という「ものの見方，考え方」に置かれていることや組織における人間関係それ自体が教育の営みであることなど人間的側面が強いことに鑑み，教育組織では，組織成員である人間をいかに理解するかが重要な鍵概念といえるのである。

3. 教育経営学では「人間」とどう向き合ってきたか

(1) どのように「人間」を捉え，論じようとしてきたのか

　岩下（1986）は，教育の本質と教育経営の検討に，「人間が人間になる」という教育のはたらきの意味を吟味する。「人間」への視線として，とくに「個性的存在としての人間」「人間形成における人間の自発性・自主性」に対する視点が求められる。また，幸田（1987，33頁）は「機械的な平等主義と表面的な民主主義に縛られて，教育が一人ひとりの子どもに内在する異なった潜在的可能性を，一人ひとりの発達の流れに即して現実のものとする営みであるということが，ないがしろにされているところに学校教育の病理がある」と指摘し，「個々の教師のなかには，一人ひとりの子どものもつ独自な生命を何よりも大切なものとして受け止めようとするものもいる」と述べている。ここには潜在的可能性が期待される個性的な存在としての「人間」存在を基盤とする視点が表明されている。教育経営学研究において「人間」という存在を位置づける際

168　第3部　教育経営学のパラダイム

に，このような泰斗の指摘の引用を出発点とできるであろう。続いては，人間が人間に働きかける営みという点で，働きかけられる人間であることが多い子どもの位置づけの考察から，近年の「人間」への視線を素描してみたい。

　林（2007）は「子どもの変容と教育経営」の検討にあたり，教育経営学研究における子どもの位置づけについて，「子どもと教育経営」を特集した『日本教育経営学会紀要』第 33 号（1991）「まえがき」の牧編集委員長の指摘[4]を取り上げ，「それから 15 年以上経つが，子どもの変容にかかる言説は，今日まさに子どもを中心に位置づけた教育経営研究の必要性を示唆している。それも，子どもの変容についての過度の一般化の危険性を極力廃して，一人ひとりが掛け替えのない存在であるとの位置づけを明確にして，『子どもの側に立つ[5]』視点が必要とされる」（29-30 頁）と指摘している。さらに，片山（2013）は「社会変動と子どもをめぐる問題」の検討にあたり，「事実，教育経営研究においては，子どもの姿が見える論稿が少なく，管理職や教員，保護者に比重がおかれがちで，子どもは教育経営の客体であれ何であれ，枠組みそれ自体から外れてしまっているのではないかと感じることが少なくない。今なお，牧の指摘は克服されたとは言い難いのではないだろうか」（14 頁）と指摘する。また，岩永（2012）は「学校と家庭・地域の連携における子どもの位置」を検討するなかで，「問題は，子どもは教育の対象であり，教職員，保護者，住民といった大人が考えたプログラムの消費者でしかないという点である（18 頁）」ことや「結論的にいえば子どもは育てられるべき対象であり，大人が準備した学習・体験プログラムの受容者でしかない（20 頁）」と指摘している。[6]

　以上，子どもに向けられる視線の現状は教育の客体としての視線[7]にとどまる傾向にあり，「人間」に対する視座も限定的であるといわざるをえない。

　では，このような点について教職員や保護者・地域住民という大人である「人間」という存在に対する教育経営学研究の視線はいかなるものであろうか。[8]紙幅の都合ではあるが，ここでは教職員に係る多くの研究のなかで，2010 年から 3 年間，研究推進委員会が課題研究として取り組んだ「分権改革下における学校組織の変容と教職員の感情[9]」の議論のなかから，教職員に指摘された「人

間」に対する視線にみられる課題を振り返ってみたい。

　たとえば，榊原（2011）は「これまでの研究ではモチベーションややる気といった感情の一部について，とても操作的な立場を採ってきたことを振り返るべきであろう」（166頁）と述べている。また，金川（2011）は「感情社会学の知見は，これまで理論化の対象外であった『感情』を体系的に議論の俎上にのせたという点で意義深い。しかしながら，組織パフォーマンス（組織の成果）と感情管理との関連など，感情に関する組織の道具主義的側面に焦点をあてた研究に陥りやすい」（162頁）と指摘している。すなわち，「人間」という存在を「操作の客体として捉える傾向」（加藤，2012，143頁）にあることに課題を看取できると考えられる。

(2) どのような「人間」像がめざされるのか

　では，どのような「人間」像を描けばよいのであろうか。その手がかりとして教育の成果をどこに求めるのかを考えると，たとえば，2017年告示の学習指導要領では，今日の学校教育において「社会に開かれた教育課程」のもとにカリキュラム・マネジメントが推進され「主体的・対話的で深い学び」によって児童生徒を育むことが求められている。そのような文脈に鑑み，また，グローバルとローカルを両立させ知識基盤社会にあって生きる力を発揮する存在への道程に思いをはせると，主体者としての人間，自己決定・自己責任を体現できる「人間」存在への視線の必要性を指摘できる。換言すれば，生涯学習社会において求められる学習者（to be）の姿である。すなわち，自己管理可能な存在として，自己主導的学習を推進する自立した学習者であることがめざされる。学校教育においてめざされる児童生徒の将来に，生涯学習者としての人間を描くことができる。そして，その根底に，存在自体があるがままに認められる世界のなかで，掛け替えのない個性的で絶対的な独自な存在としての「人間」に対する鋭い視線が不可欠であり，「人間尊重の精神」に対する視座の高さが問われる。さらに，多様な状況のもとにさまざまな人々が生活するなかでは，「人間」のおかれた条件に対する視野の広さも必要とされる。

　では，これまでの検討をふまえ，「人間」に対する視線はどのように整理で

きるであろうか。藤井 (2015) は「学校の自律性と子どもの自律性」を検討するなかで「教員の学びと子どもの学びの相似性」「子どもの学びの原型としての教員の学びという考え方」を指摘する。加えて、「子どもの自律性を培うためには教員の自律性が必要であり、学校の自律性を高めるためにも教員の自律性が必要とされるという三者の関係を仮設することは可能であろう」(22 頁) と述べている。この議論を参考にすれば、子ども vs 大人、児童生徒 (学習者) vs 教職員 (教授者)、教職員 vs 保護者といった対立構造で捉える議論は、学びの主体としての「人間」の存在の前では意味を失うのではないか。以上のような考察から、教育経営学研究における「人間」に向けられる視線として求められるのは、「…のために」という視線にとどまらず、「…とともに」という視線を含めた複合的なあり方への転換を提案できる。すなわち、「人間」を客体としての位置に留め置く「…のために」の視線にとどまらず、それぞれが自立し自律する主体であり協働することを可能とする「…とともに」という視線が求められよう。とりわけ、「子どものために」の視線は「子どもとともに」の視線から再検討され、主体者である生涯学習者という「人間」像がめざされる。

4. 「人間」に向けられた視線にどう向き合うか―今後の検討課題

人が人として尊重され、主体者である生涯学習者の誰もが幸せに生きることを希求できる社会の実現が求められる。しかし、そのなかにあって配慮を必要とする人が存在するという事実がある。また、多様な人々が生きる社会では一人ひとりが尊重されて協働することが求められている。そのような点から、今後の方向性に関する検討課題を 2 点指摘して本章のまとめとしたい。

第一に、配慮を必要とする人への対応である。たとえば、学校・学校教育における子どもに対する視線では、片山 (2013) の示す社会変動に伴う子どもに係る次の 3 つの課題が示唆的である (16-18 頁)。それらは、①「福祉の力を必要とする子が増えていること」、具体的には「子どもの貧困」の進行や「児童虐待の問題」、②「特別支援教育を要する子どもの増加も見過ごせないこと」、③「家庭の経済状況の悪化や教育力の低下によってもたらされるインセンティ

ブディバイド（学習意欲の格差）の進行によって，学習から遠ざかる子どもの存在」「学級や学校への巻き込み（involvement）から外れるリスクの高い子どもたち」に対する教育経営での扱いや環境設定である。

　すなわち，掛け替えのない個性的で絶対的な独自な存在としての「人間」に対する鋭い視線や「人間尊重の精神」に対する高い視座を保持し，教育経営学の研究や実践の推進には，多様な状況・条件のもとにさまざまな人々が生活するなかにあって「人間」のおかれた条件という広い視野に応えていくことが必要とされる。たとえば，2016年日本教育経営学会第56回大会の公開シンポジウム「共生社会の実現と教育経営の課題―多様性に教育はどうこたえるか」では，「子どもの貧困対策，インクルーシブ教育，外国人児童生徒教育，LGBTの児童生徒への対応など」が示された。そのような「人間」のおかれた条件に応えて，視野の拡大を図ることが今後の検討課題として指摘できる。[11]

　第二に，「人間」に対する視線の広さに係る多様性に関連して，「チームとしての学校」の視点を生かすことである。これに関しては，藤原（2014）は「教職員の多様化という組織構造変革を学校の課題解決能力の向上につなげるためには，一人ひとりの教職員の職務・雇用形態および属性の多様性を踏まえた上で，全教職員の資質能力を開発し，活用するダイバーシティ・マネジメント（Diversity Management）という観点が求められている」（29頁）と指摘する。今後多様な人々の協働の推進には，拡大する「人間」に係る視野への対応が「人間」への鋭い視線のもとに高い視座が保持されていることを必要とする。そのため「…とともに」の視線からダイバーシティ・マネジメントを実質化していくことが今後の検討課題として指摘できる。[12]　　　　　　　　　　（林　孝）

注
1) 教育経営学研究において「人間」は重要な研究対象である。たとえば，教職員や保護者を対象に意識調査を実施し，その結果を分析考察して対象とする「人間」の認識を明らかにするなど，大きな研究成果を蓄積してきている。また，人間に関する量的基準は教育経営実践を支えていることも指摘できる。たとえば，「学級編制及び教職員定数の標準」に照らして，今日の少子高齢化のなかでどのような学校経営実践が可能か検討されてい

る。本章では，このような視点で検討しないため，量的・質的な側面からどのように「人間」を捉えてきたかをめぐって検討することに焦点をあてるものでないとした。なお，たとえば，教員をめぐる懲戒処分や分限処分の統計資料をめぐって，あるいは児童生徒のいじめや不登校の状況に係る統計資料をめぐって，量的な経年変化と質的な理由の変化からみえてくる課題に焦点をあてて，教員や児童生徒に教育経営学研究が向き合う視線を検討することは，喫緊の課題であることは疑いない。

2) 岩下 (1986) は，「教育は，『人間が人間になる』とはどのような人間になることであるのか，それはどのようなメカニズムで行われるのかという問いから免れることはできない」（傍点は原文のまま，7頁）と，「教育の自主性と教育経営」の検討に，理想的人間像の追究，および人間と環境との間の教育作用の特質を問うことの必要性を指摘している。

3) 林 (1990) は，かつて「教育組織は，教育活動の本質に照らして判断されるように，人を人とする組織である」(82頁) として，「人を人とする」ことの意味を，次の2点から捉えた。すなわち，「①人をよりよい（善い・良い）人とするという教育活動の目的方向性を意図するだけでなく，②人を人と認めるという教育活動の成立基盤を含意している」ことを指摘している。

4) 牧は「われわれは，常に子どもをみない教育経営学であってはならないと自戒してきているはずですが，真に子どものためになる教育経営学の確立までにはさらに一定の年月を要するように思われます」と述べている（牧昌見「まえがき」『日本教育経営学会紀要』第33号，1991）。

5) 下村 (1991) は「これまで学校は，『子どもの側に立つ』ことを標榜しながら実際の戦略決定に際しては，本来のクライアントである生徒よりも，教職員や学校の都合あるいは教育委員会の利害を優先させがちではなかったか。学校の経営戦略は，きわめて当然のことながらクライアントである生徒の期待を中心に策定される必要がある」(6頁) と指摘する。そして，児童の権利条約にいう「児童の最善の利益（第3条）」は，「学校経営においても，さらに広く教育経営全般においても『最初に考慮』されるべきものである」(7頁)，また，「教育経営の課題を『児童の最善の利益』を置くことを踏まえながら，『教育』と『効率』とのよりよき調和をめざすところにある」(8頁) とし，「政策判断の基本はあくまでも児童の利益を本質的に保障し得るか否かになければならない」(9頁) と指摘している。

6) そのような状況におかれている「子ども」に対して，学校の構成員としての「子ども」が学校経営のあり方にどのように加わることができるかの検討は「人間」存在の検討に示唆的である。たとえば，小野田 (1998) は「一人の主権者としての権利を行使することができるよう発達する主体として生徒が考えられ，そのための日常的な訓練・教育と実践の場としての参加機構・制度が主眼に置かれるべきもの」(47頁) として，「生徒の参加」の重要性を指摘している。また，葉養 (2005, 44頁) は，「学校社会の統治的機能にかかわる仕組み」に「学校社会の重要な構成員である生徒が参画権を持つ，というのはきわめて自然なことと言ってよい。」「協働統治の方式が特定構成員を排除して成り立つ，というのはガバナンスの自己矛盾と言える」と指摘している。

7) 岩永（2012）は，「子どもが主体としての位置を占めるために考慮すべきこと」として，「第一に，子どもが主体であるとはどのような状態を指すのか，換言すれば主体としての能力の発達段階イメージの精緻化である。」「第二に，子どもが主体的に活動する場合，そこには必ずリーダーとフォロアーが生じるということである。大人はリーダーシップを発揮することに価値づけをしがちであるが，フォロアーの価値づけを見直す必要がある。人間には個性があり，その個性こそが尊重されるべきであると主張する大人が，いつの間にかリーダーを上に見てしまうという陥穽には気をつけるべきであろう」（20-21頁）と指摘している。

8) 保護者・地域住民に対する視線については，露口（2007）および岩永ら（2004）の論稿が興味深い。なお，学校の自律性の検討にあたり，林（2006, 26頁）は，保護者・地域住民とのかかわりについて，自律－他律の軸ではなくて自律－支援の軸を示し，「保護者（家庭）や地域住民（地域社会）とは本来，教職員（学校）にとってのパートナーであり，子どもの学びや育ちをともに支える共同責任を有するとともに学校の教育力向上に不可欠となる存在」であることを指摘している。

9) 榊原（2011）は，この課題研究において設定した問いについて，「分権改革下」における学校をとりまく環境変化が認められることを指摘して，次のように述べている。「学校と教職員はどのように組織を編成，対応，あるいは勤務してきたのか，また，彼らはいかに上記のような変化の影響を受け，あるいは受けてこなかったのか。この点について，とりわけ感情という言葉を用いて，これまで看過されてきた側面をどのようにすくい取ることができるか，である」（165頁）。教職員の感情に焦点をおいた学校組織や教職員の検討が全体的・包括的に行われる試みで「人間」存在を実感できる課題研究であった。「学校経営の議論では，教職員改革を促す，あるいはそのためのリーダーシップをと，学校管理職や教育委員会関係者の間ではしばしば語られてきたし，今なおその傾向がみられるが，感情を含めて学校組織や教職員の行動が説明されるならば，それらを経てなお残される余地（room）こそ，実践という言葉に与えられる意味になるだろう」（榊原2013, 149頁）との指摘はそのことを示している。

10) 教育経営学における研究や実践では，学校をはじめ教育組織における組織成員に向けられる視線として，たとえば，ドラッガー（Drucker, P.F., 1973）の有名な「3人の石工」の逸話が思い出される。大聖堂建設に寄与する石工，すなわち，組織の一員という捉えでは組織目標と個人目標を調和できる「人間」の存在である（曽余田，2009, 82頁）。本章の議論は，何かのための手段ではなくて，それ自体が尊重される存在である「人間」について検討しようとするものである。

11) 公開シンポジウムにおいて柏木（2017）は「子どもの貧困対策研究の立場から」で登壇し，学校における共生について「多様な個人の尊重という価値を重視する『包摂』と，強制力を伴う同化による『排除』の入れ子状態からなるものといえるが，学校は包摂よりも排除を促しやすい装置を内在させているかのようである」（78頁）と指摘し，教育経営学への期待を述べている。さらに，共生社会の実現に向けての教育経営の課題として3点をあげている（79頁）。「教育意思の形成過程に弱者の意思をどのように反映させる

のかという課題」「誰を基準に教育活動を創造し，その結果をどう評価するのかという
課題」「新自由主義的教育改革と親和的な排除を促す学校文化の打破と包摂への糸口を
どこに見出すのか，その具体的な戦略の提示」である。また，臼井 (2017) は「外国人
児童生徒教育研究の立場から」で登壇し，多様性に応える教育の実現に「誰の利益を守
るのか」を問い，「多様性の中の『個』性を，画一性の中でいかに守っていくかの戦略
や判断が不可欠」(81 頁) としている。教育制度の課題には「教育保障の根拠を何に求め
るのか」と提起して「外国籍者の『教育を受ける権利の保障』と『民族性や異文化への
配慮』の両立については，社会的に共有された議論には至っていない」(81 頁) こと，教
育行政上の課題には「自治体ごとの考え方や財政力の違い」が，学校経営上の課題では
「未経験による混乱と教職員間の価値観の対立」を指摘する。「課題解決に向けては，部
分を切り取るのではなく諸課題の関連性を踏まえて議論する必要がある」(84 頁) と主張
している。

12) 専門性の異なる多様な人材が学校の教育活動を支えていくことになると考えると，価
値観の異なる「人間」に対する異なりへの寛容な視線が必要とされる。なお，「チーム
として学校」で例示された専門スタッフは，次のとおりである。すなわち，「ⅰ）心理や
福祉に関する専門スタッフ（スクールカウンセラー・スクールソーシャルワーカー），ⅱ）
授業等において教員を支援する専門スタッフ（ICT 支援員，学校司書，英語指導を行う
外部人材と外国語指導助手（ALT）等，補習など，学校における教育活動を充実させる
ためのサポートスタッフ），ⅲ）部活動に関する専門スタッフ（部活動指導員（仮称）），ⅳ）
特別支援教育に関する支援スタッフ（医療的ケアを行う看護師等，特別支援教育支援員，
言語聴覚士 (ST)，作業療法士 (OT)，理学療法士 (PT) 等の外部専門家，就職支援コー
ディネーター）」である（中央教育審議会「チームとしての学校の在り方と今後の改善方
策について」(答申) 2015）。

文献・参考資料

岩下新太郎「教育の本質と教育経営—教育の自主性と教育経営」日本教育経営学会編『教
　育経営と教育行政』(講座日本の教育経営 2) ぎょうせい，1986 年，7-32 頁

岩永定「学校と家庭・地域の連携における子どもの位置」『日本教育経営学会紀要』第 54
　号，第一法規，2012 年，13-22 頁

岩永定・芝山明義・橋本洋治・岩城孝次「保護者の学校教育に対する意思と学校関与意欲
　の関係—小・中学校の保護者調査を通して」『日本教育経営学会紀要』第 46 号，第一法
　規，2004 年，52-64 頁

臼井智美「外国人児童生徒教育研究の立場から」『日本教育経営学会紀要』第 59 号，第一
　法規，2017 年，80-84 頁

小野田正利「父母および生徒の学校参加制度の可能性と方向性」『日本教育経営学会紀要』
　第 40 号，第一法規，1998 年，38-49 頁

柏木智子「子どもの貧困対策研究の立場から」『日本教育経営学会紀要』第 59 号，第一法
　規，2017 年，77-80 頁

片山紀子「社会変動と子どもをめぐる問題」『日本教育経営学会紀要』第 55 号，第一法規，2013 年，14-26 頁

加藤崇英「討論のまとめ」『日本教育経営学会紀要』第 54 号，第一法規，2012 年，142-145 頁

金川舞貴子「学校組織と教職員の感情」『日本教育経営学会紀要』第 53 号，第一法規，2011 年，159-165 頁

幸田三郎「日本の教育状況―日本における教育観・学校観」日本教育経営学会編『現代日本の教育課題と教育経営』（講座日本の教育経営 1）ぎょうせい，1987 年，13-37 頁

榊原禎宏「討論のまとめ」『日本教育経営学会紀要』第 53 号，第一法規，2011 年，165-168 頁

――「討論のまとめ」『日本教育経営学会紀要』第 55 号，第一法規，2013 年，149-150 頁

下村哲夫「教育経営における子どもの位置づけ」『日本教育経営学会紀要』第 33 号，第一法規，1991 年，2-10 頁

曽余田浩史「学校の組織マネジメントに関する理論の展開」岡東壽隆監修『教育経営学の視点から教師・組織・地域・実践を考える―子どものための教育の創造』北大路書房，2009 年，77-87 頁

露口健司「公立学校における保護者セグメントの解析―都市部近郊の小学校を事例として」『日本教育経営学会紀要』第 49 号，第一法規，2007 年，67-82 頁

林孝「教育経営における組織論」青木薫編『教育経営学』福村出版，1990，73-86 頁

――「学校評価・教員評価による学校経営の自律化の可能性と限界」『日本教育経営学会紀要』第 48 号，第一法規，2006 年，16-27 頁

――「子どもの変容と教育経営」『日本教育経営学会紀要』第 49 号，第一法規，2007 年，25-36 頁

葉養正明「学校経営者の保護者・地域社会，子どもとの新たな関係」『日本教育経営学会紀要』第 47 号，第一法規，2005 年，36-46 頁

藤井穂高「学校の自律性と子どもの自律性」『日本教育経営学会紀要』第 57 号，第一法規，2015 年，14-23 頁

藤原文雄「教職員の多様化とダイバーシティ・マネジメント―国際的動向も踏まえて」『日本教育経営学会紀要』第 56 号，第一法規，2014 年，24-34 頁

Barnard, C.I. *The Functions of the Executive*, Cambridge, Mass. : Harvard University Press, (1938). 山本安二郎他訳『新訳 経営者の役割』ダイヤモンド社，1968 年

Drucker, P.F., *Management*, New York : Harper Collins Publishers (1973). 有賀裕子訳『マネジメント―務め，責任，実践Ⅲ』日経 BP 社，2008 年

March, J. G. & Simon, H.A., *Organizations*, New York : John Wiley & Sons. (1958). 土屋守章訳『オーガニゼーションズ』ダイヤモンド社，1977 年

McGregor, D., *The Human Side of Enterprise*, New York : McGraw Hill (1960). 高橋達男訳『新版 企業の人間的側面―統合と自己統制による経営』産業能率短期大学出版部，1970 年

Schein, E.H., *Organizational Psychology*, Englewood Cliffs, N. J. : Prentice-Hall (1965). 松井賚夫訳『組織心理学』岩波書店，1966 年

| | 第16章 | 教育経営学研究の組織と経営 |

1. 教育経営学研究の組織と環境

(1) 教育経営学研究の組織と成果発信の媒体

　本章の目的は，教育経営学研究の布置構造を明らかにし，そこにどのような課題があるのかについて考察することである。

　教育経営学がどこでどのように研究されてきたのかを把握するために，1987年に刊行された『現代学校経営総合文献目録』[1]を利用することとした。この目録は，1975 年 4 月から 1985 年 3 月までに発行された，学校経営に関する単行本と紀要・雑誌論文を内容によって分類した目録である。この目録で「学校経営論」と「学校の組織経営」に分類された論文がどのような紀要や雑誌に掲載されていたのかをまとめたのが表 16.1 である。

　ここから，①学校経営研究の成果を発信する場として市販雑誌が 40 ％を超える，②大学・研究室紀要と地方教育センター等紀要がそれぞれ 20 ％程度である，③学会紀要はおよそ 6 ％であることがわかる。つまり，教育経営学研究の組織として，大学，地方教育センター，学会があり，それぞれの研究成果発信の媒体をもっていたが，それらの合計に匹敵する数の論文が市販雑誌によって発信されていたのである。これが，1970 年代半ばから 1980 年代半ばの状況である。本章では，教育経営学研究の組織として，大学，学会，教育センターを取り上げ，近年のそれらを取り囲む環境がどのような特徴をもっているのか，またその環境のなかでそれぞれの組織がどのように変化して，そこにおける教

表 16.1　1975 ～ 1985 年の「学校経営論」「学校の組織運営」論文の掲載誌

	学校経営論		学校の組織運営		計	
	論文数	割合（％）	論文数	割合（％）	論文数	割合（％）
市販雑誌	139	42.8	154	43.8	293	43.3
大学・研究室紀要	85	26.2	50	14.2	135	19.9
地方教育センター等紀要	47	14.5	87	24.7	134	19.8
学会紀要	16	4.9	25	7.1	41	6.1
その他	38	11.7	36	10.2	74	10.9
計	325	100.0	352	100.0	677	100.0

注：『現代学級経営総合文献目録』（1987 年）により作成。「地方センター等紀要」は，自治体の教育センター，教育研究所などの紀要や研究報告書である。また，「その他」には当時の文部省から出版されていた雑誌や民間の研究機関の紀要を含めた。

育経営学研究がどのような特徴をもつに至っているのかを捉えることとする。

(2) 教育経営学研究の環境変化

　1980年代半ば以降，これらの組織の環境は大きく変わってきた。教育経営の制度についてはとくに1998年の中央教育審議会（以下，中教審）答申以後，学校評議員制度，校長・教頭の資格要件の緩和，通学区域制度の弾力化（学校選択制度），学校運営協議会制度，学校評価制度，全国学力・学習状況調査，副校長などの「新しい職」，教育委員会制度改革，など次々と改革が行われてきた。2002年からは文部科学省において「学校組織マネジメント研修」のモデルカリキュラム開発が行われ，地方教育センターを通じて普及していった。最近では2015年12月の中教審答申で「チーム学校」が，1年後の答申で「カリキュラム・マネジメント」が提起された。この間，初任者研修の制度化（1988年）や十年経験者研修の制度化（2003年）などを通じて，教員研修の体系的整備が進められた。

　大学については，1987年に大学審議会が設置され，1991年の設置基準の大綱化に始まり大学院重点化，自己点検評価の義務化，そして2003年の国立大学法人化，翌年の認証評価制度発足と，18歳人口の現象のなかで自律化と質保証を通じて競争的環境がつくられてきた。その行きついた先が2015年の文部科学省通知「国立大学法人等の組織及び業務全般の見直しについて」であり，文系学部も社会的需要や要請に対して短期的視野から応えることを強く求められるようになっている。

　以上のような制度改革ばかりでなくさまざまな教育現象が社会的注目を集め，問題とされてもきた。このような環境変化は，教育経営学研究にとって研究すべき課題と研究成果発信の機会を提供することを意味する。また，研究の場にはたらく力を変容させたと思われる。

2．現代における教育経営学研究の組織と経営

(1) 大　学

　学校基本調査では大学院の教育専攻を教育学，教員養成，体育学，その他に

分け,修士課程,博士課程,専門職学位課程それぞれについて院生数を示している。図16.1は,1984～2016年度までの修士課程教育学,修士課程教員養成,博士課程教育学,博士課程教員養成,専門職学位課程(専門職学位課程は教員養成のみ)の人数を示している。

1980年代後半からのおよそ30年で教育専攻の大学院生はおよそ3.5倍に増加した。30年間のスパンでみると,次のような傾向を指摘することができる。

① 修士課程教員養成院生数は急激に増加し,2002年度に1984年度の3.8倍の8702人になり,その後減少傾向に転じた。とくに2008年以降は減少が著しい。
② 修士課程教育学院生も増加し,2009年度に1984年度の3.7倍の2901人になった。その後減少に転じているが,減少傾向は緩やかである。
③ 博士課程教育学院生は2012年度に1984年度の3.1倍の1614人になり,その後若干減少している。

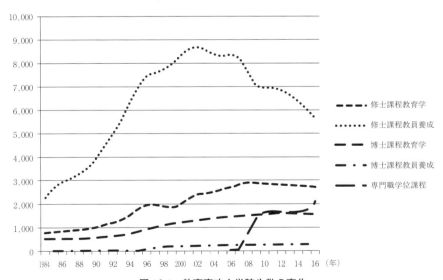

図16.1　教育専攻大学院生数の変化

出所:学校基本調査より作成

④博士課程教員養成は 1985 年度に初めて設置され，緩やかな増加傾向が続いている。

⑤専門職学位課程は 2006 年度に初めて設置され，とくに 2008 年度の教職大学院設置以降は急速に増加し，修士課程教員養成院生数の減少分を吸収している。

　全体的には，教育専攻の大学院生は比較的最近まで増加傾向が続いてきた。最近の変化は教育専攻内部での重心移動であり，2 つの傾向がみてとれる。1 つは，専門職業人養成への重点移動であり，専門職学位課程と博士課程教員養成の院生増加に現れている。いま 1 つは，博士課程への重心移動である。修士課程院生が減少するなかで，博士課程教育学院生も減少はしているがその幅は小さく，博士課程教員養成院生が増加して相対的に修士課程に対して博士課程の重みが高まっている。

　こうした変化は，教育経営学研究に何をもたらしたのか。第一は，教育経営学研究にたずさわる研究者の増加である。上述の院生数の変動が教育経営学研究者の増加にどの程度直結したかは確認できないが，後述のようにこの間，日本教育経営学会の会員数は増加している。教育専攻院生数の増加は，その指導者の増加ももたらしていると考えられるので，院生と大学院教員の両面で教育経営学研究者の増加につながったと考えられる。第二は，博士学位論文数の増加である。CiNii Dissertations 検索で，フリーワードで教育経営，学校経営，校長のいずれかで検索すると，46 件がヒットした（2017 年 3 月 13 日）。そのうち 1990 年以前は 3 件，1990 年代は 26 件，2000 年以降は 19 件である。古い博士論文では論文概要は検察対象とならないので，タイトルのみの検索も実施した。1999 年以前では，タイトルに教育経営，学校経営，校長のいずれかの言葉が使われているものは 5 件である。1980 年代と 1970 年代がそれぞれ 1 件，1990 年代が 3 件である。2000 年以降は 14 件で，すべてが 2005 〜 2015 年の 11 年間に学位を授与されている。第三に，専門職学位課程と博士課程教員養成の院生増加は，実践的研究の増加につながっていると考えられる。教職大学院では修士論文は課されないけれど，何らかの実践的な研究報告を課している

180　第 3 部　教育経営学のパラダイム

場合が多い。また，大学院で指導する実務家教員も増加しているので，実践的な教育経営学研究が増加していると考えることができる。こうした研究成果が大学紀要などを通じて公表されたり，学会での研究成果発表につながったりしていると考えられる。そして，その延長線上に博士課程教員養成院生の増加があり，博士論文増加の一翼を担っている。

（2）学　会

　日本教育経営学会における研究の実態とそのマネジメントの動向を明らかにするために，『日本教育経営学会紀要』（以下，『紀要』）第 42 号（2000）から第 58 号（2016）に掲載された「会務報告」と「大会報告」および学会ウェブサイトなどから入手できた「学会ニュース」を分析した。[2]

　表 16.2 は，1999 年の第 39 回大会以降の大会参加者数，自由研究発表数，会員数を示したものである。会員数は 2005 年度まで減少傾向にあったが，その後増加傾向に転じている。[3]大会参加者数は増減しながら緩やかな増加傾向にある。自由研究発表は比較的堅調に増加しており，2000 年前後と比べるとおよそ 2 倍になっている。

　つぎに，学会運営面でこの間に何が課題とされ，どのような対応がなされてきたのかを整理する。

　第一に，会員数の増加を背景に会員資格管理が課題となっている。1999 年度に連続 2 年度以上の会費滞納による会員資格喪失規程が会則に設けられた。2007 年度には「学生会員」の概念について検討され，有職者が休職をして大学院に入学した場合，一般会員として扱うことが確認されている。また，共同研究発表で氏名が記載される

表 16.2　日本教育経営学会の大会参加者等の変化

回	年度	参加者数 会員（学生会員内数）＋臨時会員	自由研究発表数	総会（または全国理事会）で報告された会員数
39	1999	220 余	23	544
40	2000	143（26）+41	23	518
41	2001	178（22）+42	25	524
42	2002	135（17）+33	21	510
43	2003	161+64	22	490
44	2004	160+46	28	501
45	2005	202	不明	489
46	2006	157+65	36	503
47	2007	200 余	23	546
48	2008	191+90 余	28	568
49	2009	241+12	30	591
50	2010	170+20	46	567
51	2011	285	46	564
52	2012	184（23）+64	43	570
53	2013	191（18）+49	不明	609
54	2014	166（7）	43	605
55	2015	146+60	46	612
56	2016	203+86	45	614

場合必ず会員であることが必要であり，前年度末までに入会申し込みをしてもらうべきとされた（2007年4月8日：常任）。自由研究発表の会員資格確認は引き続き課題とされ，入会手続きのタイミングとの関連が2013年度と2014年度の全国理事会で話題となっている。

　第二にこのこととも関連して，とくに紀要論文投稿にかかわって会員の研究モラルが課題とされている。1999年の全国理事会紀要編集委員会報告では，自由投稿論文について会員一人で二件の申し込みや，会員以外の者との連名による申し込みなど「予想外の事態」があり，会員資格のない者の応募は受け付けない措置をとったことが報告されている。2001年度には紀要論文の他学会との二重投稿のような事例のあること，当たるべき文献にきちんと当たっていない論文がみられることが議論されている（2001年5月18日：常任）。2008年度には投稿要件の不備が極めて多かったことが報告され（2008年6月6日：全国），2009年度にも「投稿論文に見られたモラル・ルールの問題」や投稿入会規制策について議論されている（2009年6月5日：全国など）。この間，紀要掲載論文が増加しているわけではない。会員の増加が会員の多様化をもたらし，会員に学会の研究ルールや研究水準が十分理解されていない事態をもたらしたと考えられる。

　第三は，教育経営の実践や課題と研究をどう関連づけるかという課題である。これについては2つの面での対応を捉えることができる。1つは，実践的な研究の奨励であり，『紀要』第43号（2001年度）から「教育経営の実践事例」のカテゴリーが設けられた。2000年度から3年間にわたって研究推進委員会は「学校経営研究における臨床的アプローチの構築」に取り組み，その成果が2004年に刊行されている。2005年度にはそれまでの「学会賞」を2つに分け，「従来型の学術性の高い研究（学術書）と，教育経営の改善方策などに関する実践研究に分け」，「学術研究賞」と「実践研究賞」とした。「学校の教職員や教育行政の職員である会員が全会員数の3分の1を占めており，また，いくつかの学校や教育行政の現場で優れた教育実践が取り組まれているという昨今の状況のなかで，既存のアカデミズムとは別の実践的な研究活動に対しても，学会と

182　第3部　教育経営学のパラダイム

して褒賞する必要がある」(2005 年 6 月 3 日：全国) との考えからである。

いま 1 つは，教育経営にかかわる現実的な課題への学会としての取り組みである。この間理事会等で話題になった課題は，学級崩壊，学校管理規則，学校管理職養成，高等教育経営，東日本大震災，大阪府教育基本条例，教育委員会制度改革などである。これらについて学会としてどう対応するか，しないかが理事会などで議論されている。学級崩壊 (1999 年度) と大阪府教育基本条例 (2012 年度) については，学会としての対応はしていない。前者については「この問題の全体像が定まっておら」ないこと (1999 年 12 月 25 日：常任)，後者については「会員それぞれに個人的な見解がある」こと (2012 年 1 月 9 日：常任) が理由とされている。それ以外の課題については，委員会や担当理事の設置，特別のシンポジウムの開催，委託研究の受託，学会としての見解の公表など，何らかの組織的対応をしている。2010 年度には，政策形成への学会としてのかかわり方が議論され，「個別政策に対する見解を学会として合意形成することは困難なため，学会としての対応は無理である」が，「すでに合意されたものについては積極的に発信していくべきである」ことが確認されている (2010 年 6 月 4 日：全国)。

第四は，研究の推進，奨励，発信という課題である。これには 4 つの面がある。1 つ目は，会員の研究を学会として奨励するという面である。1996 年度の総会での承認を経て学会賞 (「学会賞」と「研究奨励賞」) が創設され，1997 年度の大会で第 1 回の「学会賞」が授与されている。その後，賞の追加，変更が行われ，「功労賞」「学術研究賞」「実践研究賞」「国際貢献賞」「研究奨励賞」となったが，2016 年度に「国際貢献賞」が廃止された (2016 年 6 月 10 日：全国)。2 つ目は，学会としての研究を推進する面である。もともと会則で位置づけられていた委員会は紀要編集委員会のみで，「特別部会を設けることができる」という規定があった。2001 年度に会則を改正し，紀要編集委員会の他に研究推進委員会と国際交流委員会を位置づけ，さらに「特別委員会をおくことができる」とした (2001 年 6 月 9 日：総会)。2006 年度には常設の委員会として実践推進委員会が設置された (2006 年 6 月 3 日：総会)。このように委員会を設置し

たり，上述のように社会的課題に応じたシンポジウムなどを開催することを通じて，学会としての研究が推進されてきた。3つ目は，学会としての出版である。40周年記念出版として『シリーズ教育の経営』（玉川大学出版部），50周年記念としての英文図書『Educational Administration and Management in Japan』の出版のほか，上述の「学校経営研究における臨床的アプローチの構築」など学会の組織的研究活動の成果が公表されてきた。本記念出版もその一環である。4つ目は，文献データベースの課題である。もともと紀要には毎号会員の執筆した文献リストとして「教育経営学文献目録」が掲載されていたが，2002年の『紀要』第44号からそれが廃止されている。編集後記には「その分のページ数を諸論文の掲載にあてました」とされているが，2001年度には2002年6月からの国立情報学研究所電子図書館サービスへの参加が決定されている（2001年6月9日：総会）ので，ICT環境の変化に応じた対応であると考えることができる。

(3) 教育センター等と市販雑誌

表16.1で示した地方センター等紀要の論文のなかで，最も多くの論文がリストアップされていたのが，群馬県教育センターで12件である。表16.3は，その論文のタイトルである。

表16.3　群馬県総合教育センターにおける教育経営学論文（1975～1984年度）

年	タイトル
1975	教育活動の最適化を目指した学校経営機能の実践的研究―学校運営をささえる校内諸規定の研究
	学校経営における参画の実態について
1976	学校経営における参画体制について―組織と運営に着目して―
	教育活動の最適化を目指した学校経営機能の実践的研究
1977	学校経営における参画体制について―望ましい職員会議のあり方―
1978	望ましい学年会運営のあり方を求めて―学年研修に視点をあてて―
	望ましい運営委員会についての一考察―教職員会議との関連について―
1979	望ましい研修委員会のあり方を求めて―ひとりひとりの教師の成長を願って―
1980	小学校の学級編成におけるコンピュータ利用
1981	より充実した学校づくりのための学校経営評価に関する調査研究―群馬県における小・中学校の実態を通して―
1982	豊かな人間性を育てる教育経営を目指して
1985	学年運営の改善に関する研究―小・中学校の教師を対象とした実態調査をもとにして―

出所：『現代学校経営総合文献目録』より作成

184　第3部　教育経営学のパラダイム

また，表16.4は2006〜2015年度の10年間の群馬県総合教育センターの研究報告のうち，「学校経営論」と「学校の組織運営」に該当すると考えられる論文のタイトルである。この2つを比較すると，1975〜85年の論文が「最適化」「参画」「学校づくり」など学校経営研究の学問的な概念を用いた実態調査に重点をおいているのに対し，最近の研究がより具体的な実践に焦点化し，何らかのツール，プログラム，マニュアルなどの開発を目的としているものの多いことがわかる。こうした傾向は群馬県に限らず，千葉県総合教育センターの研究報告でも同様の傾向がある。1975〜85年では「学校運営費」「学校経営評価」「学校事務の効率化」などに関する調査研究が計5件みられるが，2006〜15年では「ICT活用による学校経営の効率化の推進について（初等中等教育機関における情報共有プラットホームNetCommonsの実証実験）」と題する研究1件のみである。このように，教育センターなど紀要の論文は，およそこの30年の間にきわめて具体的な課題に焦点化した開発的な性格のものに変化してきたということができる。そこで参照される文献も，学会紀要や大学紀要あるい

表16.4　群馬県総合教育センターにおける教育経営学論文（2006〜2015年度）

年	タイトル
2006	組織の活性化に向けた教頭や主任の優れた行動モデルの作成と活用－思いや言動の特徴に視点を当てた実態調査の分析を通して－
2007	効率的な教材研究に関する研究－校内サーバによる資料の共有に視点を当てて－
	学校における保護者対応に関する調査研究
	校務の効率化を目指した時間マネジメントに関する研究－スケジューリング・情報共有におけるグループウェアの活用－
	校務のICT活用に関する研究 　－中学校における表簿類作成のための校務支援システムの構築と運用－
2008	教職員の組織マネジメント力向上に関する研究－学校行事を円滑に進める作業シートの作成過程を通して－
	保護者への対応に関する調査研究－トラブル防止マニュアルの作成と活用を通して－
	「校務の効率化」に関する研究－校内ネットワークを活用した情報共有の取組－
2009	学校保健活動を組織的に推進するための工夫－職員の共通理解を図る月別活動シートの活用を通して－
	学校と家庭の連携にかかわる研究－「新しい保護者会」を活用・発展させた子育て学習プログラムづくりと実践を通して－
	互恵的な学びを支える保幼・小連携の推進－連携コーディネーターの仲介を基にした幼児と児童の互恵的な交流の計画・実践・評価を通して－
2013	学年会の効率化と担任の連携を深める学年経営の工夫－学年主任のための学年会運営プログラムの開発と実践－

出所：群馬県総合教育センターウェブサイト内「教育研修員の報告書」より作成

第16章　教育経営学研究の組織と経営　**185**

は研究的な図書ではなくマニュアル的な図書や雑誌が多い。こうした変化の根底には，自治体の教育センターの機能の重心が調査研究よりも研修のほうに移ってきたという事情がある[6]。

市販雑誌についても，似たような傾向を指摘することができる。教育経営研究に関わる啓蒙的な論文を多く掲載していた『学校経営』（第一法規）と『学校運営研究』（明治図書）がいずれも 2004 年で刊行を終了している（『学校運営研究』の後継誌『学校マネジメント』は 2010 年で休刊）。『学校経営』には日本教育経営学会大会のシンポジウム内容も毎年掲載されていた。教育雑誌における教育経営関連の 1 つひとつの記事の分量が少なくなり，内容がマニュアル的なものになって，市販雑誌の記事と研究との距離が大きくなってきた。

3. 教育経営学研究の布置構造とマネジメントの課題

以上をまとめると，教育経営学研究は，①学術性の高い博士論文とそれにつながる研究によって構成されるアカデミックな研究，②一定の学問的基盤をもった実践的研究，③具体的な実践に焦点化したマニュアル的研究という 3 つのタイプの研究によって構成される。表 16.5 は，それらがどこで誰によって行われているのかを整理したものである。これまでみてきたように，これらのタイプの研究はそれぞれ活性化してきた。博士学位論文が増加したし，教職大学院などでの実践的な研究もさまざまなかたちで推進されてきた[7]。マニュアル的な研究は実践に活用できるツールやプログラムを開発してきた。

しかし，同時に課題もみえている。第一に，研究のテーマや方法論の観点からいえば，短期的な成果を求められる環境でアカデミックな研究がたこつぼ化することが懸念される。また，実践的研究の学問的基盤が脆弱なものになる危

表 16.5　教育経営学研究の布置構造

アカデミックな研究	実践的研究	マニュアル的研究
修士課程教育学の院生 博士課程教育学の院生 博士課程教員養成の院生 研究者教員	修士課程教員養成の院生 専門職学位課程の院生 実務家教員	地方教育センター 市販雑誌

186　第 3 部　教育経営学のパラダイム

険性や，マニュアル的研究がそれを欠いてアカデミックな研究や実践的研究から分離されてしまう危険性がある。

　第二に，研究をする者とその指導者の関係の問題である。とくに実践的研究を指導する研究者教員がアカデミックで狭い基盤しかもっていない場合，また，実務家教員が学問的基盤をもっていない場合，研究の質に問題が生じる[8]。

　第三に，研究組織の関係が複雑化する。大学院が多様化してその接続関係が複雑化することによって，研究者としての必要な学習と訓練を欠いたまま研究的キャリアをたどる危険性がある。学会の会員や研究発表が増加して活性化する半面でさまざまな課題が生じている背景にはそのような事情があると思われる。

　第四に，研究の場と教育経営の現場（学校や教育行政）の関係も複雑になり，政策的な課題や教育現場での課題に，誰がどのような研究的立場から，どのようにかかわるのかが課題となる。

　重要なことは，この３種の研究が分離されないようにすることである。内容的には，教育経営学研究の共通の学問的基盤を形成することが重要である。いかなる組織においてであれ，教育経営学研究にたずさわるときにもつべき基盤となる一般教養，学問的教養，研究方法論，研究倫理のスタンダードを構築し，その改訂を継続することが必要になるだろう[9]。本記念出版もそのような学問的基盤形成の取り組みであるといえよう。

　そのためにも，教育経営学研究の諸組織をつなぐネットワークの形成が必要である。各大学院，学会，地方教育センター，そのほか校長会，教頭会など本章で取り上げられなかった教育経営学研究の組織をネットワーク化して，学問的基盤の構築と共有，研究活動の交流，研究成果の共有，実践に対する共同的貢献などを推進することである。

　最後に，本章は現状についてのラフなスケッチにとどまる。教育経営学研究の組織と経営に関するさらなる検討が必要である。　　　　　　（水本徳明）

注

1) 永岡順・小島弘道編著『現代学校経営総合文献目録』第一法規，1987年。

2) テーマ的に近く会員の重複も多い日本教育行政学会などいわば隣接する学会についても研究の布置関係や連携が検討される必要があるが，紙幅と筆者の能力を超えるのでここでは日本教育経営学会のみを対象とした。

3) 減少の要因は明らかではないが，1999年度に連続2年度以上の会費滞納による会員資格喪失規程が会則に設けられたことの影響が考えられる。すなわち，制度創設数年で会員の「整理」が進んだが，制度の定着により資格喪失となる会員数が減少した可能性がある。

4) 群馬県総合教育センターウェブサイト内「教育研修員の報告書」(http://www.nc.center. gsn.ed.jp/?page_id=192) より作成 (2017年4月16日確認)。

5) 千葉県総合教育センターウェブサイト内「調査・研究報告書」(https://db.ice.or.jp/ nc/?page_id=500) による (2017年4月16日確認)。

6) 武井勝「戦後神奈川における教員研修に関する研究―神奈川県立センターの設立とその役割を中心に」『神奈川県立総合教育センター長期研修員研究報告』3，2005年，73-76頁。そこでは，「昭和57年度のセンター改革後は，当面する教育課題に対応した研修・調査研究を行うようになったが，本県教育センターでは設立時から20年近く，教育課題を意識した研修は実施していなかっただけに，この改革はセンターの機能と役割を大きく転換させることになった」(76頁) といわれている。

7) その成果として，佐古秀一・中川桂子「教育課題の生成と共有を支援する学校組織開発プログラムの構築とその効果に関する研究―小規模小学校を対象として」(『日本教育経営学会紀要』第47号，第一法規，2005年，96-111頁) をはじめとする佐古の組織開発研究，および日本教育経営学会実践研究賞を受賞 (2017年) した大脇康弘「スクールリーダー・フォーラム事業の持続的実践―大学と教育委員会合同プロジェクトとして」などがあげられる。

8) 天野郁夫は，「ピンポイントのテーマですばらしい論文を学会誌などに書き，博士号をとった優れた研究者かもしれませんが，教えられる学部学生がはなはだ迷惑という大学教員も，わが国には少なくありません」という (『大学改革を問い直す』慶應義塾大学出版会，2013年，186頁)。

9) その観点からすると，中央教育審議会答申「これからの学校教育を担う教員の資質能力の向上について―学び合い，高め合う教員育成コミュニティの構築に向けて」(2015年12月) でいわれた大学教員に「大学と学校現場を交互に経験させるなどの人事上の工夫を行うことにより，理論と実践の両方に強い教員を計画的に育成」する方策は，実務偏重により研究の学問的基盤を崩す危険性があるといわざるをえない。

巻末資料 ―『日本教育経営学会紀要』にみる研究動向

1 特集テーマ

■第 25 号（1983 年発行）「日本における教育経営研究の成果と課題」
　中留武昭「I　教育経営研究の系譜」 1-16 頁
　児島邦宏「1　教育経営研究と教育実践（II　教育経営研究の課題）」 17-21 頁
　岸本幸次郎「2　教育経営研究の方法論　その 1（II　教育経営研究の課題）」 21-26 頁
　新井郁男「2　教育経営研究の方法論　その 2（II　教育経営研究の課題）」 26-29 頁
　高野桂一「3　教育経営概念の検討　その 1（II　教育経営研究の課題）」 29-32 頁
　越智秀三郎「3　教育経営概念の検討　その 2（II　教育経営研究の課題）」 33-36 頁
■第 27 号（1985 年発行）「教育改革と教育経営―改革への提言」
　堀内孜「学校機能の再検討と教育改革課題」 1-5 頁
　扇谷尚「今こそ学校でカリキュラム評価を」 7-10 頁
　永岡順「教育改革における学校経営革新の基本的課題」 11-17 頁
　牧昌見「教育改革と教師教育」 19-23 頁
　平沢茂「高度情報社会における教育―ニューメディアの教育への影響」 25-29 頁
　真野宮雄「現代教育制度改革の視点―「教育の人間化」を求めて」 31-34 頁
　岩下新太郎「教育行政との関連からみた教育経営改革の課題と提言」 35-39 頁
　中留武昭「外国の教育改革と教育経営―その動向と課題性」 41-49 頁
■第 28 号（1986 年発行）「教師の資質向上」
　吉本二郎「教師の資質とは何か」 2-11 頁
　伊津野朋弘「教師の資質と養成教育」 12-22 頁
　牧昌見「教師の資質向上とスクール・リーダーの役割―主任の役割を中心に」 23-34 頁
　下村哲夫「教師の資質向上のための諸施策・提言の検討」 35-46 頁
■第 29 号（1987 年発行）「教育経営における『規制』と『裁量』」
　高野桂一「学校裁量時間（ゆとりの時間）の側面から」 2-11 頁
　奥田真丈「教科指導における規制と裁量」 12-20 頁
　金沢孝「特活指導の側面から」 21-30 頁
　高桑康雄「教育評価における『規制』と『裁量』」 31-38 頁
　中留武昭「1980 年代のアメリカ教育改革における教育経営の『規制』から『裁量』への動向（諸外国の動向）」 39-49 頁
　小島弘道「ソ連の教育運営における地方，学校の自主性の拡大（諸外国の動向）」 50-57 頁
　荒木廣「イギリスにおける試み（諸外国の動向）」 58-66 頁
■第 30 号（1988 年発行）「学校経営の今日的課題」
　吉本二郎「臨教審答申と学校経営」 2-10 頁
　永岡順「学校の責任体制と学校経営」 11-20 頁
　林部一二「学校経営と教育課程開発」 21-30 頁
　伊藤和彦「学校経営と教育委員会―その事例的考察」 31-40 頁
　髙階玲治「学校経営と父母・地域との連携・協力」 41-50 頁
　下村哲夫「学校経営と職員団体」 51-60 頁
■第 31 号（1989 年発行）「教育経営と教育指導」
　児島邦宏「教師の力量と教材の開発」2-11 頁
　大久保了平「管理職の力量と指導体制の確立―学校運営と学習指導に関連して」 12-21 頁

新井郁男「入学者選抜制度と進路指導の改善―中学・高校の関連を中心として」 22-30 頁
岡東壽隆「学校と家庭・地域の連携と教育指導の改善」 31-40 頁
青木薫「校内研修と教育指導の改善」 41-49 頁

■第 32 号（1990 年発行）「新『免許法』と教育経営の諸問題」
牧昌見「教師の資質向上と『教養審』の答申」 2-11 頁
名越清家「国立大学における教員養成カリキュラムの改善をめぐる諸問題」 12-22 頁
荒木康「私立大学における教員養成カリキュラムの改善をめぐる諸問題」 23-31 頁
佐古秀一「教員養成カリキュラムとしての『教育経営学』教育―教員養成の視点からみた教育経営学の課題」 32-41 頁
天笠茂「教員養成カリキュラムとしての『教育経営学』教育―教育方法を中心に」 42-49 頁

■第 33 号（1991 年発行）「子どもと教育経営」
下村哲夫「教育経営における子どもの位置づけ」 2-10 頁
高階玲治「子どもの教育と養育―小学校を中心として」 11-20 頁
秦政春「校則と子ども―中学校を中心として」 21-30 頁
金子照基「進路の選択・決定と子ども―高校を中心として」 31-39 頁

■第 34 号（1992 年発行）「教育経営と情報」
高桑康雄「情報をめぐる教育の今日的課題」 2-11 頁
天笠茂「学校経営における情報―情報管理改善の視点」 12-19 頁
喜多明人「教育情報のアクセスと子どものプライバシー」 20-29 頁
平沢茂「地域情報ネットワークの形成―生涯学習情報提供システムの構築と運用」 30-39 頁
若井彌一「情報化時代の著作権」 40-48 頁

■第 35 号（1993 年発行）「教育人口の変動と教育経営の課題」
下村哲夫「序論：少子社会の到来と教育経営」 2-6 頁
葉養正明「教育人口の変動と学校統廃合」 7-16 頁
小泉祥一「少子化現象と学校教育の課題」 17-25 頁
屋敷和佳「教育人口の変動と学校施設」 26-34 頁
村田俊明「18 歳人口の減少と大学入試」 35-42 頁

■第 36 号（1994 年発行）「指導主事と学校改善」
亀井浩明「指導主事の現状と課題」 2-11 頁
高橋寛人「地教行法による指導主事制度の変容」 12-19 頁
朴勇俊「韓国における教育専門職（奨学士・奨学官）制度運用の実態と課題」 20-30 頁
高妻紳二郎「イギリスにおける指導主事制度改革の今日的動向と課題―学校改善の視点からみた役割機能・養成システムの新しい試みをめぐって」 31-38 頁

■第 37 号（1995 年発行）
「特集 1　教育経営と評価」
木岡一明「従来の教育経営評価の理論・政策と課題」 2-10 頁
中留武昭「教育課程経営の評価に関する現状と課題」 11-23 頁
佐竹勝利「教員人事の評価」 24-33 頁
高橋靖直「大学の自己評価に関する現状と課題」 34-42 頁
「特集 2　地域振興と教育経営」
新井郁男「地域振興の観点にたった教育経営の意義と課題」 48-58 頁
牧田章「地域社会を基盤におく教育経営の考察―開かれた学校づくりと地域振興」 59-67 頁

■第 38 号（1996 年発行）
「特集 1　教育経営と戦後教育 50 年」
小島弘道「戦後教育と教育経営」 2-20 頁

金子照基「教育経営と公教育目標」 21-33 頁

榊達雄「教育経営と教職員組合運動」 34-46 頁

北神正行「学校づくりと学校経営」 47-57 頁

岩崎三郎「戦後社会の変貌と学校経営文化」 58-69 頁

「特集 2　教育経営研究の現状と課題」

佐藤全「教育経営研究の現状と課題—社会科学としての知識体系を再整理するための議論の誘発をめざして」 76-85 頁

■第 39 号 (1997 年発行)「教育経営研究の再構築」

小松郁夫「最近の政策動向と教育経営研究のあり方」 2-16 頁

天笠茂「臨床科学としての教育経営学」 17-27 頁

佐古秀一「教育経営研究における実践性に関する基礎的考察」 28-39 頁

曽余田浩史「円環的思考：教育経営研究における新たな枠組みの可能性」 40-51 頁

中留武昭「学校経営研究の功罪」 52-67 頁

■第 40 号 (1998 年発行)「教育改革と教育経営」

小島弘道「学校の権限・裁量の拡大」 2-13 頁

葉養正明「小中学校通学区域の弾力化と教育経営の課題」 14-27 頁

菊地栄治「中高一貫校の言説と実践—教育経営研究の行方」 28-37 頁

小野田正利「父母および生徒の学校参加制度の可能性と方向性」 38-49 頁

加治佐哲也「生涯学習社会への学校の対応—『開かれた学校』に関する教育行政・学校経営の課題」 50-60 頁

■第 41 号 (1999 年発行)「新しい教育課程と学校経営の改革課題」

天笠茂「教育課程基準の大綱化・弾力化の歴史的意味」 2-11 頁

髙階玲治「教授学習組織改革の課題 (1) —『総合』の視点から」 12-21 頁

山﨑保寿「教授学習組織改革の課題 (2) —選択履修幅の拡大とかかわって」 22-30 頁

佐藤晴雄「地域における教育リソースの活用と学校支援体制—新しい学校・地域連携の課題を探る」 31-43 頁

■第 42 号 (2000 年発行)「岐路に立つ学級経営」

榊原禎宏「学年・学級経営論の構成と課題」 2-11 頁

林孝「学校管理職に求められる力量と役割」 12-21 頁

水本徳明「学級をめぐる環境変化と学級編成の課題」 22-30 頁

南本長穂「指導体制の工夫と授業経営の課題」 31-40 頁

尾木和英「教室環境づくりと生徒指導の課題」 41-49 頁

■第 43 号 (2001 年発行)「教員の専門性と教育経営」

岡東壽隆「教員の専門性について」 2-15 頁

名越清家「教員養成の再編成と再教育」 16-29 頁

八尾坂修「教員現職研修の今日的課題と対応」 30-41 頁

小島弘道「管理職の養成」 42-52 頁

■第 44 号 (2002 年発行)「学校と地域の関係の再構築」

水本徳明「教育経営における地域概念の検討」 2-11 頁

堀内孜「教育改革における学校と地域の再編」 12-21 頁

葉養正明「学校選択・通学区域の弾力化」 22-32 頁

玉井康之「総合的な学習の時間をめぐる学校と地域の連携—教育経営の課題と方策」 33-42 頁

小松郁夫「新モデル校としての『コミュニティ・スクール』」 43-53 頁

小野田正利「学校と地域の関係づくりにおける研究者の役割—『片小ナビ〜保護者のための片山小学校ガイドブック』づくりから考える」 54-65 頁

巻末資料　191

■第 45 号（2003 年発行）「教育経営研究のフロンティア」
佐古秀一「変動する学校経営環境と教育経営研究」 2-15 頁
坂野慎二「学校組織改革への教育経営研究の寄与」 16-25 頁
佐藤晴雄「教育経営研究におけるコラボレーション―教育経営研究者と教育実践者との関係性を中心に」26-36 頁
平井貴美代「教育経営学のアイデンティティ」 37-47 頁
■第 46 号（2004 年発行）「教育改革と学校経営の構造転換 (1) 学校の自律性確立条件と公教育の在り方」
佐藤全「人的条件の転換と校長裁量権限拡大の可能性」 2-13 頁
竺沙知章「学校の自律性確立と財政的条件」 14-24 頁
露口健司「カリキュラム開発条件としてのマネジメントの転換」 25-35 頁
岡東壽隆「学校組織と外部関係の転換」 36-50 頁
■第 47 号（2005 年発行）「教育改革と学校経営の構造転換 (2) 自律的学校経営を担う学校経営者の在り方」
加治佐哲也「『学校経営者』の拡大と限定」 2-12 頁
河野和清「教育委員会の学校統括権能と学校経営者の役割転換」 13-23 頁
大脇康弘「スクールリーダー教育のシステム構築に関する争点―認識枠組と制度的基盤を中心に」 24-35 頁
葉養正明「学校経営者の保護者・地域社会，子どもとの新たな関係」 36-46 頁
■第 48 号（2006 年発行）「教育改革と学校経営の構造転換 (3) 学校経営の自律化に向けた評価と参加の在り方」
堀内孜「学校経営の構造転換にとっての評価と参加」 2-15 頁
林孝「学校評価・教員評価による学校経営の自律化の可能性と限界」16-27 頁
窪田眞二「学校経営参加制度の到達点とパースペクティブ」28-40 頁
清原正義「学校経営における評価と参加」41-50 頁
■第 49 号（2007 年発行）「教育経営をめぐる環境変動　教育経営概念及び研究の有効性と限界 (1)」
勝野正章「新教育基本法制と教育経営―『評価国家』における成果経営のポリティクス」 2-12 頁
国祐道広「学校教育における地球化と教育経営」 13-24 頁
林孝「子どもの変容と教育経営」 25-36 頁
佐古秀一「民間的経営理念及び手法の導入・浸透と教育経営―教育経営研究の課題構築に向けて」 37-49 頁
■第 50 号（2008 年発行）「教育経営概念の今日的検討　教育経営概念及び研究の有効性と限界 (2)」
曽余田浩史「わが国における教育経営概念の成立と展開」 2-13 頁
南部初世「『教育経営』概念再構築の課題―『教育行政』概念との関連性に着目して」 14-25 頁
浅野良一「一般経営学と教育経営―企業経営学からみた教育経営・学校経営の課題」 26-37 頁
三上和夫「『法人および学校法人』論の課題と展望」 38-48 頁
■第 51 号（2009 年発行）「今日における教育経営学の意義と課題　教育経営概念及び研究の有効性と限界 (3)」
堀内孜「学校経営の自律性確立課題と公教育経営学」 2-12 頁
竺沙知章「学校の組織と経営をめぐる改革と教育経営学」 13-22 頁
北神正行「『地域教育経営』論の再検討課題と教育経営学」 23-33 頁
植田健男「教育課程経営論の到達点と教育経営学の研究課題」 34-44 頁
小川正人「教育行政研究の今日的課題から学校経営研究を考える」 45-55 頁
■第 52 号（2010 年発行）「学校の組織力と教育経営」
曽余田浩史「学校の組織力とは何か―組織論・経営思想の展開を通して」 2-14 頁
榊原禎宏「新たな職の導入と学校の組織力」15-25 頁

山﨑保寿「学力の向上と学校の組織力―学力向上問題の多層的位相と学校の組織的対応の課題」 26-36 頁

玉井康之「保護者・地域との連携と学校の組織力」 37-47 頁

■第 53 号（2011 年発行）「教育経営と学力」

天笠茂「今日の学力政策と教育経営の課題」 2-12 頁

平井貴美代「教育経営学と学力の位置づけ」 13-23 頁

髙妻紳二郎「学力政策がもたらす教育経営へのインパクト―地方当局・学校を巻き込んだイギリスを事例として」 24-35 頁

佐古秀一「学力と学校組織―『効果のある学校』研究の検討をふまえた学校経営研究の課題」 36-45 頁

加藤崇英「学校評価と学力保障の課題」 46-57 頁

■第 54 号（2012 年発行）

「特集 1　教育経営と地域社会」

佐藤晴雄「『新しい公共』に基づく学校と地域の関係再構築―コミュニティ・スクールの実態から見た新たな関係性」 2-12 頁

岩永定「学校と家庭・地域の連携における子どもの位置」 13-22 頁

浜田博文「『学校ガバナンス』改革の現状と課題―教師の専門性をどう位置づけるべきか？」 23-34 頁

林孝「学校と地域との連携における校長のマネジメント」 35-45 頁

「特集 2　災害と教育経営を考える―2011.3.11 を教育経営学はどう受けとめるか」

小松郁夫「東日本大震災を教育学研究者としてどう受けとめるか」 48-54 頁

雲尾周「被災学校等の支援と日常の備え」 55-61 頁

本図愛実「これからの学校災害対応―問いとしての公共性を背景として」 62-73 頁

■第 55 号（2013 年発行）「社会変動と教育経営」

堀井啓幸「学校改善を促す教育条件整備―『使い勝手』の視座を参考に」 2-13 頁

片山紀子「社会変動と子どもをめぐる問題」14-26 頁

八尾坂修「教職課程認定・実地視察の機能―教員養成の質保証をめざす」 27-38 頁

末冨芳「拡大する学習の社会保障と『自閉化する学校』の行方―福祉への教育経営からのクロスボーダーの可能性」 39-46 頁

日渡円・藤本孝治・福島正行「社会の変化に対応する教育行政職幹部職員のリーダーシップの在り方」47-63 頁

■第 56 号（2014 年発行）「教育改革と教職員の資質向上」

牛渡淳「近年の教員養成・研修改革の構想と課題」 2-12 頁

安藤知子「教員養成・研修プログラムの改革をめぐる大学における『組織学習』の課題」 13-23 頁

藤原文雄「教職員の多様化とダイバーシティ・マネジメント―国際的動向も踏まえて」 24-34 頁

佐藤博志「スクールリーダーの資質向上に関する国際的検討―オーストラリアの教育改革と専門職スタンダード」 35-50 頁

■第 57 号（2015 年発行）「教育経営の独立性を問う」

堀内孜「教育委員会制度改変と学校経営の自律性―公教育経営における教育行政と学校経営の新たな関係」 2-13 頁

藤井穂高「学校の自律性と子どもの自律性」 14-23 頁

青木栄一「警察行政・消防行政との比較からみた教育行政の独立性」 24-39 頁

日永龍彦「高等教育における独立性の変容とその課題」 40-50 頁

坂野慎二「教育政策過程の検証と今後の課題」 51-62 頁

■第 58 号（2016 年発行）「学校組織のリアリティと人材育成の課題」

臼井智美「学校組織の現状と人材育成の課題」 2-12 頁

巻末資料　**193**

菊地栄治「教師教育改革の批判的検討と教育経営学の行方―〈多元的生成モデル〉の可能性」13-23 頁

竺沙知章「これからの人材育成と教職大学院の課題」 24-35 頁

浜田博文「公教育の変貌に応えうる学校組織論の再構成へ―『教職の専門性』の揺らぎに着目して」36-47 頁

■第 59 号 (2017 年発行)「大学経営の課題と展望」

山下晃一「大学経営改革の文脈と教育経営学の課題―大学経営をめぐるポリティクス」 2-14 頁

福本みちよ「国立教員養成大学に求められる戦略的経営改革―拡充期における新たな教職大学院像の模索」15-25 頁

沖清豪「私立大学経営における IR (Institutional　Research) の意義と課題」 26-35 頁

服部憲児「大学評価の課題と可能性」 36-45 頁

佐藤博志「大学入試制度改革の課題と展望―諸外国及び国際バカロレアとの比較を通して」 46-55 頁

2 課題研究テーマ

※会務報告情報より第 23 回大会から課題研究開始

■第 23 回大会 (1983 年)「教育経営研究の軌跡と課題」
■第 24 回大会 (1984 年)「教育経営研究と教育実践との関連について」
■第 25 回大会 (1985 年)「専門職としての教職」
　　提案者：小島弘道・名越清家・伊津野朋弘
■第 26 回大会 (1986 年)「教師教育改善の方策と課題」
　　提案者：西穣司・星智信・牧昌見
■第 27 回大会 (1987 年)「教育と質と学校経営」
　　提案者：新井郁男，堀内孜，岸本幸次郎，平沢茂
　　※1　第 23 ～ 27 回大会会務報告を参照
■第 28 回大会 (1988 年)：第 31 号 (1989 年発行)「教育経営研究における研究方法」
　　河野和清「経営学的方法」 117-119 頁
　　秦政春「社会学的方法」 119-122 頁
　　喜多明人「教育法学的方法」 122-124 頁
　　水本徳明「比較教育学的方法」 124-126 頁
　　若井彌一「行政学的研究の観点から」 126-128 頁
■第 29 回大会 (1989 年)：第 32 号 (1990 年発行)「教育経営における法の問題」
　　篠原清昭「法社会学的観点から」 119-121 頁
　　結城忠「法解釈学的観点から」 121-124 頁
　　小野田正利「教育条理法的観点から」 124-126 頁
　　佐藤全「教育経営研究の対象領域と学校の教育責任にかかわる法的課題」 127-129 頁
　　金子照基「教育経営研究の課題と法」 129-131 頁
■第 30 回大会 (1990 年)：第 33 号 (1991 年発行)「学校改善研究の課題」
　　高倉翔「基調報告」 120-122 頁
　　佐藤全「日本の先行研究を通して」 122-124 頁
　　中留武昭「さらなる研究の発展に向けて」 124-127 頁
　　榊達雄「学校調査と教育委員会調査を通して」 127-129 頁
　　西睦夫「学校改善を困難とする状況―コメンテイターとして」 129-131 頁
■第 31 回大会 (1991 年)：第 34 号 (1992 年発行)

「課題研究報告 1　教育経営研究の学術性と実践性に関する検討」

河野和清「『学校の経営過程論と学校改善』（第 2 章第 1 節）を素材にして」 109-111 頁

天笠茂「『管理層のリーダーシップ論と学校改善』を中心に」 112-113 頁

木岡一明「学校評価論の現状と課題―教育経営研究の学術性と実践性を検討する手掛かりとして―」
　114-116 頁

西穣司「まずは『学術性』の共通認識の確立を―コメンテイターとしての所見―」 116-118 頁

「課題研究報告 2　教育指導職の養成・研修プログラムの開発」

金子照基「教育指導職の養成・研修プログラムの開発（1）」 119-121 頁

亀井浩明「教育指導職の養成・研修プログラムの開発（2）」 121-123 頁

■第 32 回大会（1992 年）：第 35 号（1993 年発行）

「課題研究報告 1　教育指導職の養成・研修プログラムの開発（その 2）」

浜田博文「アメリカにおける教育指導職の役割機能と学校訪問指導」 117-119 頁

高橋寛人「日本における指導主事制度と学校訪問機能―歴史的考察」 119-121 頁

大石勝男「指導主事による学校訪問の実態と課題―東京都における事例を中心に」 121-123 頁

小島弘道「指導主事の学校訪問指導に見る指導行政の性格と課題」 124-126 頁

「課題研究報告 2　教師養成教育の評価（その 1）―教職課程経営の評価」

南本長穂「教員養成系の教育学部の場合」 127-129 頁

植田健男「国立総合大学教育学部の場合」 129-131 頁

三上和夫「私立大学と教職課程―経営と評価の特質」 131-133 頁

北神正行「戦後教員養成史の観点から」 133-135 頁

木岡一明「全体の総括と残された課題」 135-136 頁

■第 33 回大会（1993 年）：第 36 号（1994 年発行）

「課題研究報告 1　教育指導職の養成・研修プログラムの開発（その 3）」

買手屋仁「指導主事の職務実態と改善方向」116-118 頁

佐藤晴雄「指導主事職のキャリア形成の在り方―社会教育主事との比較をてがかりに」 118-120 頁

堀内孜「指導主事の配置と職能成長」 120-122 頁

奥田眞丈「指導主事制度のよさを生かそう」 122-124 頁

小島弘道「職務の実態に即した指導主事論の構築」 124-125 頁

「課題研究報告 2　子どもの問題行動と教育経営研究のあり方―教育経営学の学的性格を問う」

名越清家「問題状況の構造的把握を条件とした教育経営の組織的対応を」 126-128 頁

田中祐次「子どもたちの人間関係に注目した学級経営」 128-130 頁

中留武昭「『実践的研究』方法の視座とその試み」 130-133 頁

佐藤全「教育経営研究の在り方への示唆―課題研究報告 2 の総体的意義」 133-134 頁

■第 34 回大会（1994 年）：第 37 号（1995 年発行）「進路指導問題と教育経営研究の在り方―教育経営学の学的性格を問う」

清宮宏文「公立中学校経営の理念と現実の間から」 148-150 頁

伊津野朋弘「選択能力の育成を目指す学校経営の観点から」 150-152 頁

菊地栄治「選抜の社会学の立場から」 152-154 頁

天笠茂「教育課程経営研究の視点から」 155-156 頁

天笠茂「教育経営研究への示唆と課題―質疑応答の整理」 157-158 頁

■第 35 回大会（1995 年）：第 38 号（1996 年発行）

「課題研究報告 1　学校 5 日制と教育課程の編成」

有園格「教育内容との関連を中心に」 146-148 頁

金子照基「教育行政との関連を中心に」 148-150 頁

髙階玲治「学校経営との関連を中心に」 150-152 頁

天笠茂「総括」 152-153 頁
「課題研究報告 2　学校経営における「協働化」の意義と限界」
水本徳明「課題提起—学校経営言説における協働化」 154-156 頁
河野和清「学校経営理論における協働化とその課題」 156-159 頁
青木朋江「経営実践における協働化とその課題」 159-161 頁
佐古秀一「学校経営における『協働化』の意味と課題」 161-163 頁
■第 36 回大会（1996 年）：第 39 号（1997 年発行）
「課題研究報告 1　教育課程の共通性と多様性—地域を基盤にした開発の課題」
天笠茂「学校と教育委員会との関係を中心に」 90-92 頁
西穣司「子どもと教育課程との関係を中心に」 92-94 頁
中留武昭「校長のリーダーシップスタイルを中心に」 94-96 頁
小泉祥一「総括」 96 頁
「課題研究報告 2　学校経営実態分析の技法—現代日本の学校経営実態をめぐって」
川島啓二「学校経営実態分析の課題—技法論の視野から」 97-99 頁
林孝「組織論的調査研究の観点から」 99-101 頁
渕上克義「社会心理学的調査研究の観点から」 101-103 頁
植田健男「事例研究の観点から—地域教育経営の実践事例の研究」 103-105 頁
水本徳明「学校経営研究における理論と研究技法—本課題研究のまとめ」 105-107 頁
■第 37 回大会（1997 年）：第 40 号（1998 年発行）「教育経営の社会的基盤の変容と研究の有用性」
堀内孜「社会的基盤の変容と教育経営研究の現状」 127-129 頁
水本徳明「教育経営理論の生産に関わって」 129-131 頁
天笠茂「教育経営研究の発信と受信に関わって」 131-133 頁
有園格「教育経営研究成果の有用性認識—開かれた学校経営への対応を中心に」 133-135 頁
加治佐哲也「総括」 135-137 頁
■第 38 回大会（1998 年）：第 41 号（1999 年発行）
「課題研究報告 I　教育経営研究におけるエスノグラフィーの可能性と今後の課題」
志水宏吉「方法としてのエスノグラフィー——その特徴と意義」 85-86 頁
伊藤稔「教育経営研究におけるエスノグラフィーの可能性」 87-88 頁
篠原清昭「教育経営研究におけるエスノグラフィーの実際 (1)—校長のリーダーシップを対象として」 89-90 頁
武井敦史「教育経営研究におけるエスノグラフィーの実際 (2) —インド農村部の私立学校における フィールドの調査から」 91-92 頁
西穣司「総括」 93-94 頁
「課題研究報告 II　学校組織，教職員勤務の実態認識と問題点」
大脇康弘「学校の組織実態とその問題点—事例調査の分析を通して」 95-99 頁
木岡一明「教職員の勤務実態とその問題点—事例調査の分析を通して」 99-100 頁
臼井哲實「教育委員会からする学校組織，教職員勤務の実態認識」 101-102 頁
小林正幸「学校管理職者からする学校組織，教職員勤務の実態認識」 103-104 頁
加治佐哲也「総括」 105-106 頁
■第 39 回大会（1999 年）：第 42 号（2000 年発行）
「課題研究報告 I　教育経営学における組織文化研究の到達点と今後の課題」
千々布敏弥「学校の組織文化と校長のリーダーシップ」80-82 頁
曽余田浩史「組織文化と教師」82-84 頁
渕上克義「組織文化と子どもの行動」84-86 頁
築達延征「一般組織論における組織文化研究の位置」86-88 頁

西穣司「教育経営学における組織文化研究の動向と課題」89-90 頁

八尾坂修「総括」91-93 頁

「課題研究報告Ⅱ　学級崩壊と学校経営」

松浦善満「『学級崩壊』と子ども―学校再生の可能性をよみとる」 94-96 頁

平田庄三郎「教師から見た学級崩壊―その現状と課題」 97-99 頁

道浦勁「学級崩壊と校長のリーダーシップ」 99-102 頁

植田健男「保護者・地域社会との連携の在り方―『学校の教育課程』編成に視点をあてて」 102-104 頁

水本徳明「学校経営から見た今後の課題」 104-106 頁

川島啓二「総括：『学級崩壊』現象の『解読』とその『対策』―教育経営研究に突きつけられたもの」 106-108 頁

■**第 40 回大会（2000 年）：第 43 号（2001 年発行）「わが国教育経営研究の到達点と今後の課題―学校の自律性と学校経営概念の再定位―」**

堀内孜「教育委員会・学校の権限関係の再編―学校の自律性の拡大に着目して」 134-140 頁

天笠茂「教育課程の創造と学校経営」 140-146 頁

林孝「学校の意思形成システムの再構築―保護者・地域の参加・連携に着目して」 147-153 頁

葉養正明「学校の情報公開・学校評価と学校の自律性」 153-160 頁

中留武昭「新しい学校経営概念の創出―流動化する学校組織とかかわって」 161-171 頁

河野和清「総括」 171-176 頁

■**第 41 回大会（2001 年）：第 44 号（2002 年発行）**

「課題研究報告Ⅰ　教育経営学の再構築（1）―福祉国家下における教育経営学の総括」

三上和夫「公教育論の総括」 138-143 頁

篠原清昭「『国民の教育権』論の総括―教育法学のアーカイブス」 144-150 頁

小川正人「教育行政における『地方自治』論の総括―国・自治体関係と教育政策の研究方法をめぐって」 150-157 頁

河野和清「学校経営論の総括」 158-165 頁

小松茂久「総括」 166-170 頁

「課題研究報告Ⅱ　学校経営研究における臨床的アプローチの構築（1）」

山﨑保寿「学校経営の実践的立場から見た学校経営研究―学校現場からの批判的検討」 172-177 頁

佐古秀一「現職教育における学校経営研究：開発的研究の視点から」 178-184 頁

天笠茂「臨床的アプローチの可能性」 185-191 頁

浜田博文「総括」 191-196 頁

■**第 42 回大会（2002 年）：第 45 号（2003 年発行）**

「課題研究報告Ⅰ　教育経営学の再構築（2）―教育経営学の方法論の国際比較」

小松茂久「アメリカの教育改革と教育経営学」 144-149 頁

小松郁夫「イギリスの教育改革と教育経営学」 150-154 頁

坂野慎二「ドイツの教育改革と教育経営学」 154-161 頁

篠原清昭「中国の教育改革と教育経営学」 161-169 頁

堀内孜「総括―公教育経営改革の国際比較と日本の位置」 169-173 頁

「課題研究報告Ⅱ　学校経営研究における臨床的アプローチの構築（2）：学校改善過程に関する研究事例を通して」

曽余田浩史「学校経営研究における『臨床的アプローチ』について」 176-182 頁

小野田正利・金子伊智郎「学校と保護者との関係に焦点をあてた学校改善過程に関する研究事例：大阪大学・教育制度学研究室による『片小ナビ～保護者のための片山小学校ガイドブック』の作成・配布を通して」 182-189 頁

淵上克義・松本ルリ子「教授組織の改革を通した学校改善過程に関する研究事例」 189-197 頁

浜田博文「校内研究推進を通した学校改善過程に関する研究事例：A 市立 B 小学校における約 5 年間の変容過程分析」 197-204 頁

藤原文雄・小野由美子「総括」 205-209 頁

■第 43 回大会（2003 年）：第 46 号（2004 年発行）

「課題研究 I　教育経営学の再構築（3）：新しい方法論の形成」

葉養正明「教育制度の新しい考察枠組み」 134-137 頁

篠原清昭「教育法の新しい考察枠組み」 138-141 頁

青木栄一「教育行政の新しい考察枠組み」 142-146 頁

水本徳明「学校経営の新しい考察枠組み」 146-150 頁

小島弘道「総括」 150-153 頁

「課題研究 II　学校経営研究における臨床的アプローチの構築（3）」

曽余田浩史「学校経営研究における臨床的アプローチの構成要件」 156-160 頁

天笠茂「臨床的アプローチの研究事例をもとに―カリキュラムマネジメントに関わる 3 つの事例」 160-164 頁

小野田正利「研究事例に対する批判的検討」 164-168 頁

小野由美子「学校経営研究における臨床的アプローチ推進のための課題」 168-173 頁

浜田博文「総括」 173-176 頁

■第 44 回大会（2004 年）：第 47 号（2005 年発行）「『教育改革』に揺れる学校現場：学校は今どうなっているのか？ そして教育経営研究は何を期待されているのか？」

藤森弘子「教員の日常に降ってくる改革」 184-188 頁

長尾倫章「いなかをなめるな―教育条件の地域間格差と教育改革」 188-192 頁

西川敏之「チャンスは生かせる」 192-195 頁

古川治「おもちゃ箱をひっくり返したような教育改革―ストレスを抱え込む教師と多様化する保護者」 196-199 頁

植田健男「社会構造の変化と学校」 200-203 頁

千々布敏弥「指定討論者 三すくみの教育改革」 204-207 頁

安藤知子「総括」 208-211 頁

■第 45 回大会（2005 年）：第 48 号（2006 年発行）「『教育改革』に揺れる学校現場（2）：私たちは学校現場をどのように認識しつつ関わっているか」

佐藤功「『かかわる』から『つなぐ』『つながる』へ」 192-196 頁

佐古秀一「学校の内発的な改善力を高めるための組織開発研究：学校経営研究における実践性と理論性追求の試み」 196-200 頁

木岡一明「学校の潜在力の解発に向けた組織マネジメントの普及と展開」 200-204 頁

小野田正利「総括」 205-208 頁

■第 46 回大会（2006 年）：第 49 号（2007 年発行）「『教育改革』に揺れる学校現場（3）：揺れる学校現場への処方箋―」

小松郁夫「『ゆらす』立場から（教育政策の立案段階に携わって）」 152-156 頁

小野田正利「ゆれる（ゆらされる）立場から」 156-160 頁

岡東壽隆「学校教育実践に関わって」 160-164 頁

天笠茂「『関わる』立場から―学校の現場に実際に入り，コンサルテーションをして」 164-168 頁

小野田正利「総括」 169-173 頁

■第 47 回大会（2007 年発行）：第 50 号（2008 年発行）

課題研究 I「教育経営研究における有用性の探究」

露口健司「教育経営研究における有用性の探究―学校組織におけるデータマイニング実践を事例と

して」150-153 頁

倉本哲男「『潜在カリキュラムマネジメント』による学校改善論—『生徒指導論』を核とした学校再生マネジメント」 153-158 頁

増田健太郎「学校における支援的アプローチによるアクション・リサーチの有用性の検討」158-164 頁

藤原文雄「総括 教育経営研究の有用性の探究」 164-168 頁

課題研究II「外部評価・第三者評価の導入と教育経営研究」

加藤崇英「これまでの学校評価研究の成果・課題と外部評価・第三者評価」 170-174 頁

八尾坂修「外部評価・第三者評価における教育経営研究者の関与と役割」 174-177 頁

仲伏達也「海外における第三者評価とわが国における第三者評価手法の提案」 178-182 頁

植田（梶間）みどり「イギリスにおける学校評価研究と研究者の役割」 182-186 頁

山下晃一「総括 学校評価の展開と教育経営研究の課題」 187-191 頁

■第 48 回大会（2008 年）：第 51 号（2009 年発行）

課題研究I「教育経営研究における有用性の探究」

浜田博文「『臨床的アプローチ』の成果と課題—研究知の産出を中心に」 108-110 頁

淵上克義「学校組織を対象としたサーベイリサーチの課題—行動形態学である実態知の解明道具としての調査法」 111-114 頁

露口健司「教育経営研究における定量的アプローチの課題と解決の方向性—実践関与型サーベイの提案」114-116 頁

川上泰彦「教育経営研究と『社会ネットワーク分析』：導入段階における"質的アプローチ"」 116-119 頁

武井敦史「教育経営研究における研究の課題と克服の方向性—質的アプローチにおける課題を中心に」119-123 頁

藤原文雄「総括 課題研究報告I 教育経営研究における有用性の探究—研究知を生み出すための学校組織調査法の確立」 124-126 頁

課題研究II「教職大学院経営と教育経営研究」

篠原清昭「教職大学院経営の方法と課題—運営体制および内部・外部の組織づくりに関する問題—」128-131 頁

浅野良一「カリキュラム経営に関する問題—FD 委員会を軸にしたカリキュラム・授業の質向上に向けた取り組み」 132-135 頁

菊地栄治「目指す教師の専門的力量に関する問題」 136-139 頁

添田久美子「カリキュラムの質保障と FD に関する問題」 140-143 頁

山﨑保寿・山下晃一「総括 課題研究報告II 教職大学院経営と教育経営研究の課題」 144-147 頁

■第 49 回大会（2009 年）：第 52 号（2010 年発行）

課題研究I「学校組織調査プロセスにおける困難とその解決法」

諏訪英広「組織文化としての同僚性を対象とする調査」 150-153 頁

高木亮「教師ストレスを対象とする調査—心理学的なサーベイリサーチの技法を中心に」 153-157 頁

大野裕己「校長の職務実態／職務行動を対象とする調査—エスノグラフィを中心に」 157-162 頁

柏木智子「学校と地域の連携を対象とする調査」 162-164 頁

武井敦史「総括 課題研究報告I 学校組織調査プロセスにおける困難とその解決法」 164-167 頁

課題研究II「学校の学区再編・統合と学校経営の課題」

葉養正明「近年における小中学校の統合と学区改編—基本的・総論的観点から」 170-174 頁

玉井康之「山間・遠隔地における学校統廃合と学校経営の課題—北海道を事例にして」 174-178 頁

北神正行「地方中核・政令市における学校統合と学校経営の課題—岡山市を事例として」 178-182 頁

藤村法子「政令指定都市・中心部における学区再編・統合と教育改革—京都市を事例として」 182-186 頁

山下晃一「総括 課題研究報告Ⅱ 学校の学区再編・統合と学校経営の課題」 186-190頁

■第50回大会（2010年）：第53号（2011年発行）「分権改革下における学校組織の変容と教職員の感情（1）：研究の課題と枠組」

青木栄一「分権改革と学校組織の変容—研究動向レビューに基づいて」 148-153頁

平林茂「学校現場の変容と教職員の感情—実践的な立場からの報告」 154-158頁

金川舞貴子「学校組織と教職員の感情」 159-165頁

榊原禎宏「討論のまとめ」 165-168頁

■第51回大会（2011年）：第54号（2012年発行）「分権改革下における学校組織の変容と教職員の感情（2）—感情の実態と学校組織」

雲尾周「教育改革と教職員の感情」 124-128頁

臼井智美「教職員の感情の生成とゆらぎ」 129-136頁

末松裕基「教職員の感情と学校組織」 136-142頁

加藤崇英「討論のまとめ」 142-145頁

■第52回大会（2012年）：第55号（2013年発行）「分権改革下における学校組織の変容と教職員の感情（3）—学校調査の分析と理論的総括」

竺沙知章「教職員の感情に関する2事例校の比較分析」 132-136頁

加藤崇英「学校経営と教職員の感情」 137-142頁

水本徳明「理論的総括」 143-148頁

榊原禎宏「討論のまとめ」 149-150頁

■第53回大会（2013年）：第56号（2014年発行）「人口減少社会における持続可能な学校経営システムの開発（1）—研究の課題と枠組み（比較の視点から）」

波多江俊介・川上泰彦「人口減少社会における日本の教育経営課題」 158-163頁

貞広斎子「韓国における学校適正規模化政策の変遷と実態」 164-169頁

植田みどり「イギリスでのFederationの取り組み」 170-176頁

加藤崇英「総括—討論のまとめと今後の課題—」 177-180頁

■第54回大会（2014年）：第57号（2015年発行）「人口減少社会における持続可能な学校経営システムの開発（2）—学校規模の縮小化と地方教育委員会の経営課題」

屋敷和佳「山間・過疎地域における学校維持と統廃合について」 174-179頁

安宅仁人「北海道内の基礎自治体における教育と隣接領域との連携の広がり—パッケージ化された子ども支援システムの可能性を探る」 180-185頁

川上泰彦「地方教育委員会の学校維持・統廃合判断に関する経営課題」 186-192頁

水本徳明「討論のまとめ—子どもが育つ環境づくりに焦点化した総合的な行政・経営」 192-194頁

■第55回大会（2015年）：第58号（2016年発行）「人口減少社会における持続可能な学校経営システムの開発—3年間のまとめと今後の課題」

平井貴美代「『ストップ人口減少社会』政策と教育経営」 94-100頁

丹間康仁「地域づくりを視野に入れた極小規模校の経営と学校統廃合」 101-107頁

水本徳明「人口減少社会時代における学校再編」108-113頁

貞広斎子「人口減少社会における持続可能な学校経営システムの開発～3年間のまとめと今後の課題～」114-115頁

■第56回大会（2016年）：第59号（2017年発行）「日本型教育経営システムの有効性に関する研究：新たな学校像における教育の専門性（1）—担い手（スタッフ）に着目して」

加藤崇英「教育政策における新たな学校像—「チーム学校」論議の特質と課題」 96-101頁

大野裕己「新たな学校像における教育の専門性（1）—アメリカの事例から」 102-108頁

前原健二「新たな学校像における教育の専門性（1）—ドイツの事例から」 109-116頁

平井貴美代「討論のまとめ」 117-119頁

③ 海外の教育経営事情

※「海外の教育経営事情」という名称で紀要掲載は第43号（2001年）より
　　ただし，関連項目として第40, 41号：国際交流委員会報告，42号：諸外国の教育経営事情

■第40号（1998年発行）「国際交流委員会報告　諸外国の教育経営学関連学会の動向及び研究情報」
　小松郁夫「イギリス」 138-140頁
　八尾坂修「アメリカ―全米教員資格の開発―」 140-141頁
　榊原禎宏「ドイツ」 142-143頁
　石村雅雄「フランス」 143-144頁
■第41号（1999年発行）「国際交流委員会報告　諸外国における教師教育の現状と課題」
　浜田博文「米国における教師教育の現状と課題」 107-109頁
　西川信廣「イギリスにおける教師教育の現状と課題」 109-110頁
　柳澤良明「ドイツにおける教師教育の現状と課題」 110-111頁
　小野田正利「フランスにおける教師教育の現状と課題」 112-113頁
■第42号（2000年発行）「諸外国の教育経営事情―諸外国における学校参加の現状と課題」
　小松郁夫「イギリスにおける学校参加の現状と課題」 116-117頁
　坂野慎二「ドイツにおける学校参加の現状と課題」 117-118頁
　松原勝敏「フランスにおける学校参加の現状と課題」 119-120頁
　小松茂久「アメリカにおける学校参加の現状と課題」 120-121頁
■第43号（2001年発行）「海外の教育経営事情」
　リチャード・マーネン／八尾坂修訳「アメリカにおけるスタンダードを基盤とした（Standard-Based）
　　教育改革」 200-208頁
■第44号（2002年発行）「海外の教育経営事情」
　ブライアン・コールドウェル／佐藤博志訳「オーストラリアと日本の教育改革」 210-222頁
■第45号（2003年発行）「海外の教育経営事情」
　シュテファン・ゲルハルト・フーバー／柳澤良明訳「学校経営の国際的動向―広がる新たな課題」
　　212-230頁
■第46号（2004年発行）「海外の教育経営事情」
　ドミニク・グルー／田崎徳友訳「フランスにおける教員養成とIUFM」 178-194頁
■第47号（2005年発行）「海外の教育経営事情」
　レイヨ・ライボラ／二宮晧・渡邊あや訳「学校教育の社会的レリバンス―教育計画と教育行政の課題」
　　214-226頁
■第48号（2006年発行）「海外の教育経営事情」
　ピーター・リビンズ／小松郁夫・舘林保江訳「教育行政とリーダーシップ研究における歴史的視点
　　―イギリス教育経営研究の動向」 210-227頁
■第49号（2007年発行）
　福本みちよ・高橋望「ニュージーランドにおける教育経営に関する教育政策・研究の動向」 176-
　　186頁
■第50号（2008年発行）
　髙妻紳二郎「イギリスにおける教育経営研究の動向―第三者による学校評価・学校間連携に関わる
　　研究を中心として」 194-204頁
■第51号（2009年発行）
　辻野けんま・榊原禎宏「ドイツにおける学校開発論―人材開発論に焦点をあてて」 150-161頁
■第52号（2010年発行）
　福本みちよ「教育政策の展開過程における教員組合の関与についての一考察：ニュージーランド中

等学校教員組合の活動に焦点をあてて」 192-201 頁
■第 53 号 (2011 年発行)
市田敏之・照屋翔大「アメリカにおける初等中等教育法改正をめぐる連邦政府及び関係団体の動向」
170-180 頁
■第 54 号 (2012 年発行)
舘林保江・辻野けんま「イギリスとドイツにおける教育の質保証の動向」 148-159 頁
■第 55 号 (2013 年発行)
末松裕基「イギリスにおけるスクールリーダーシップ開発の動向─校長の専門職基準・資格を中心に」
152-164 頁
■第 56 号 (2014 年発行)
ケント・D・ピターソン／大野裕己訳「アメリカにおける学校改善─変化のポートレイト」 182-190 頁
■第 57 号 (2015 年発行)
トビアス・フェルトホフ＆シュテファン・ブラウクマン／南部初世訳「国際比較におけるドイツの
学校開発─1970 年代以降の学校開発のアウトラインと概念の国際的相互関係」 196-212 頁
■第 58 号 (2016 年発行)
照屋翔大・藤村祐子「アメリカの教員評価をめぐる付加価値評価モデル (Value-Added Model) の動
向」 118-130 頁
■第 59 号 (2017 年発行)
張揚「中国における学校管理・学校づくり・学校評価の分権化に関する教育改革の動向」 122-133 頁

4　実践研究フォーラム
※ 2007 年大会より 2008 年から紀要掲載

■第 47 回大会 (2007 年)：第 50 号 (2008 年発行)
水本徳明「学校経営コンサルテーションの意義と課題─第 1 回実践フォーラムでの議論を中心に」
206-215 頁
■第 48 回大会 (2008 年)：第 51 号 (2009 年発行)
水本徳明「スクールリーダー教育の確立に向けての学会の役割─第 2 回実践フォーラムでの議論を
中心に」 164-173 頁
■第 49 回大会 (2009 年)：第 52 号 (2010 年発行)
牛渡淳「校長の専門職基準─『教育活動の組織化』の専門性確立をめざして」 204-212 頁
■第 50 回大会 (2010 年)：第 53 号 (2011 年発行)
牛渡淳「校長の専門職基準─校長の養成・研修にどう生かすか」 182-189 頁
■第 51 回大会 (2011 年)：第 54 号 (2012 年発行)
牛渡淳「校長の専門職基準を考える─国内外調査を基に」 162-169 頁
■第 52 回大会 (2012 年)：第 55 号 (2013 年発行)
牛渡淳「『校長の専門職基準 (2009 年版)』の一部修正試案，『解説書』試案，及び，専門職基準に対
応した『ケースメソッド事例集』について」 166-170 頁
■第 53 回大会 (2013 年)：第 56 号 (2014 年発行)
元兼正浩「『校長の専門職基準』再検討の方向性を問う」 192-198 頁
■第 54 回大会 (2014 年)：第 57 号 (2015 年発行)
実践推進委員会 (第 3 期)「学校管理職養成の国際的動向を問う」 214-224 頁
■第 55 回大会 (2015 年)：第 58 号 (2016 年発行)
大竹晋吾「管理職養成における『校長の専門職基準』の活用方途」 132-141 頁

■第 56 回大会（2016 年）：第 59 号（2017 年発行）
池端庄一郎「副校長・教頭の現状と全国公立学校教頭会の取組」 136-138 頁
浜田博文「アメリカにおけるスクールリーダーとその専門職団体について」 139-143 頁
諏訪英広「副校長・教頭の職務状況」 144-147 頁
佐古秀一「教頭職の位置と教頭研修の課題：教頭職の『学び直し』と研修の在り方」 148-151 頁
藤原文雄「総括」 152-157 頁

5 教育経営学研究動向レビュー
※紀要掲載は第 36 号（1994 年）より

■第 36 号（1994 年発行）
水本徳明・西山亨・神山知子「研究動向レビュー」 151-159 頁
■第 37 号（1995 年発行）
福本昌之・鈴木邦治・別惣淳二・岡東壽隆「研究動向レビュー」 173-182 頁
■第 38 号（1996 年発行）
勝野正章「研究動向レビュー」 182-188 頁
■第 39 号（1997 年発行）
植田健男・石井拓児・大橋伸江・児玉弥生・野崎真琴・橋本洋治・武者一弘・山内康平「研究動向
レビュー」 133-142 頁
■第 40 号（1998 年発行）
中留武昭・篠原清昭・露口健司・大野裕己・生嶌亜樹子「研究動向レビュー」 170-182 頁
■第 42 号（2000 年発行）
曽余田浩史「我が国の学校組織文化研究レビュー」146-156 頁
■第 43 号（2001 年発行）
大野裕己「日本における校長のリーダーシップ研究に関するレビュー」 230-239 頁
■第 44 号（2002 年発行）
藤原文雄「戦後学校経営論研究の動向レビュー」 252-261 頁
■第 45 号（2003 年発行）
武者一弘「教育委員会制度研究における新しい方法論—90 年代以後を中心に」 242-251 頁
■第 46 号（2004 年発行）
浅田昇平・小野田正利「学校現場での実践性を志向する教育経営学研究のレビュー」 216-225 頁
■第 47 号（2005 年発行）
平井貴美代「『教育改革と学校経営』に関する研究動向レビュー」 258-269 頁
■第 48 号（2006 年発行）
石井拓児「『現代日本社会と教育経営改革』に関する研究動向レビュー」 246-259 頁
■第 49 号（2007 年発行）
露口健司「教育経営研究におけるサーベイリサーチの動向と課題」 202-213 頁
■第 50 号（2008 年発行）
武井敦史「教育経営研究における事例調査研究の動向と課題」 234-244 頁
■第 51 号（2009 年発行）
山﨑保寿「教師の職能成長に関する研究の動向と課題」 206-215 頁
■第 52 号（2010 年発行）
雪丸武彦・青木栄一「分権改革が学校経営に与えたインパクト」 240-249 頁
■第 53 号（2011 年発行）

巻末資料　**203**

安藤知子「〈仕事〉としての教職へのまなざし──今日的状況と課題」 218-227 頁
■第 54 号（2012 年発行）
　織田泰幸「我が国の学校組織論研究のレビュー」 188-197 頁
■第 55 号（2013 年発行）
　波多江俊介・川上泰彦「人口減少社会における教育経営課題とその研究動向」 196-205 頁
■第 56 号（2014 年発行）
　島田桂吾・貞広斎子「『学校の小規模化』に対応した教育経営に関する研究動向」 220-229 頁
■第 57 号（2015 年発行）
　高橋望・加藤崇英「へき地小規模校における学校経営とカリキュラム開発に関する研究動向」 242-
　　252 頁
■第 58 号（2016 年発行）
　辻野けんま・榊原禎宏「『教員の専門性』論の特徴と課題──2000 年以降の文献を中心に」 164-174 頁
■第 59 号（2017 年発行）
　大竹晋吾・畑中大路「学校管理職の専門性論：2000 年以降を中心として」 176-186 頁

6　シンポジウムテーマ
　※ 19 回大会までのシンポジウム情報は，紀要第 22 号「大会発表・紀要論文」一覧表（171-180 頁）
　　より。20 ～ 37 回大会シンポジウムの情報は会務報告を参照，以降は毎号の紀要を参照。

■第 1 回大会（1961 年）
　「これからの教頭職はどうあるべきか」 司会：大嶋三男／提案者：皇晃之・高木太郎・丹治守雄
　「学級の経営理論について」 司会：宮坂哲文／提案者：城丸章夫・高桑康雄・赤坂哲男
■第 2 回大会（1962 年）
　「学校経営における評価の問題」 司会：原俊之・山本敏夫
　幸田三郎「自主的学校評価の必要性」
　中野光「教授＝学習活動の質と教育条件」
　三上満「学校づくりの立場から」
　二関隆美「組織論・人間関係論のたちばから」
　「学校経営における地域性の問題」 司会：皇晃之・松永健哉／提案者：上滝孝治郎・城丸章夫・野
　　口敏夫・大竹武三
■第 3 回大会（1963 年）**「社会の変貌と学校経営」** 司会：山本敏夫・城丸章夫
　大島三男「地域産業と職業科の経営」
　細谷俊夫「産業構造の変化と高等学校の体質改善」
　高木太郎「都市周辺の団地における学校経営」
　幸田三郎「私立学校の当面する経営上の諸課題」
■第 4 回大会（1964 年）**「へき地の教育」** 司会：皇晃之・宮田丈夫
　相馬勇「現場からの問題提起」
　溝口謙三「地域社会の問題を中心に」
　菊地一美「児童生徒・教育内容と方法の問題」
　上滝孝治郎「へき地校の経営上の問題」
■第 5 回大会（1965 年）**「教育の機械化と学校経営」** 司会：高木太郎・城丸章夫
　鈴木章男「小学校プログラム学習の実践から」
　寺沢茂「中学校放送教育の実践から」
　早川章「高校視聴覚教育の実践から」

田中正吾「理論的立場から～その1」
吉田昇「理論的立場から～その2」

■第6回大会（1966年）「学校再編成に関する問題」　司会：吉本二郎・渡辺孝三
新納嘉夫「幼児教育と義務制化」
小川重太郎「小学校における教科担任制」
皇晃之「後期中等学校の整備と各種学校」
城丸章夫「入学試験体制」

■第7回大会（1967年）「学校経営の困難点」　司会：扇谷尚・上滝孝治郎
香西浩「小学校経営上の困難点」
安橋貞雄「中学校経営上の困難点」
小野雄三「高等学校経営上の問題点」

■第8回大会（1968年）「学校経営におけるリーダーシップ」　司会：大嶋三男・吉本二郎
岩下新太郎「学校経営に対する教育行政機関のリーダーシップ」
城丸章夫「校長のリーダーシップ」
原俊之「教頭・主任等のリーダーシップ」

■第9回大会（1969年）「**教育経営研究の総括と展望**」　司会：細谷俊夫／提案者：河野重男・高野桂一・馬場四郎・持田栄一・吉本二郎

■第10回大会（1970年）「初等・中等教育の改革に関する基本構想試案（中間報告）について」　司会：秋元照夫・吉本二郎
真野宮雄「制度全般」
牧昌見「管理組織」
髙木英明「教員養成」
松田文人「高校の多様化」

■第11回大会（1971年）「**70年代教育経営の方向と課題—なんのための教育経営か**」　司会：原俊之・真野宮雄
新井郁男「教育工学・システム化論をめぐって」
加藤章「学校の秩序と生徒の自治をめぐって」
市川昭午「教師の職務構造をめぐって」

■第12回大会（1972年）「学校経営における争点—単層構造・重層構造をめぐって」　司会：山本敏夫・上滝孝治郎・岩下新太郎
伊藤和衛「単層構造論と重層構造論」
河野重男「教育社会学的立場から—官僚制化と専門職性のからみ合い」
石堂豊「職員会議の争点をめぐって」
池田弘「教育実践現場から」

■第13回大会（1973年）「学校とは何か」　司会：吉本二郎・扇谷尚／提案者：山村賢明・吉田昇・牧昌見

■第14回大会（1974年）「**週休2日制社会と学校教育**」　司会：吉田昇・高野桂一／提案者：水城優人・幸田三郎・牧昌見

■第15回大会（1975年）「**教育経営と子ども**」　司会：上滝孝治郎・真野宮雄
原俊之「教育史研究の立場から」
高桑康雄「教育方法研究の立場から」
石堂豊「教育法・行政研究の立場から」
河野重男「教育社会学研究の立場から」

■第16回大会（1976年）「学校経営と主任制」　司会：上滝孝治郎・高倉翔
林丈樹「実践の中での主任の役割・機能」

巻末資料　205

河野重男「集団の社会的・心理的過程における主任の役割・機能」

高野桂一「組織・運営の中での主任の役割・機能」

■第 17 回大会（1977 年）「**教育課程の経営**」　司会：河野重男・高木太郎

扇谷尚「教育課程改造の基本課題」

上寺久雄「学校における教育課程の編成」

成瀬正行「教育課程の研究開発」

■第 18 回大会（1978 年）「**学校は変えることができるか―何が・だれが変えるのか**」　司会：岩下新太郎・永岡順／提案者：大野治衛・牧昌見・児島邦宏

■第 19 回大会（1979 年）「**カリキュラム開発のための教育経営**」　司会：高桑康雄・高倉翔

原実「『カリキュラム開発』のための学校経営の実際と課題という視点から」

岩下新太郎「『カリキュラム開発』における教育行政（国・地方）の責任と学校との関係という視点から」

高野桂一「『カリキュラム開発』のための教育経営研究の方法と課題という視点から」

■第 20 回大会（1980 年）「**学校教育における経営参加**」　司会：上滝孝治郎・西睦夫

林義樹「地域・住民の参加」

岸本幸次郎「経営参加理論の検討」

■第 21 回大会（1981 年）「**新学習指導要領と学校経営の主体性**」　司会：永岡順・藤枝静正

奥田真丈「新学習指導要領と学校経営の主体性」

小泉祥一「教育課程編成経営組織の視点から」

大道寺郁夫「新学習指導要領と学校経営上の諸問題」

牧昌見「「ゆとり」の本旨と実践の跛行―学校経営の対応の問題」

■第 22 回大会（1982 年）「**学校の教育力の再構築とその課題**」　司会：渡辺孝三・中留武昭

堀内孜「学校の教育力と組織力」

久高喜行「学校の教育力の再構築と学校教育目標」

宇留田敬一「学校の教育力をめぐる問題状況とその再構築の課題―生徒指導の観点から」

■第 23 回大会（1983 年）「**生徒指導の今日的課題にこたえる教育経営の役割**」　司会：西穣司・河野重男

松尾勇「中学校における非行の実態と指導上の問題点」

有園格「生徒指導の今日的課題にこたえる教育経営の役割」

宇留田敬一「学校・家庭・地域との協力・連携を中心に」

岩下新太郎「家庭・学校・地域連帯と協力体制」

■第 24 回大会（1984 年）「**教員の資質向上をはかるにはどうしたらよいか**」　司会：上原貞雄・渡邊孝三

永岡順「教師の自主性に応じた研修システムの改善」

日下晃「教員養成の現状と試補制度の導入―私立大学の立場から」

廣幸乙彦「教員免許法の改正と教員研修の体系化―校長経験者・行政者の立場から」

庖刀和秀「校長のリーダーシップと校内研修―校長の立場から」

■第 25 回大会（1985 年）「**学校と教育改革**」　司会：沢井昭男・上寺久雄

新井郁男「個性主義の教育とこれからの教育の基本理念（『生涯教育と個性主義』を含む）」

原島信義「中高一貫教育と初等・中等教育の課題」

高野桂一「教育改革を支える教師・学校経営」

岩上進「教育改革と教育行政」

■第 26 回大会（1986 年）「**教育経営における規制と裁量**」　司会：児島邦宏・高桑康雄／提案者：奥田真丈・田沢一穂・中野目直明・大野雅敏・田中実・小泉祥一

■第 27 回大会（1987 年）「**中等学校における選択制の問題**」　司会：牧昌見・名和弘彦

幸田三郎「中等学校における選択制の問題」

高階玲治「生徒選択を可能とする学校の意思形成過程の実現」

伊藤和彦「中学校の現場から見た選択時間数の拡大についての諸問題」
中留武昭「特色ある学校づくりを通しての日・米の選択制の問題」
■第 28 回大会 (1988 年)「初任者研修と学校経営の役割」 司会：奥田真丈・吉本二郎
牧昌見「教育政策の観点から」
小島弘道「職能成長の観点から」
西川彰「教育行政の立場から」
塩瀬昌雄「学校経営実践の場において」
■第 29 回大会 (1989 年)「新教育課程と学校経営の課題」
高野桂一「学校経営研究の観点から」
岡東壽隆「地域教育経営の観点から」
高橋哲夫「教育行政の立場から」
太田昭臣「学校現場の立場から」
■第 30 回大会 (1990 年)「生徒指導と教育経営の役割」
秦政春「生徒指導論から」
西穣司「生徒指導と学校経営のかかわりから」
宇留田敬一「経営的観点から」
鈴木泉「学校現場の立場から」
■第 31 回大会 (1991 年)「生涯学習時代の教育経営」
提案者：桑原敏明・吉川幸宏・三浦健治
■第 32 回大会 (1992 年)「教員の職能成長の要因と教育経営の課題」
原岡一馬「教員の自己認識の観点から」
稲垣忠彦「教育実践研究の観点から」
油布佐和子「職能成長と教員文化の観点から」
大脇康弘「学校経営論の観点から」
■第 33 回大会 (1993 年)「教育選択の自由と小・中学校経営の課題—公立と私立とのかかわりを中心に」
秦政春「今日の社会的状況のなかでの公立学校と私立学校の存在—問題状況の把握」
椙山正弘「私立学校の経営課題」
岩崎袈裟男「公立学校の経営課題」
下村哲夫「公立学校と私立学校の関係—21 世紀に向けての展望」
■第 34 回大会 (1994 年)「学校慣行を問い直す」
岡東壽隆「学校の組織文化の面から」
伊藤政昭「教育課程編成の面から」
秦政春「生徒指導の面から」
若井彌一「教育法制の面から」
■第 35 回大会 (1995 年)「教員研修の多様化と大学の役割」
小松郁夫「教員研修の現状と問題点」
沢井昭男「教員研修の受け入れと大学の役割 (1)」
新井郁男「教員研修の受け入れと大学の役割 (2)」
工藤敏夫「研修行政の現状と教育大学・学部の改革課題」
■第 36 回大会 (1996 年)「生涯学習社会における大学の役割」
金子照基「日本における大学の使命・役割の吟味」
金龍哲「中国における大学の役割」
朴聖雨「韓国における大学の役割」
丸山孝一「九州大学における地域社会と大学との連携プロジェクトのケース」
川田政弘「新構想大学院でのリカレントの体験を通して」

巻末資料　**207**

■第37回大会（1997年）「学校の『スリム』化と家庭・地域の『教育力』の回復は可能か──学校と家庭・地域の新しい関係を求めて」　司会：澤井昭男・若井彌一
　　清水潔「教育委員会・学校・家庭・地域──国の行政の立場から」
　　藤本康子「秋田市の教育改革：『はばたけ　秋田っ子』教育──地域社会の教育力の視点から」
　　横田智次「川崎市における『地域教育会議』の取り組み」
■第38回大会（1998年）：第41号（1999年発行）「これからの教師に求められる資質能力を考える」
　　司会：小島弘道・名越清家
　　新井郁男「教師教育改革の立場から」　48-49頁
　　一丸藤太郎「臨床心理学の立場から」　49-50頁
　　菊地栄治「ホリスティックな視点から」　50-51頁
　　久富善之「教師の職業文化から考える『教師の求められる資質・能力』」　51-52頁
　　小島弘道「総括」　52-53頁
■第39回大会（1999年）：第42号（2000年発行）「中教審答申と学校経営改革」　司会：小川正人・坪井由実
　　堀内孜「学校経営の自律性確立のための権限─責任関係」　52-53頁
　　淵上孝「21世紀に向けた学校運営組織の見直し」　54-56頁
　　三輪了啓「教育改革と市町村教育委員会の在り方」　56-57頁
　　青木朋江「学校の自主性・自律性の確立を目指して─阻害する要因を探る」　58-59頁
　　小川正人「総括」　60-61頁
■第40回大会（2000）：第43号（2001年発行）「学校参加と学校経営の課題─学校評議員制度の可能性を探る」
　　窪田眞二「日本における学校参加の課題」　54-56頁
　　浦野東洋一「学校改革と学校評議員制度」　56-58頁
　　柴田幸雄「学校評議員制度と学校経営の実践的課題」　58-60頁
　　木岡一明「学校のアカウンタビリティと学校評議員制度」　60-62頁
　　上田学「総括」　63-64頁
■第41回大会（2001年）：第44号（2002年発行）「高等教育個性化をめざす経営戦略」
　　中留武昭「開かれた大学の果たす経営戦略」　122-126頁
　　林義樹「大学の教育活動における質的経営」　126-128頁
　　椋本洋「学校と大学の連携の展望」　128-130頁
　　高倉翔「これからの教育系大学・学部に求められる役割」　130-132頁
　　小松郁夫「全国大学調査の視点から」　133-134頁
　　金子照基「総括」　135-136頁
■第42回大会（2002年）：第45号（2003年発行）「特色ある学校づくりとこれからの教育経営」
　　堀真一郎「新しい学校づくりの視点から─きのくに子どもの村の学校づくり」　132-133頁
　　家光大蔵「いま，学校がおもしろい」　134-135頁
　　林孝「地域教育経営の視点から」　136-137頁
　　木岡一明「学校評価の視点から」　138-139頁
　　有吉英樹「総括」　140-141頁
■第43回大会（2003年）：第46号（2004年発行）「地方分権と教育経営」
　　雲尾周「地域社会を基盤とした生涯学習の観点から」　122-123頁
　　金子郁容「公教育の構造改革・規制緩和の観点から」　124-126頁
　　若月秀夫「品川区での教育改革課題をもとに」　126-128頁
　　小松郁夫「総括」　129-131頁
■第44回大会（2004年）：第47号（2005年発行）「地域学校経営の可能性と課題」

浜田博文「『地域学校経営』の概念とその今日的意義・課題―学校 - 地域関係の捉え方に焦点をあてて」 162-165 頁
岩永定「学校と家庭・地域の連携の現状と課題」 166-169 頁
金山康博「地域学校経営の可能性と課題」 170-174 頁
玉井康之「学校の説明責任能力の実情と課題」 174-178 頁
西穣司「総括」 178-181 頁

■第 45 回大会 (2005 年)：第 48 号 (2006 年発行)「知識社会を拓く教育経営の可能性―新世紀型の学びの場の創造をめざして」

立田慶裕「知識社会の教育システム―教育の工夫と知識の共有化」 170-174 頁
梅本勝博「教育経営を知識経営と地域経営の枠組みで考える」 174-179 頁
藤原文雄「知識経営という枠組みから教育経営研究を見直す」 179-183 頁
織田泰幸「欧米における学校の知識経営論に関する文献紹介」 183-187 頁
西穣司「総括」 187-190 頁

■第 46 回大会 (2006 年)：第 49 号 (2007 年発行)「学校教育の充実・改善に資する評価システムのあり方―教員・学校評価システムを中心として」

前川喜平「学校評価と教員評価について」 124-128 頁
八巻賢一「仙台市における教員評価の取り組み―教育活動の計画と実施に基づく評価システム」 129-133 頁
及川芙美子「教育活動・学校経営への意欲につながる教員・学校評価の方策について」 133-136 頁
若井彌一「『新たな教員評価』施策展開の実践的課題を中心として」 136-140 頁
高橋伸夫「民間企業の失敗を教訓にして」 141-143 頁
窪田眞二「評価システムを構築する上で不可避の論点」 143-145 頁
小泉祥一「総括」 145-149 頁

■第 47 回大会 (2007 年)：第 50 号 (2008 年発行)「今改めて問う学校の自主性・自律性」

貝ノ瀬滋「教育の質の保障，教員の質の向上をめざして」 128-131 頁
川上彰久「経営戦略―研究を中核とした学校づくりをめざして」 132-135 頁
髙橋和男「パイオニアスクールとしての試み」 136-139 頁
天笠茂「コメント―教職員人事・予算・地域人材」 140-143 頁
北村文夫「総括」 143-147 頁

■第 48 回大会 (2008 年)：第 51 号 (2009 年発行) 国際シンポジウム「学校組織開発の研究動向と課題」

ゲアハルト・シュナイトマン「ドイツにおける学校開発と学校プログラム研究に関する構想，研究成果，実践的経験」 91-92 頁
キャシー・ワイリー「自律的学校経営に関するニュージーランドの経験」 92-96 頁
高鏶「韓国における『学校の自律性』政策の動向及び課題」 96-99 頁
堀内孜「日本における学校組織開発の研究動向と課題」 99-101 頁
髙妻紳二郎・榊原禎宏「全体討議」 101-105 頁

■第 49 回大会 (2009 年)：第 52 号 (2010 年発行)「教職員の健康・学校組織の健康」

天笠茂「はじめに」 128-129 頁
保坂亨「教員のメンタルヘルス問題を構造的にとらえる」 129-133 頁
根本雅史「学校から見た教職員の健康・学校組織の健康」 133-137 頁
水本徳明「教職員の健康・学校組織の健康：研究者の立場から」 138-142 頁
檜山幸子「指定討論者から―学校現場からの提言」 142-144 頁
安藤知子「指定討論者から―『学校組織の健康』をどうとらえるか」 144-146 頁
佐古秀一「総括：学校・教職員の健康問題と学校経営の課題」 146-148 頁

■第 50 回大会 (2010 年)：第 53 号 (2011 年発行)「21 世紀の学校教育が目指すもの―地方分権改革の

推進と学校力の向上」

安倍徹「静岡県が推進する『理想の学校教育』」 136-138 頁

髙木伸三「政令市浜松市が推進する『心の耕し』の教育」 139-141 頁

工藤達朗「教育特区を活用した沼津市教育の特色」 141-143 頁

天笠茂「学校力向上のための経営戦略と手法」 143-146 頁

■第 51 回大会 (2011 年)：第 54 号 (2012 年発行)「保護者・地域が支える学校運営の可能性を探る」

岡本薫「価値的相対主義に基づくマネジメント論の観点からの問題提起」 106-108 頁

広田照幸「保護者・地域の支援・参加をどう考えるか」 109-112 頁

西川信廣「コミュニティ・スクールとスクールガバナンス―関西地方の事例から」 112-115 頁

小野田正利「地域でひたひたと浸透する孤立と不信・背負い込みを求められ身構える学校―実像の相互理解からのスタート」 115-118 頁

平井貴美代・花岡萬之「総括　保護者・地域住民の学校関与をめぐって」 118-121 頁

■第 52 回大会 (2012 年)：第 55 号 (2013 年発行)「これからの参加型学校経営と教育ネットワークづくり―香川県での取り組みを事例として」

亀井仁美「地域とともにある学校を目指して―思いあう心，あふれる笑顔，地域で育てる白山っ子」 114-115 頁

山本恵三「志度高校学校会議の取り組み―プロセスから結果へ，そして再び，結果からプロセスへ」 116-118 頁

早谷川悟「おやじの会の取り組み」 118-120 頁

野村一夫「香川県における取り組みから見えてきたこと」 120-122 頁

コメンテーター：

岩永定「地域の教育力と学校運営協議会」 122-124 頁

天笠茂「シンポジストの提案を受けてのコメント」 124-126 頁

総括：

佐古秀一「総括 1　参加型学校経営の現状とこれから―イベントから信頼のネットワークへの展望―」 126-128 頁

柳澤良明「総括 2　児童生徒を中心にした参加型学校経営の意義と可能性」 128-129 頁

■第 53 回大会 (2013 年)：第 56 号 (2014 年発行)

公開シンポジウム「教育経営における「つながり」の再構築―子どもの成長を支援する多様な協働へ」

加藤崇英「教育経営研究者の立場から―子どもの『位置づけ』から『主体的かかわり』へ」 126-128 頁

金山康博「学校管理職・教育行政経験者の立場から―楽校（学校）を学びの社会とするための〝つながり〟」 129-132 頁

笹川まゆみ「現職養護教諭の立場から：中学校における組織的対応による協働―保健室で捉える『つながり』を探す子どもたち」 132-135 頁

氏岡真弓「学校現場を取材するマスコミの立場から―何のために，どのように『つながる』のか」 136-138 頁

浜田博文《総括》 139-141 頁

理事会企画ミニシンポジウム「災害復興と教育経営の課題と方策」

牛渡淳「『災害復興と教育経営の課題と方策』趣旨」 144 頁

寺島史朗「東日本大震災における宮城県教育委員会の対応と課題」 145 頁

野澤令照「復興に向けた校長会の対応及び地域協働による教育復興」 146 頁

本図愛実「シンポジウムのまとめ」 147 頁

■第 54 回大会 (2014 年)：第 57 号 (2015 年発行)

公開シンポジウム「小規模校化する日本の学校経営の課題と組織マネジメントの方策」

堀内孜「地方分権化の観点からする学校制度，学校経営制度と小規模校経営」 148-151頁

天笠茂「日本の文教政策における小規模校化への対応と政策課題」 151-154頁

葉養正明「人口減少社会における特色ある小規模学校実践の課題と方策」 154-156頁

荻原克男「シンポジウム『小規模校化する日本の学校経営の課題と組織マネジメントの方策』の総括とまとめ」 157-159頁

理事会企画ミニシンポジウム「教育経営と防災教育―学校段階をふまえて」

堀越清治「東日本大震災と学校経営の視点からの教育復興」 162頁

諏訪清二「環境防災科設置を通して教育改革を考える」 163頁

雲尾周「大学における危機管理と防災教育」 164頁

牛渡淳「まとめにかえて」 165頁

■**第55回大会（2015年）：第58号（2016年発行）**

公開シンポジウム「『チームとしての学校』の現在とこれから―多様な専門性・役割を持つ人々による協働」

本多正人「イントロダクション―シンポジウムの趣旨と概要」 66-68頁

高原晋一「『なごや子ども応援委員会』の取り組み」 69-73頁

竹原和泉「『チームとしての学校』地域との連携の視点から」 73-77頁

理事会企画ミニシンポジウム「教育経営と災害復興・防災教育のこれからにむけて」

阿内春生「福島の教育復興とその課題―県立中高一貫校ふたば未来学園の設置」 80-81頁

小田隆史「被災地の教員養成大学が果たし得るローカル／グローバルな結節機能」 82頁

牛渡淳「まとめと今後の課題」 83-85頁

■**第56回大会（2016年）：第59号（2017年発行）「共生社会の実現と教育経営の課題―多様性（ダイバーシティ）に教育はどうこたえるか」**

水野博之「学校経営実践の立場から― 一人ひとりが大切にされる学校づくり」 74-77頁

柏木智子「子どもの貧困対策研究の立場から」 77-80頁

臼井智美「外国人児童生徒教育研究の立場から」 80-84頁

倉石一郎「二つの『包摂』的アプローチ―新自由主義との共振を乗り越えるために」 84-87頁

水本徳明「討論の論点」 88頁

（資料作成：張信愛・吉田尚史・髙野貴大）

巻末資料　**211**

索　引

あ行

ICT 環境　184
アカデミックな研究　186
アカウンタビリティ　50
アクションリサーチ　30, 151
アクター　86, 87, 89, 99, 126
新しい教員評価制度　46
新しい評価制度　45
RPDS サイクル　54
育成の論理　44
一般システムズ理論　49
SC（ソーシャル・キャピタル）　119
　──醸成　125, 126
　──の形態　124, 126
　──の効果　121
　──の効果研究　122
　──の偏在　127
　──のレベル　121
SC 概念　120, 125
　──の構成要素　119
SBCD　25
エビデンス　56
エンパワーメント　14
エンパワーメント・アプローチ　19
OJT　45
Off-JT　45

か行

会員資格　181
解釈的アプローチ　145, 146, 148
科学的管理法　48
「学習する組織」論　51, 52, 55
学習歴累積制度　137
学術研究賞　182, 183
学問的基盤形成　187
学校運営協議会制度　95-97, 109
『学校運営研究』（明治図書）　186
学校関係者評価制度　95, 99
学校間ネットワーク　134
学校規模と学校のマネジメントの関係　134
学校規模と教育効果　133

──の関係　132
学校経営実践改善　149
学校経営参加　95, 101, 102
『学校経営』（第一法規）　186
学校経営論　177, 185
学校財政　74, 75
学校財政訴訟　73
学校財務研究　72, 80
学校裁量予算　72
　──制度　75
学校支援地域本部事業　109
学校事務の共同実施　79
学校週五日制　108
学校選択制　95
学校組織開発　55
　──アプローチ　56
学校組織開発研究　48
学校組織研究　50, 51, 55
学校組織マネジメント　11
学校組織マネジメント研究　2, 10
学校組織マネジメント研修　4
　──プログラム　4, 5
学校統廃合　109, 132
学校と地域との連携推進組織　123
学校と地域の連携　100
学校における SC　121
学校に基礎を置くカリキュラム開発　25
学校の意思形成システム　97
学校の教育目標　28, 54
学校の自主性・自律性　26
学校の小規模化　132
学校の組織運営　177, 185
学校評価　8, 11, 50
　──ガイドライン　9
　──研究　2, 8, 10
　──制度　66
学校評議員制度　95-97, 109, 115
学校への権限委譲　73
学校への財源・権限委譲　74
学校マネジメント空間認識の拡張　77
学校予算・財務　74

212

学校予算の検証・引き継ぎ体制　79
学校予算の透明性　78
ガバナンスの弾力化　137
カリキュラム開発　24, 25
カリキュラム・マネジメント　24
　——の定義と必要性　31
カリキュラム・リーダーシップ　16
カリキュラム開発　32
感情　169, 170
管理職の選考と登用　42
規範　119
規範論　50
キャリアパターンを通じた人材育成　43
教育委員のレイマンコントロール　86
教育課程　24
教育課程基準の大綱化・弾力化　25, 26, 28
教育課程行政　27
教育課程経営　27, 29, 117
教育課程経営研究　27
教育行政学　84
教育行政研究　85
教育行政職員の専門性　88
教育経営研究の布置構造　186
教育長のプロフェッショナルリーダーシップ
　86
教育長のリーダーシップ　87
教育分野を対象とした政治学　85
教育を受ける者　165
教員育成指標　38
教員人事異動の多様性　40
教員人事行政　40
教員の昇進管理制度　42
教員配置をめぐる「最適」の理論　41
教員評価研究　46
教員評価制度　45
教員リーダー　15
教員リーダーシップの機能　15
教員リーダーシップの儚さ　16
教員リーダーシップ論　14
教科横断カリキュラム　30
教師文化　60
教職員の人事（異動・昇進）　38
業績評価（目標管理による——）37
協働性　28
極小規模学校　131

近代の終焉　154
「空間的」視座　154, 159
グローバル化　159-163
グローバルな視点　163
ケアリングリーダーシップ　20, 21
結束型　123-125
　——（の）SC　124, 126
研究規範　56, 57
研究・コンサルテーションの技法　150
研究−実践関係　142-144, 147
研究−実践コミュニティー　150
研究者教員　187
研究者−実践者関係　142-144
研究者に対する多産性の要求　57
研究奨励賞　183
研究におけるエビデンスへの要求　57
研究モラル　182
研究ルール　182
現代学校経営総合文献目録　177
広域異動　38, 39
広域採用　38, 39
公私混合型私費負担構造　76
構築するものとしての組織文化　64, 68
校長の専門職基準　37
合理的経済人の仮設　166
合理的組織観　50
功労賞　183
国際貢献賞　183
子どもの側に立つ　169
コミュニティ・スクール　97, 98, 116
コミュニティ・リーダーシップ　18
雇用管理　44
雇用管理制度　36
コンサルテーション　147

──────── さ行 ────────
財政上の説明責任　79
サーバントリーダーシップ論　19
三層構造論　62
「時間的」視座　154, 158
資源　90, 115
自己実現人の仮説　167
自己組織性　49
自己目標シート　53, 54
「次世代の学校・地域」創生プラン　116

自治体間ネットワーク　135
実践研究賞　182, 183
実践研究ラウンドテーブル　52
実践的研究　186
実践的有用性　68
実態論　50
失敗事例の研究　21
実務家教員　181, 187
児童生徒の学校経営参加　103
児童生徒の経営参加　102
資本主義　155
社会人の仮説　167
社会正義リーダーシップ　18
　　──論　19
社会的ネットワーク　101
社会に開かれた教育課程　116, 117, 135
社会を生き抜く力　162
「終焉・限界」論　155
修士課程教育学　179
　　──院生　179
修士課程教員養成　179
　　──院生　179
住民参加　114
住民自治　114
主体者としての人間　170
主体的・対話的で深い学び　6, 26
生涯学習社会　114
生涯学習者としての人間　170
少子化社会　131, 132
自律的学校運営　72, 73, 77, 80
人材育成　39, 44
人材育成制度／人材育成システム　36, 45
人的資源アプローチ　69
人的資源管理　36, 37, 43
シンボリックアプローチ　69
信頼　119, 121
信頼リーダーシップ　20
ステイクホルダー　98, 99
ストリートレベルの官僚制論　88-90
生徒文化　60
政府間関係　85
説明・解釈要因としての組織文化　64
全国公立小中学校事務職員研究会　75
全体最適　41
専門職学位課程　179, 180

専門的知識重視モデル　52
組織開発論　67
組織学習　61
「組織学習」論　51, 52, 55
組織と組織文化の関係性　62
組織風土　66
組織風土・文化論　63
組織風土論　60
組織文化　29, 60-62, 66, 67
　　──という概念　65
組織文化還元主義　67, 69
組織文化研究　60, 63, 67
組織文化媒介モデル　65
組織変革　61
　　──のストラテジー　63
組織マネジメント　50
組織マネジメント研修　50
ソーシャル・キャピタル（SC）　18, 119
　　──の効果研究　120
　　──の醸成研究　122
ソーシャル・キャピタル概念の諸形態　123

──────── た行 ────────

ダイバーシティ・マネジメント　172
「脱却・訣別」論　155
脱テクノクラートモデル　138
ダブル・ループ学習　62
多様性（ダイバーシティ）の社会　159
単位学校経営論　48, 110
地域学校協働活動　116
地域教育経営　113
地域教育経営論　110-112, 114
地域コーディネーター　116
地域コミュニティ　107
　　──と学校　107, 108, 115, 117
地域コミュニティ再生　109
地域社会を基盤とする教育経営　113
地域振興　108
地域と学校　107
地域とともにある学校　116
地域としてのネットワーク　135
知識経営　68
地方教育行政　85, 90
地方教育行政研究　84, 89
地方創生　116

地方分権　85
チームとしての学校／チーム学校　6, 11, 32,
　135, 172, 175
中央教育審議会（中教審）　3, 72, 108
中範囲の理論　149
ディシプリン　84, 88
統合型リーダーシップ　17
「…とともに」という視線　171

──────── な行 ────────
ナショナルな視点　163
21 世紀型市民　160, 161
「人間」がおかれた条件という広い視野　172
人間が人間となる　168
人間関係論　49
人間関係を扱う学　119
「人間尊重の精神」に対する高い視座　172
「人間」に対する鋭い視線　172
「人間」に向けられる視線　165, 166
ネットワーク　119, 125-128
ネットワーク化　134, 136
能力評価　37
「…のために」という視線　171

──────── は行 ────────
排除 174
配置の最適化　39
博士課程教育学　179
　──院生　179
博士課程教員養成　179, 180
橋渡し型　123-125
橋渡し型 SC　126
反省的実践家モデル　52
非対面学校（仮想学校）136, 137
PDCA サイクル　9, 29, 158
人を人とする組織　168
評価制度　36, 44
評価と支援の一体化　11
開かれた学校　100, 115
開かれた学校経営　112, 113

複雑人の仮説　167
複雑性を意識した組織観　50
福祉領域とのネットワーク　135
部分最適　41, 42
文化的リーダーシップ論　66
分散　14
分散型リーダーシップ　14
分散型教育的リーダーシップ　15
変革　14
変革的リーダーシップ　17, 18, 21
報酬制度　44
包摂　174
　──と排除　159
ポスト資本主義　156

──────── ま行 ────────
マイクロ・マクロ・リンク　122, 123
マニュアル的研究　186
マネジメント研修　3
マルチレベル分析　121
目標管理　53
問題解決系学問　142, 150

──────── や行 ────────
有用性　148, 149
予算・財務スキル　78

──────── ら行 ────────
リアリティと有用性　150
リーダーシップの持論生成過程　21
リーダーシップの分散・共有・統合　16
良循環サイクル　54
臨時教育審議会（臨教審）　2, 111
臨床的アプローチ　145-148
ルース・カップリング（疎結合）理論　49
歴史的逆噴射　158
歴史的転換期の狭間　158
連関性　28, 31
連結型　123, 124
ローカル・オプティマム　137

執 筆 者

髙妻紳二郎	福 岡 大 学	1 章
露 口 健 司	愛媛大学大学院	2 章
田 村 知 子	大阪教育大学	3 章
川 上 泰 彦	兵庫教育大学	4 章
武 井 敦 史	静岡大学大学院	5 章
照 屋 翔 大	茨城大学大学院	6 章
末 冨 芳	日 本 大 学	7 章
青 木 栄 一	東 北 大 学	8 章
柳 澤 良 明	香 川 大 学	9 章
植 田 健 男	名古屋大学大学院	10 章
柏 木 智 子	立 命 館 大 学	11 章
貞 広 斎 子	千 葉 大 学	12 章
藤 原 文 雄	国立教育政策研究所	13 章
国 祐 道 広	「国家と教育文化」総合研究所	14 章
林 孝	広島大学大学院	15 章
水 本 徳 明	同志社女子大学	16 章

（執筆順，所属は 2018 年 4 月）

【第3巻編集委員】

林　孝（広島大学大学院教育学研究科教授）
略歴：広島大学大学院，徳島文理大学を経て，1989年から広島大学に勤務。
主著：『家庭・学校・地域社会の教育連携―学校週5日制導入による保護者の意識
　　変化』（単著，多賀出版，1998），『教育経営学の視点から教師・組織・地域・実践
　　を考える―子どものための教育の創造』（編著，北大路書房，2009），『教師教育講
　　座 別巻 法規集』（単著，協同出版，2014）など。

水本　徳明（同志社女子大学特任教授）
略歴：筑波大学大学院，一宮女子短期大学，筑波大学を経て，2013年から現職。
主な著書・論文：『教師の条件（改訂版）』（共著，学文社，2016），「学習観の転換と
　　経営管理主義の行方―公教育経営における権力様式に関する言語行為論的検討」
　　『教育学研究』第84巻第4号（2017）など。

貞広　斎子（千葉大学教育学部教授）
略歴：お茶の水女子大学大学院，日本学術振興会特別研究員（京都大学）を経て，
　　2003年から千葉大学に勤務。
主な論文：「学校外補習学習費の私的負担傾向からみた教育戦略と地域特性」『日本
　　教育政策学会年報』第20号（2013），「学校のダウンサイジングと教育財政におけ
　　る再分配原則の検討に向けて」『日本教育行政学会年報』第38号（2012）など。

［講座 現代の教育経営3］
教育経営学の研究動向

2018年6月9日　第1版第1刷発行

編　集　日本教育経営学会

発行者　田中　千津子

〒153-0064　東京都目黒区下目黒3-6-1
電話　03（3715）1501 ㈹
FAX　03（3715）2012
http://www.gakubunsha.com

発行所　株式会社 学文社

© The Japanese Association for the Study of Educational Administration 2018
乱丁・落丁の場合は本社でお取替えします。
定価は売上カード，カバーに表示。

印刷　新灯印刷

ISBN 978-4-7620-2813-7